21世纪特殊教育创新教材·融合教育系列

融合教育理论指南

主　编　邓猛
副主编　孙颖（北京联合大学特殊教育学院）
　　　　李芳（天津体育学院）

图书在版编目(CIP)数据

融合教育理论指南 / 邓猛主编. —北京：北京大学出版社,2017.3
(21世纪特殊教育创新教材·融合教育系列)
ISBN 978-7-301-26739-4

Ⅰ.①融… Ⅱ.①邓… Ⅲ.①特殊教育—教育理论—师范大学—教材 Ⅳ.①G760

中国版本图书馆CIP数据核字(2016)第001035号

书　　　　名	融合教育理论指南 Ronghe Jiaoyu Lilun Zhinan
著作责任者	邓　猛　主编　孙　颖　李　芳　副主编
策 划 编 辑	李淑方
责 任 编 辑	李淑方
标 准 书 号	ISBN 978-7-301-26739-4
出 版 发 行	北京大学出版社
地　　　　址	北京市海淀区成府路205号　100871
网　　　　址	http://www.pup.cn　　新浪微博:@北京大学出版社
微信公众号	通识书苑(微信号:sartspku)　科学元典(微信号:kexueyuandian)
电 子 邮 箱	编辑部 jyzx@pup.cn　　总编室 zpup@pup.cn
电　　　　话	邮购部 62752015　发行部 62750672　编辑部 62767857
印 刷 者	三河市北燕印装有限公司
经 销 者	新华书店
	720毫米×1020毫米　16开本　17印张　400千字 2017年3月第1版　2024年1月第5次印刷
定　　　　价	45.00元

未经许可，不得以任何方式复制或抄袭本书之部分或全部内容。
版权所有，侵权必究
举报电话：010-62752024　电子邮箱：fd@pup.cn
图书如有印装质量问题，请与出版部联系，电话：010-62756370

前　言

北京市于 2013 年正式启动"北京中小学融合教育行动计划",率先以国际最前沿的特殊教育理论——融合教育(也称作"全纳教育")为目标,推进首都基本公共教育服务均等化,保障残疾儿童少年平等享受基本公共教育服务的权利,促进和谐社会首善之区的建设。

融合教育在本质上与中国自 20 世纪 80 年代中期发展起来的随班就读模式是不同的。随班就读的主要目标是为大量还没有机会接受任何形式教育的有特殊教育需要的儿童提供上学读书的机会,融合教育则是彻底的教育变革。随班就读只针对普通班级里少数残疾儿童的教育和服务,融合教育则要求教育整体的、系统的变革来应对所有学生的多样化需求。融合教育者认为残疾儿童有权在普通教室接受高质量的、适合他们自己平等的、特点的教育与服务。学校应成为使每一个儿童都获得成功的地方,而不能因为某些学生有残疾与差异而排斥与歧视他们,学校应该尊重日趋多样的学生群体的学习需求,多元化带给学校的不应该是压力,而是资源。融合教育试图通过残疾儿童教育这一杠杆撬动教育体制的整体变革,推动社会文化的积极改变。融合教育理论远远超出了教育的范畴,成为与社会上所有的公民相关的事情,是挑战不公正与歧视的利器,与社会文明发展水平、人权保护以及社会公平与正义目标的实现紧密相关。融合教育自 20 世纪 70 年代以来逐渐成为全球特殊教育领域讨论最热烈的议题。今天,即使在最为贫穷、资源缺乏的国家,融合教育也至少已是一种使更多处境不利儿童享有学校教育机会的政治宣示甚至是现实举措。

可见,"北京市中小学融合教育行动计划"是随班就读发展到一定阶段的必然选择,是北京市基础教育发展自我突破与完善的必然举措。它开启了中国融合教育发展的新篇章,促进了北京市整体教育体制的变革;推动了北京市教育的现代化进程与国际接轨的进程,在国内融合教育改革与发展方面起到了引领与示范的作用。

融合教育要求普通教师和特殊教师在高度多样性的全纳学校环境中相互合作、协同教学。普通教师掌握特殊教育或全纳教育的相关知识与技能,特殊教育教师学习普通教育的相关教学方法,成为融合教育教师的必然选择。各类康复、治疗人员与相关设备也进入普通学校,共同构成支持与服务体系,这也是各国发展融合教育的基本举措。

然而,国内关于融合教育理论与实践的研究仍然非常缺乏,普通教师对于融合教育的基本理论与实践方式并不了解,现阶段教师的职前与职后教育中关于残疾人的基本知识及教育技能的课程几乎没有。因此,开发适合于中国教师培养实际需求的融合教育理论及实践教材就非常必要。北京市作为率先推行融合教育的前沿阵地,应当让所有教师掌握融合教育的基本理论与实践技能,这是全面实施融合教育的前提。2013年,本人有幸得到北京市"向基础教育倾斜:教育教学改革创新"项目的支持,主要任务就是开发一套系统性、操作性较强的融合教育理论与实践教材,为北京市乃至于全国的普通教师学习融合教育提供一套基本的教材。经过近两年的努力,终于成稿。主要内容由本人历年所指导的研究生共同完成,书稿中的个案由北京市相关学校提供。撰写过程中得到多位特殊教育工作者包括华国栋、肖非、刘全礼、李玉向、兰继军、雷江华、龙建友、芦燕云、孙颖、黄伟、王红霞、周凯、杨希洁等同志的大力协助与支持。特此致谢!

本教材共分为十章,各章编写者如下:第一章:李芳(天津体育学院);第二章:李芳、景时(辽宁师范大学特殊教育系);第三章:彭兴蓬(华中师范大学特殊教育系);第四章:景时;第五章:孙玉梅(华中师范大学特殊教育系);第六章:熊琪(南京特殊教育学院)、赵永帅(北京师范大学特殊教育系);第七章:颜廷睿(北京师范大学特殊教育系)、牛爽爽(北京师范大学特殊教育系);第八章:江小英(西南大学特殊教育系)。全书由主编与副主编完成统稿工作。教材中难免有诸多疏漏与不当之处,请各位同行批评指正!

邓 猛

2016年10月05日于北京师范大学励耘8楼

目 录

第一章 融合教育概述 ··· 1
  第一节 融合教育定义 ·· 2
    一、什么是融合教育 ··· 2
    二、融合教育相关概念辨析 ·· 2
  第二节 融合教育基本理念 ··· 11
    一、特殊儿童应与普通儿童一起在普通教室接受教育 ······················· 12
    二、特殊儿童应与普通儿童一样在普通班级中获得充分发展 ·············· 14
    三、融合教育需要多方参与、合作与支持 ······································ 16
    四、融合教育的终极目标是建立融合的社会 ··································· 18
  第三节 融合教育的安置形式 ·· 20
    一、完全融合模式 ··· 20
    二、部分融合模式 ··· 23

第二章 融合教育的历史与发展 ·· 31
  第一节 隔离式特殊教育 ·· 32
    一、隔离式特殊教育的产生 ··· 32
    二、隔离式特殊教育产生的影响因素 ·· 35
    三、隔离式特殊教育的特点 ··· 36
  第二节 回归主流运动 ··· 38
    一、回归主流运动产生与发展的背景 ·· 38
    二、回归主流的主要内容 ··· 42
    三、回归主流的主要特点 ··· 45
  第三节 融合教育的兴起及发展 ·· 47
    一、融合教育的兴起 ·· 47

二、欧美国家融合教育的发展 ·············· 51
　　三、亚洲国家融合教育的发展 ·············· 56
　第四节　中国融合教育的发展 ················ 60
　　一、中国港澳台地区融合教育的发展 ·········· 60
　　二、中国内地随班就读的发展 ·············· 63

第三章　融合教育的意义 ···················· 69
　第一节　融合教育促进儿童发展 ··············· 71
　　一、有利于残疾儿童获得公平的教育机会 ········ 71
　　二、有利于残疾儿童获得健康的身心发展 ········ 73
　　三、有利于残疾儿童获得教育关怀 ············ 75
　　四、有利于正常儿童健康成长 ·············· 77
　第二节　融合教育推动学校教育改革 ············· 78
　　一、有利于学校的角色功能转变 ············· 79
　　二、有利于学校的教育理念改革 ············· 81
　　三、有利于学校的教育体制改革 ············· 83
　第三节　融合教育促进和谐社会构建 ············· 86
　　一、推动社会和谐发展 ················· 86
　　二、推动社会转型发展 ················· 89
　　三、推动社会文明进步 ················· 92

第四章　融合教育的理论基础 ·················· 96
　第一节　融合教育的哲学基础 ················ 96
　　一、人文主义 ···················· 97
　　二、后现代主义 ···················· 99
　　三、社会建构主义 ··················· 101
　第二节　融合教育的学科基础 ················ 104
　　一、融合教育学科理论基础概述 ············· 104
　　二、融合教育与其他学科的关系 ············· 108
　第三节　融合教育的微观理论基础 ·············· 113
　　一、多元智能理论 ··················· 113

二、建构主义学习理论 ·············· 115
　　三、合作学习理论 ················ 117

第五章　融合教育与学校改革 ············ 121
第一节　什么是融合学校 ············· 122
　　一、融合学校的概念 ··············· 123
　　二、融合学校的特征 ··············· 126
第二节　融合学校的创建 ············· 130
　　一、融合学校的创建——全校参与的方式 ······ 130
　　二、融合学校创建的基本内容 ··········· 133
　　三、融合学校的创建策略 ············· 136
第三节　特殊学校职能的转变 ··········· 138
　　一、融合教育中的特殊学校 ············ 139
　　二、我国特殊学校的职能拓展 ··········· 141

第六章　融合教育的课程与教学理论 ········· 149
第一节　融合教育课程 ··············· 149
　　一、融合教育课程的概念 ············· 149
　　二、融合教育课程的内容 ············· 153
　　三、融合教育课程的特点 ············· 157
第二节　融合教育课程调整 ············ 159
　　一、融合教育课程调整的类型 ··········· 159
　　二、融合教育课程调整的原则 ··········· 163
　　三、融合教育课程调整的趋势 ··········· 168
第三节　融合教育教学调整 ············ 170
　　一、融合教育教学调整的内容 ··········· 170
　　二、融合教育教学调整的策略 ··········· 179
　　三、融合教育教学调整的发展方向 ········· 186
第四节　学习通用设计理论 ············ 188
　　一、学习通用设计的内涵 ············· 188
　　二、基于学习通用设计的课程 ··········· 190

三、学习通用设计与辅助技术 …………………………………… 193
　　四、学习通用设计带来的启示 …………………………………… 194

第七章　融合教育的支持体系　197
第一节　融合教育的支持体系概述 …………………………… 197
　　一、融合教育支持体系的内涵和结构 …………………………… 198
　　二、融合教育支持体系的主要内容 ……………………………… 202
　　三、融合教育支持体系的主要实施者 …………………………… 205
第二节　社区支持 ……………………………………………… 208
　　一、融合教育社区支持概述 ……………………………………… 208
　　二、融合教育社区支持的内容 …………………………………… 210
第三节　学校支持 ……………………………………………… 213
　　一、融合学校的支持 ……………………………………………… 213
　　二、特殊学校的支持 ……………………………………………… 220
第四节　家庭支持 ……………………………………………… 221
　　一、融合教育支持体系中家庭的角色 …………………………… 222
　　二、融合教育中家庭支持的主要内容 …………………………… 224

第八章　融合教育教师的培养及专业化发展　228
第一节　融合教育教师的基本专业素养 ……………………… 231
　　一、融合教育的专业理念和师德 ………………………………… 232
　　二、融合教育的专业知识 ………………………………………… 233
　　三、融合教育的专业能力 ………………………………………… 233
第二节　融合教育教师的职前培养 …………………………… 237
　　一、融合教育教师的职前培养目标 ……………………………… 237
　　二、融合教育教师的职前培养模式 ……………………………… 240
　　三、融合教育教师职前培养的课程设置 ………………………… 243
第三节　融合教育教师的在职培训 …………………………… 247
　　一、中国香港融合教育教师在职培训的经验 …………………… 248
　　二、美国融合教育教师在职培训的经验 ………………………… 249
　　三、英国融合教育教师在职培训的经验 ………………………… 250

四、我国融合教育教师在职培训策略 …………………… 251
第四节　融合教育教师专业化发展 ……………………………… 252
　　一、融合教育教师专业化发展的涵义 …………………… 252
　　二、融合教育教师专业化发展的背景 …………………… 253
　　三、融合教育教师专业化发展的需求 …………………… 254
　　四、融合教育教师专业化发展的策略 …………………… 257

第一章 融合教育概述

本章导言

第一次听到融合教育这个词时,首先感到的是一种温暖,是一种其乐融融。一个融合的班集体,共同学习、共同进步的美好画面浮现在眼前。

今天走进课堂与以往的感觉就很不一样,首先进入眼帘的是我们班32名全体同学。智力有残疾的李玲同学也自然地融合在其中,让人感觉她今天也是那样的阳光、灿烂、充满自信。是啊,她就是我们这个大家庭中的一员,融合教育让她在这个集体中,感到温暖,感到融洽,与大家一样接受教育,共同学习,发挥潜能,身心全面发展,而不再把她作为一个随读生与大家分割开来,使她与其他同学有所不同。融合教育改变了她的观念,改变了她在班级中的地位,使她的学习环境和氛围发生了很大的变化,使她更加自信、幸福与温暖。

观念的改变,使她真正地融入了这个班集体,同时也引起了教师、同学以及她自己行为上的变化。

课堂上,所有的教学资源向她打开,所有的教学活动让她参与,与同学们融为一体。教师对她的关注不再是有意的关注,而是自然的指导;她与助学伙伴的关系不再是单方的帮助关系,而是共同学习。这温馨的融合,使她在学习、活动中表现得更加积极,更加自信,使原来"随着"的被动变为了融合的主动!

融合是温暖而幸福的美好画面![1]

这是一位在普通小学里有着多年融合教育经历的教师写的一份教育笔记,她所理解的融合教育与您所理解的一样吗?那么究竟什么是融合教育?它有什么基本理念?推行融合教育的模式有哪些?本章将就这些问题进行详细的阐述。

---

[1] 本案例由北京市延庆县沈家营中心小学闫淑萍提供。

第一节　融合教育定义

一、什么是融合教育

1994年联合国教科文组织(UNESCO)在西班牙召开"世界特殊需要教育大会",在这次有90多个国家、25个国际组织和一些非政府组织参与的会议上,通过了著名的《萨拉曼卡宣言》和《特殊教育行动纲领》,正式提出了推广"融合教育"(Inclusive Education)的主张。从此,融合教育成为多数国家的基本教育政策,也成为全球共同关注的教育话题。

萨拉曼卡通过的《特殊教育行动纲领》将融合教育定义为:

普通学校"应接纳所有的学生,而不应考虑其身体、智力、社会、情感、语言及其他状况";

"残疾儿童和天才儿童,流浪儿与童工,边远地区及游牧民族的儿童,少数民族儿童及其他处境不利的儿童"都应该一同在融合学校中接受教育;

"每个儿童都有独一无二的个人特点、兴趣、能力和学习需要";

融合教育"必须认识到和照顾到学生之间的不同需要,顺应不同的学习类型和学习速度,通过适当的课程、组织安排、教学策略、资源利用及社区合作,提升全体学生的教育质量"[①]。

按照上述阐释,融合教育概念的核心就是,特殊儿童(本书中所提到的特殊儿童特指残疾儿童)不应在隔离的特殊环境、而是在普通学校与正常学生一起学习;因为班级中同时有普通和特殊学生,教师应通过特别调整和环境、教材、教学方法等的设计,来适应不同特点学生的学习。本书中所提到的融合教育特指:让所有儿童就读于适合其年龄层次及学习特点的普通班级或学校,并通过多方的协同合作,为他们提供高质量的、有效的教育,让所有儿童都获得充分发展。

二、融合教育相关概念辨析

在探讨西方近年来特殊教育发展理念的时候,经常会遇到一些意义相

[①] 赵中建.教育的使命——面向二十一世纪的教育宣言和行动纲领[M].北京:教育科学出版社,1996:135-142.

近、却又有所不同的术语,例如,全纳教育、回归主流、一体化、融合教育等,它们有很多相似的地方,又有一些细微的差别。

(一)融合教育与全纳教育

1994年《萨拉曼卡宣言》正式提出"Inclusive Education"一词,在中国通常被翻译成为"全纳教育"或者"融合教育"。翻译成"全纳教育"是根据"inclusive"的含义"包括的、包含的"直接意译过来的。赞同"全纳教育"译法的人认为,全纳教育是在西方兴起于20世纪80年代末期的"inclusive Education",它"超出了特殊教育的范畴,指向的是整个教育领域";而融合教育则包含从20世纪六七十年代以来西方特殊教育领域内将特殊儿童放在普通学校中进行教育的"一体化"教育或"回归主流"运动[①],它"专指将特殊儿童融入普通教育与社会中的教育方式",二者的产生背景以及研究领域都不一样。[②]

但也有研究者认为,"Inclusive Education"应该翻译成为"融合教育"更准确,"全纳教育"这种翻译是不太准确的。他们的理由是,在西方,人们对"Inclusive Education"有部分融合(Partial inclusion)还是完全融合(Full inclusion)之争。完全融合派认为所有儿童都能在普通教室里接受适合他们需要的教育,部分融合派认为在普通班受教育只是其中一部分,应该允许特殊儿童在必要时到资源教室或是特殊学校接受一段时间的教育与服务。这样,在英文中"全纳"指的是"Full inclusion",仅将"Inclusion"一词译为"全纳"是不够准确的,因其不能够准确地表达Partial Inclusion(部分融合)和Full Inclusion(完全融合)的含义,因此,"Inclusive Education"应该翻译为"融合教育"[③]。本书赞同后者的观点,本书中对"inclusion"的翻译为"融合",对"Inclusive Education"的翻译为"融合教育"。而且本书认为,融合教育的研究并不只是限定在特殊教育领域,它所包含的思想就是"Inclusive Education"的思想。后文引用的内容谈到"全纳""全纳班级""全纳学校""融合教育"等,在没有特殊说明的情况下,分别与"融合""融合班级""融合学校""融合教育"同义。

[①] "一体化""回归主流"与"融合教育"的区别及联系在后文还将详述。
[②] 李拉. "全纳教育"与"融合教育"关系辨析[J]. 上海教育科研,2011(5):14—17.
[③] 邓猛,朱志勇. 随班就读与融合教育:中西方特殊教育模式的比较[J]. 华中师范大学学报(人文社会科学版),2007(4):125—129.

（二）融合教育与回归主流

西方早期的特殊教育以隔离、分类为特征,将视力、听力和智力残疾等特殊儿童安置在特殊学校和班级,在与正常儿童相隔离的环境中接受教育。直到20世纪50年代,丹麦的米克尔森(Bank-Mikkelsen)提出"正常化原则"(Normalization),主张将特殊儿童安置到正常社会环境中生活和学习,使他们能够适应社会生活,这种普特隔离的状况才得以打破。"正常化"主张很快传播到美国,并发展为"回归主流"(Mainstreaming)运动,其核心就是通过一系列教育安置环境的变换,尽可能地使特殊儿童从隔离环境向主流环境过渡,最大限度地将特殊儿童安置在普通班级接受教育,与正常儿童一起共同学习和生活,实现教育平等与社会公正。

回归主流本质上仍然是以特殊儿童应该在普通教室以外的、隔离的环境中受教育为前提,它要求特殊儿童必须达到某种预定的标准(鉴定或评价结果)才能到普通教室就读。特殊儿童教育仍属于主流之外的"支流",普通教育才是权威和正本,特殊教育只是不断地回归到这个主流中来。特殊儿童必须通过自己的努力去争取、赢得在普通教室接受教育的权利,如果不能达到某项标准则只能在限制较多的环境中学习。

融合教育的本质是认为特殊儿童本来就应该属于普通教室,他们有权在普通教室接受高质量的、适合他们自己特点的、平等的教育以及必要的支持与服务;他们无须经过自己的努力去争取、赢得在普通教室接受教育的权利。[①] 在融合教育里,没有主流,也没有权威,每个孩子都是班级里不可替代的、平等的一员。由此可见,"回归主流"与"融合教育"有两个主要区别,第一,二者分属于不同时期的运动,"回归主流"兴于20世纪60年代,盛行于20世纪70年代中期,早于"融合教育",并为融合教育奠定理论与实践基础。第二,二者的主张有本质的区别,"回归主流"视特殊儿童为"支流",强调儿童通过一系列的改进与环境的转换来适应学校,对学校而言是被动地接受他们;"融合教育"则认为每一个人都在"主流"中,学校要设法满足儿童的各种不同需要,为他们提供高质量的教育,即学校要适应学生。融合教育的思想来源于"回归主流",但二者有本质的区别。在实际的特殊教育课堂教学实践中,人们却很难鉴别究竟是在进行回归主流教育还是在进行融合教育。

---

① 邓猛.双流向多层次教育安置模式、全纳教育以及我国特殊教育发展格局的探讨[J].中国特殊教育,2004(6):1—7.

(三)融合教育与一体化

同样受正常化思潮的影响,1961年,丹麦一个学校心理工作者柯特·克里特斯(Kurt Kristensen)在赫林(Herling)城的普通学校里开始了一系列的试验:包括创立特殊班,接受从隔离的特殊学校、机构转来的残疾学生,在普通班里接受盲童、重听儿童及有语言障碍的儿童。[1] 这种做法迅速传播到整个丹麦以及欧洲其他国家,并发展成为"一体化"运动。正常化思潮下的融合运动在以美国为代表的北美洲通常被称为"回归主流"运动,而在以英国为代表的欧洲国家则被称为"一体化"运动。[2] 它包括四个层次:(1)形式上的一体化,目的在于减少残疾儿童与非残疾儿童间的距离。特殊儿童可以组成一个特殊的教学组或班级,在一所普通学校之内受教育,既融合又保持一定的独立性。(2)功能上的一体化,旨在缩减残疾儿童与非残疾儿童之间功能上的差异。在开展诸如音乐、美术、戏剧和体育等活动中使用同样的课程与教学设备。(3)社交上的一体化,旨在减少交际方面的差距,鼓励残疾人与非残疾人之间进行接触和联系。(4)社会上的一体化,力图扩大社会方面的相互作用和联系,让残疾儿童广泛了解社会。[3] 不过发展到后来,有学者指出"一体化"通常被用来泛指将特殊儿童从隔离的教育环境向较少隔离的环境转换、过渡的过程,[4]尤其指向普通教室转换、过渡的程序过程与进程。可见,"一体化"是行动的过程,从广义的角度看,回归主流和融合教育都可以被视作一体化教育运动。

综上,"融合教育"与"回归主流"或"一体化"有很多相似或是重叠的地方。它们都源于美国20世纪50年代以来的民权运动,都以西方个人自由、社会平等的价值观为社会文化基础,都倡导让特殊儿童融入普通教育机构和主流社会。但它们之间的确存在一些细微的差别:回归主流是一种主张使特殊儿童尽量在正常教育环境中受教育的教育思潮;一体化教育强调的是使特殊儿童一步一步向普通教室转换、过渡的程序、过程;融合教育则更

---

[1] Egelund, N. Special Education in Denmark[J]. *European Journal of Special Needs Education*, 2000, 15 (1):88—98.

[2] 李拉."全纳教育"与"融合教育"关系辨析[J].上海教育科研,2011(5):14—17.

[3] 陈云英等.特殊教育学基础[M].北京:教育科学出版社,2004:450—451.

[4] Ainscow, M., Farrell, P., Tweeddle, D. Developing policies for Inclusive Education: A Study of the Role of local education authorities[J]. *International Joournal of Inclusive Education*, 2000,4 (3):211—229.

强调特殊儿童享有在正常教育环境平等接受教育的权利。①

（四）融合教育与随班就读

盲人和聋人在普通班级中学习的情况在中国文献中早有记载。改革开放之初，东北的一些学校出现了弱智儿童就近跟班学习的事例。1983年8月教育部在《关于普及初等教育基本要求的暂行规定》中明确指出了"弱智儿童目前多数在普通小学就学"。"随班就读"这一概念的正式提出是在1987年国家教委发布的《关于印发"全日制弱智学校（班）教学计划"的通知》中，该通知明确提出："在普及初等教育过程中，大多数轻度弱智儿童已经进入当地小学随班就读。"②随后，国家把普通教育机构招收特殊学生随班就读正式作为发展特殊教育的一项政策。国家教委于1994年下发了《关于特殊儿童少年随班就读工作试行办法》，其中对随班就读的定义是："随班就读就是让具有一定能力的视障、听障、弱智等特殊儿童少年就近进入普通学校同普通学生一起学习、一起活动，共同进步。"③

2003年，《关于印发〈全国随班就读工作经验交流会议纪要〉的通知》指出，"随班就读"是我国实施融合教育的一种形式，是"我国基础教育工作者特别是特殊教育工作者参照国际上其他国家的融合教育做法，结合我国的特殊教育实际情况所进行的一种教育创新"④。可以说，随班就读是在西方一体化或回归主流的教育思想影响下，由我国特殊教育工作者根据我国国情探索出的针对特殊儿童实施特殊教育的一种形式，它使特殊儿童就近进入普通小学接受义务教育，使大量游离在学校大门之外的特殊儿童就学有门。⑤

朴永馨先生列举了"随班就读"与西方"融合教育"的共同之处：(1)教育安置形式相同或相似，均把特殊学生安置到普通班级（或主要是在普通班级）与正常学生一起上课。(2)学生都有平等受教育的权利。(3)体现特殊

---

① Bailey, J., du Plessis, D. An investigation of School principal's Attitudes toward Inclusion [J]. *Australasian Journal of Special Education*, 1998, 22(1):12—29.
② 朴永馨.融合与随班就读[J].教育研究与实验,2004(4):39—40.
③ 国家教委基础教育司.特殊教育文件经验选编[M].北京:人民教育出版社,1989.
④ 教育部基础教育司,中国残疾人联合会教育就业部.关于印发《全国随班就读工作经验交流会议纪要》的通知[EB/OL].[2014-09-03]. http://www.moe.gov.cn/publicfiles/business/htmlfiles/moe/s3331/
⑤ 邓猛.特殊教育管理者眼中的全纳教育:中国随班就读政策的执行研究教育研究与试验[J].中国特殊教育,2004(4):41—47.

学生与社会、特殊教育与普通教育相融合的思想。(4)根据学生的个体差异对其提供个别帮助、辅导或咨询。[①]

不过随班就读和融合教育二者不能画等号。随班就读与融合教育主要有以下几个显著的不同点[②]：

(1) 随班就读参照了西方融合教育的做法，例如，也是将特殊儿童置于普通教室，逐渐重视学生潜能的鉴定与开发；另一方面，它也留存了某些苏联的影响，重视对学生的缺陷进行补偿与矫正，这些缺陷学的理论与方法在中国特殊教育领域受到重视，其效果也为实践所证明。

(2) 融合教育以西方的自由、平等、多元的社会文化价值观念为基础，而随班就读生长发展于传统儒家教育思想的历史文化背景之上，并体现社会主义的政治与教育理念。

(3) 随班就读比较简单、粗糙，并不像融合教育那样具有完备的教育目标、方法和体系；随班就读只是解决中国残疾儿童教育问题的一个切实可行的具体实施办法。

(4) 融合教育的根本目标是要在普通教室为包括残疾儿童在内的所有儿童提供高质量的教育，面向的是全体学生；随班就读的服务对象目前来说还是以盲、聋、弱智三类残疾儿童为主，许多重度残疾、综合残疾儿童以及其他残疾类型的儿童还没有进入普通学校，还没有上学接受教育的机会。

有学者认为广义上而言，随班就读应该属于融合教育的范畴。中国随班就读既受国际先进特殊教育理论的指引，又考虑了中国的社会文化、经济、教育等实际条件。中国因地制宜探索的随班就读模式，丰富了融合教育的理论与实践，并为其他情况类似的发展中国家提供了可借鉴的经验。可以说，随班就读处在融合教育发展的初始阶段，它最终会"演变成为真正的融合教育"。[③]

(五) 随班就读与同班就读

从发生的时间次序上来看，随班就读是在20世纪80年代中期出现的，这一阶段正是西方回归主流思想占主要地位的时期。融合教育的概念是在

---

① 朴永馨.融合与随班就读[J].教育研究与实验,2004(4):39—40.
② 邓猛,朱志勇.随班就读与融合教育:中西方特殊教育模式的比较[J].华中师范大学学报(人文社会科学版),2007,4:125—129.
③ 肖非.中国的随班就读:历史·现状·展望[J].中国特殊教育,2005(3):3—7.

20世纪80年代末期在西方出现、发展起来的,到20世纪90年代以后才传入中国,并逐渐与随班就读发生关联。因此,随班就读与回归主流在时间上更为接近。从理念与实践方式上来看,随班就读与回归主流模式有着天然的联系与本质的类似。二者都赞成"零拒绝"的理念,认为存在着普通教育与特殊教育两种不同的、平行的教育体系;希望特殊儿童尽可能地回归正常的"主流"环境公平地接受教育,试图将限制特殊儿童接触健全学生与正常社会生活环境的要素减少到最低程度。[①] 然而,回归主流允许一系列"抽出"的教育计划的存在,是一个等级制的安置体系,本质上仍然是以特殊儿童应该在普通教室以外的、隔离的环境中受教育为前提。它要求特殊儿童必须达到某种预定的标准(鉴定结果)才能到普通教室就读。这意味着特殊儿童必须通过自己的努力去争取、赢得在普通教室接受教育的权利,如果不能达到某项标准则只能在限制程度较重的环境中学习。这一原则听似有理,是赞成减少环境的限制,其实它通过环境限制的分级以及建立相应的分级标准将"有限制的环境"(如特殊学校、班)的存在合法化了。[②]

中国随班就读同样体现了预备模式的特点。"能够跟班学习的残疾儿童"才有可能被吸收到普通班级就读,事实上,中国目前随班就读的服务对象主要集中于视力残疾、听力残疾、轻度与中度智力落后三类残疾学生,许多中重度残疾、综合残疾以及其他残疾类型学生仍在普通学校拒绝之列。这种根据残疾儿童残疾的轻重和能力的高低来决定儿童受限制的等级的做法和回归主流如出一辙。

从字义层面分析,随有"从"的含义,"行可委屈从迹,谓之委随"[③]。从组词来看,有跟随、随从、随带、随着、随意、夫唱妇随等不同的用法。概括起来说:

第一,随班就读要求残疾学生跟随普通班级正常学生的节奏,残疾学生与正常学生是不平等的主从关系;残疾学生处于从属地位,可有可无,并非班级平等的一员。

第二,"随"字意味着能够跟上就"随着",跟不上就"随便",是可以随意

---

① Xiao, F. The Chinese "Learning in Regular Classroom": History, Current Situation, and Prospects[J]. *Chinese Education and Society*, 2007, 40 (4):8—20.

② Sasso, G. M. The Retreat from Inquiry and Knowledge in Special Education[J]. *Journal of Special Education*, 2001, 34 (4), 178—193.

③ 参见网址:http://www.vividict.com/WordInfo.aspx? id=3289

抛弃的附属品,随班就坐或者随班混读就成为难以避免的现象。

第三,"随"字意味着能否跟上是残疾学生能力的问题,学校不需要为残疾学生做出任何改变或者承担任何实质性的责任。

因此,随班就读只是学校工作中的边角料,并没有触及学校整体改革的灵魂。可见,随班就读成也在"随",败也在"随"。"随"的成功之处在于使许多残疾学生有机会接受教育,使残疾学生入学率得到大幅度提高。"随"的失败之处在于它将残疾儿童处于不平等的从属地位的做法通过国家政策的方式体制化、合法化了。随班就读将残疾假定为残疾儿童失败的根本原因,而非学校本身条件或教学的不足导致学生的失败,并为学校将处境不利儿童推向限制更多的环境找到了借口。[①]

对应西方回归主流走向融合教育的趋势,我国特殊教育理论应该在随班就读模式的基础上走向与全纳教育理念一致的"同班就读"。[②] 虽然只有一字之差,其蕴涵的意义却相差甚远。"同班就读"体现融合教育的理念,承认残疾儿童与正常儿童存在着个别差异,有其独特的个人特征与学习需要。在此基础上,同班就读的"同"体现在以下几个方面:

(1)同等的权利。残疾儿童与正常儿童一样享有平等接受教育的基本权利。虽然随班就读也确认这一基本原则并致力于提高残疾儿童的入学率,但随班就读一直局限于视力残疾、听力残疾以及智力落后中程度较轻的残疾儿童教育。同班就读则应包含所有残疾儿童的教育权利,在传统的3类残疾教育的基础上扩展到《中华人民共和国残疾人保障法》所规定的8类残疾儿童的平等教育权。

(2)同样的环境。同班就读意味着,残疾儿童有权在普通教室接受适合自己特点的教育,他们无须经过自己的努力去争取、赢得在普通教室接受教育的权利。普通学校应通过学校整体变革,创建平等接纳的校园文化,建立能够回应多样性需求的学校,促进学校整体质量的提升。同班就读强调残疾学生享有平等的教育权利和同样的教育环境,但并不拒绝残疾学生对于特殊学校或其他安置模式的选择。

---

① 邓猛,景时. 从随班就读到同班就读:关于全纳教育本土化理论的思考[J]. 中国特殊教育,2013(4):3—9.
② 邓猛,朱志勇,钟经华. 金钥匙视障教育理论与实践[M]. 北京:教育科学出版社,2008:240.

（3）同等的地位。残疾儿童不仅能进入普通学校就读，而且在班级里与正常学生处于相同的主体地位，而不应该是班级的附属品。他们应平等、全面地参与学校与班级的所有活动，是普通班级中平等的一员，并有着较高的身份认同与归属感。

（4）同等的教育。不管残疾学生存在何种困难，他们同样应享受到高质量的、适合他们自己特点的、平等的教育。同班就读意味着，所有儿童都有学习能力与获得成功的权利，学校应成为帮助每一个儿童获得成功的地方。

如同随班就读是回归主流的思想与中国实际历史文化背景结合的产物一样，同班就读是我国对国际融合教育理论与发展趋势的中国式回应与探索。同班就读既赞成融合教育的理念，又与随班就读在发展上一脉相承，是西方理论与中国国情的嫁接、冲撞与融汇，是基于文化嫁接之上的再生成。因此，同班就读这一说法不能用"融合教育"这一术语简单替代，它有着自己独特的文化色彩与历史传承，它与西方融合教育有所不同。

西方融合教育针对所有处于弱势地位的儿童群体的教育和社会参与，残疾仅仅是其中一类，同班就读却仍然以残疾儿童为主要教育对象，在相当长一段时间内这一特点不会改变。西方融合教育主张消除特殊学校（班）等隔离的特殊教育形式，倡导特殊教育与普通教育彻底交融成为一个整体，甚至消除二者之间的职业差别。[1] 同班就读却仍然要以大量特殊教育学校（班）及特殊教师群体为主要专业支持平台，不仅不会消除二者之间的差别，相反会继续扩大特殊教育的专业特征。西方全纳教育从一开始就倡导通过普通学校整体变革与重新组合来适应学生需求日趋多样化的特征，同班就读则始终聚焦于残疾儿童教育，试图通过残疾儿童教育这一杠杆撬动我国教育的整体变革。融合教育理论是西方特有的社会文化土壤里结出的特殊教育理论的果实，也是西方社会民主、自由等所谓普世性价值观在教育领域的具体化。[2] 同班就读建立在我国特有的文化传统、发展中国家的经济基础以及建构社会主义和谐社会的政治基础之上。

---

[1] Kauffman, J. M. Commentary: Today's Special Education and its Messages for Tomorrow [J]. *The Journal of Special Education*, 1999, 32 (4): 244—254.

[2] Florian, L. Special or Inclusive Education: Future Trends [J]. *British Journal of Special Education*, 2008, 35 (4): 202—207.

第二节 融合教育基本理念

说到"融合教育"让我想起那年上县级随班就读评优课的经历。由于之前没有受过专门的特教培训,我想:既然是随班就读评优课,一定要给予随读生高度关注,因此我设计的好多环节都针对这名随读生。课后,我自认为这节课我和学生发挥得都很好,一定能够夺得县级一等奖。结果名次下来,我却只得了二等奖的第一名。据那位跟随评优的普通班级教研员反馈:你的课在参评的这些课中,如果用普通班的标准去看,非常精彩,获得一等奖的第一名没有问题,但是随班就读专家认为,对于随班就读学生应该是"无痕"的教育,你的课过于关注随班就读学生了。这时我才对随班就读有了新的认识。再听到"融合教育"时,我马上就想到了"无痕"教育,就是让每个随班就读学生自然地融入普通生学习当中,教学时让别人看不出哪个是随班就读的学生。

后来,随着参加随班就读活动不断增加,我的认识也逐渐深入:融合教育是指让大多数残疾儿童进入普通班,在普通班学习的一种方式,它应该是一种促进正常儿童和特殊儿童共同发展的教育。看来之前我对"融合教育"的认识只局限在课堂教学中,认识过于狭隘了。[①]

上述案例记录的是一名普通学校的教师对融合教育的理解以及所持的理念。其实不同的人对融合教育的理解各有不同,对融合教育的期待有所差异,所秉持的融合教育理念也不尽相同。美国学者萨伦德(Salend)曾将融合教育的倡导者们的主要观点、信念总结如下:

所有学生,无论种族、语言能力、经济状况、性别、年龄、学习能力、学习方式、族群、文化背景、宗教、家庭背景以及性格倾向有何不同,都应该在主流的教育体系中接受教育。

所有学生都是具备学习能力,并能够对社会作出贡献的、有价值的个体。

所有学生都有权接受平等的、高质量的服务,从而使他们能够在学校与人生道路上获得成功。

---

① 本案例由北京市延庆县沈家营中心小学刘淑燕提供。

所有学生都有权获得适合其个别特点的诊断服务、课程准入、教学策略、辅助技术设施、环境的调整，以及其他相关服务。

所有学生都能够有机会获得不同水平、层次的课程。

所有学生接受与他们的能力与需要相一致的、挑战性的教育（即不能随意降低特殊学生的学业要求）。

所有学生有机会共同学习、共同娱乐，共同参与校外活动以及社区内的教育、社交、以及娱乐休闲活动。

教给所有学生欣赏与珍视人与人之间的差异以及共同性的价值观念。

所有的专家、家长、同伴，以及社区机构共同合作，分享资源、技能、观点，并进行相关的社会倡议行动。

学生需要的所有的教育、服务、支持都在普通教室环境内提供。

所有学校都应该将家庭以及社区的相关人员纳入学校的教育活动、过程之内。

所有的校区必须提供足够的支持、培训和资源，重组学校结构以应对所有学生、家长以及教育者的多样化的需要。[①]

可见，融合教育早已超出了特殊教育的范畴，其视野逐渐扩展到所有儿童，是"包括残疾儿童和天才儿童，流浪儿与童工，边远地区及游牧民族的儿童，少数民族儿童及其他处境不利的儿童"在内的所有儿童。之所以会出现认为融合教育就是有关特殊学生教育或是特殊教育的情况，原因有三：一是融合教育确实是在特殊教育领域中发起的；二是融合教育的概念是"回归主流"等定义的逻辑延伸，而这些概念主要是特殊教育范畴的概念；三是国际组织大都在国际性和区域性的特殊教育会议上明确提出和强调实施融合教育，强化了人们关于融合教育就是特殊教育的看法。[②] 当前融合教育的研究也着重在特殊教育领域进行，主要还是面向身心障碍儿童的，本书论述的重点也是融合教育中的特殊儿童。综合上述观点，融合教育的基本理念如下。

一、特殊儿童应与普通儿童一起在普通教室接受教育

早在1948年颁布的《世界人权宣言》就强调：人人都有受教育的权利。

[①] Salend, S. J. *Effective Mainstreaming: Creating Inclusive Classrooms* (3rd ed.)[M]. New Jersey: Prentice-Hall, Inc. 1998. 转引自邓猛.融合教育与随班就读：理想与现实之间[M].武汉：华中师范大学出版社，2009：52—53.

[②] 黄志成.全纳教育：关注所有学生的学习和参与[M].上海：上海教育出版社，2004：38—39.

1994年召开的"世界特殊教育需要大会",不仅重申了《世界人权宣言》提出的每个人都有受教育的权利的主张,而且通过了《特殊需要教育行动纲领》,规定:融合学校"应接纳所有的学生,而不考虑其身体、智力、社会、情感、语言及其他状况"。这里指的所有学生"包括残疾儿童和天才儿童,流浪儿与童工,边远地区及游牧民族的儿童,少数民族儿童及其他处境不利的儿童"。还号召所有政府"以法律或方针保证融合教育原则的采用,将所有儿童招收进普通学校,除非有不得已的原因才作别种选择"。也就是说,融合教育强调每个儿童都应在主流教育体系中接受教育。

尽管在100多年前许多国家就颁布了义务教育法来保障人的基本的受教育权利,但是,直至20世纪末,世界上仍然还有7700万适龄儿童失学以及7.7亿成人文盲存在。① 即使是已就读的普通学生也会存在各种显性或隐性排斥的问题,而针对特殊儿童的排斥现象更甚。特殊儿童通常被人为地隔离在特殊的环境里,有的甚至根本没有机会上学,或者即使有机会上学,也只能上特殊学校,长期生活在与普通人完全隔离的、封闭的环境中。尽管有法律的规范以及多方的倡导,儿童平等受教育的权利仍没有得到很好的保障,这是20世纪后期国际社会和许多国家一直在努力试图解决而没有很好地解决的问题。20世纪50年代兴起的"正常化"主张、"回归主流"运动,都是在为以残疾人为主的特殊群体争取平等的受教育权,要求将特殊儿童安置到普通学校去平等地接受教育。普通教室是对学生限制最少的教育环境,应尽可能地使有特殊教育需要的儿童从限制较多到最少的环境中去,即从特殊学校向普通教室过渡。融合教育正是在这一基础上发展起来的,只不过相较于"回归主流"将特殊儿童视为"支流"、要求用"正常的主流"去统合"特殊的支流"的观点而言,融合教育更好地体现了尊重差异、践行公平的原则。

融合教育的出发点即每一个人都享有平等的受教育权利,每个人原本就应存在于、属于主流教育体系中。通常的做法是,让特殊儿童可以就近入读于居住地附近学校的普通班级,与年龄相近的普通学生一起学习,并提供必要的支持和服务,而不是考虑其障碍类别和程度将他们安置在特殊班、特殊学校,或是不适龄的普通班级(例如比其年龄小的班级中)。也就是说,融

---

① UNESCO. Inclusive Education: The Way of the Future. [EB/OL]. [2014-09-12]. http://www.ibe.unesco.org/National_Reports/ICE_2008/brazil_NR08.pdf

合教育强调特殊学生与普通学生一样享有平等的权利,主张在相同的环境下通过恰当的教育方法,让不同特质、不同能力的学生一起学习和生活,并获得成功。

二、特殊儿童应与普通儿童一样在普通班级中获得充分发展

融合教育不仅确保所有儿童都有在主流教育体系中平等接受教育的机会,它更强调每个儿童都能在普通班级中获得充分发展。《特殊教育行动纲领》明确指出:融合教育必须"认识到和照顾到学生之间的不同需要,顺应不同的学习类型和学习速度,通过适宜的课程、组织安排、教学策略、资源利用及社区合作,确保面向全体学生的教育质量"。换言之,融合教育的第一步是平等接纳所有的儿童,第二步也是更重要的步骤是改进教育教学方法,提升教育质量,为所有儿童追求卓越、发挥潜能、获得成功提供可能。教育心理学的研究也证明,只要给予足够的学习时间和适当的教学方法,几乎所有儿童都能学到应学的知识,并对所学的教学内容达到掌握的程度(即能完成80%~90%的评价项目)[①]。如果只是把全体儿童简单地聚集到一起,而不为他们提供合适的优质的教育,就失去了融合教育的价值。

要让特殊儿童与普通儿童一样在普通班级中获得充分发展,主要是通过尊重差异和开发潜能来实现。融合教育认为人与人之间存在差异是正常的,"每个儿童都有独一无二的个人特点、兴趣、能力和学习需要",因此"教育体系的设计和教育方案的实施应充分考虑到这些特点与需要的广泛差异",重视每个学生的独特需要。"通过适宜的课程、组织安排、教学策略、资源利用及社区合作"等,"使学习过程适合每个儿童的需要,而不是将儿童套入预先规定的有关学习速度和学习特点的假说中"。也就是说,融合教育不是让所有的学生在相同的时间,以相同的方式,学习相同的东西,也不是牺牲一般学生的教育去照顾特殊学生,而是在尊重差异的基础上通过实现不同的教育目标、采用不同的教育方式等,让学生一起学习,一起获得发展。它聚焦于让学生在哪里受教育、如何受教育,以及受什么样的教育等问题。它倡导应使教育适应儿童的需要,而不是使儿童适应教育的需要;应实施个性化的教育,使儿童得到充分的发展。融合教育是一个动态的推进过程,它

---

① 柳树森.全纳教育导论[M].武汉:华中师范大学出版社,2007:6.

通过提供个性化的教育与支持,以学生多样的文化与社会背景作为促进学习的因素,做到理解、关注并回应所有学习者的需要。

在融合教育者眼中,儿童的兴趣、爱好以及个人的需要是摆在第一位的,依据儿童自身的特点和需要进行教育,他们才会充分地自由发展,个体的价值和差异才会真正得到尊重。根据英国教育与技能部的文件,这种个性化的教育至少包括四个核心维度:

1. 儿童和青少年通过多种学习机会和教学模式参与学习。
2. 在个别化指导下进行正确的学习选择。
3. 家长参与创建支持性的家庭学习环境。
4. 维持对所有孩子的高期望,不论他们的背景或需求如何。[1]

传统教学强调以教师、教材为中心,首先考虑固定教学目标的达成,强迫学生适应教师的教,而不考虑学生的多样性差异。融合教育则从评估,到制订个别化教育计划(Individualized Education Program,以下简称为:IEP)[2],到教学,以及到家庭和社区的支持都要求依据每一个儿童自身的特点和需要,提供适合他们不同特点与需求的优质教育。只有儿童的个性特点被真正重视,接受到适合自己的教育,个体才能得到充分的自由发展,个体价值才能得到尊重。融合教育强烈反对程式化、模式化的塑造,主张以学习者为中心,针对儿童的多样化需求提供相应的教学和帮助,使学生的个性得到充分发展。

在尊重差异的基础上,融合教育强调儿童潜能的开发。融合教育不同于一般意义上的"因材施教",更多反映的是帮助教育对象获得最大利益的适切性平等,这是一种高期望值的教育。[3] 以往,受传统的医学—心理学模式的影响,人类对残疾人的研究比较关注导致残疾的病理学根源、残疾人的

---

[1] Opertti R, Brady J, Duncombe L. 向前推进:全纳教育作为全民教育的核心[J]. 教育展望, 2009(3):4—13.

[2] 个别化教育计划(Individualized Eductaion Plan,简称为 IEP):是指由地方教育部门的代表、学校教师、心理学工作者、医生、社会工作者以及家长或监护人组成的小组为残疾障碍儿童制订的一份为满足其个别化的学习需要而设计的特殊教育及服务的书面计划,这个计划既是儿童教育和身心全面发展的总体构想,又是对儿童实施教育与相关服务的具体方案,主要包括:现有教育表现水平描述;应达到的短期与长期目标;应提供的特殊教育服务设施及参与普通教室活动与计划程度;实施的日期与期限;评估措施与日程安排等内容。

[3] 马益珍. 论义务教育阶段学生受教育过程的公平问题——从全纳教育视角分析[D]. 上海:上海师范大学,2005.

行为特点,以及矫正补偿的方法,其基本假定是:残疾由个体生理、心理缺陷所致,残疾是儿童本身的问题,因此残疾儿童被贴上了不同的标签,划分了不同的类别,并被送进不同类型的特殊学校,教育的作用是对特殊儿童的缺陷或障碍进行补偿。这一范式从 18 世纪末特殊教育诞生到 20 世纪中期一直占据统治地位。这使得特殊儿童与普通儿童长期隔离开来接受教育,它关注的是儿童不能干什么,而不是能干什么。融合教育认为残疾并非单纯是某种身体器官或功能损伤的结果,而是社会、政治等多因素导致的结果。① 因此,融合教育关注的是特殊儿童本身,而不是他们的缺陷,教育就是给特殊儿童提供平等的发展机会,以达到个人的自我实现并成功地发挥其潜在的能力与价值。注重对特殊儿童潜能的挖掘,也是基于对"人和人类是未完成、有待不断完善的社会存在物"和"人尽其才、每个人的天赋和潜能应予充分发展"的观点的认同,人的发展的"未确定性"赋予特殊儿童同样巨大的潜能和无限发展的可能性。特殊教育问题也就从伦理学的问题——"谁应该接受教育"转变为科学的问题——"接受什么样的教育"。② 融合教育强调每一个儿童都具有可以不断被开发和激发的学习潜能。从实践上看,虽然残疾可能会对儿童学习的方式与效果产生这样或那样的影响,但只要给予机会和支持,他们可以学得远比人们预期的要好。

综上,融合教育不是将特殊儿童与普通儿童简单地归并到一起,而是强调通过尊重差异和潜能开发,使每个儿童都获得充分发展。这种个性化的、使儿童充分发展的教育,不仅保证了教育的质量,有益于所有的儿童,而且其结果将有益于社会。

三、融合教育需要多方参与、合作与支持

融合教育注重每一个人的积极参与,每一个人都是融合教育活动中的主人。按照融合教育的观点,任何跟融合教育有关的人,诸如学校中的成人、儿童、青少年及其家庭和社区成员等,都是教育活动中的主人公,都应该积极参与和投入教育活动和学校生活中去。

对特殊儿童来说,融合教育不仅可以让他们回归到主流学校,积极参与

---

① Ballard, k. Researching into disability and inclusive education: participation, construction and interpretation [J]. *International Journal of Inclusive Education*. 1997,1(3):243—256.
② 柳树森.全纳教育导论[M].武汉:华中师范大学出版社,2007:8.

教育教学,接受高质量的教育,还意味着他们可以通过学习掌握参与社会的技能和方法,为未来的社会生活做好准备。对普通儿童来说,通过参与融合教育,学会理解与尊重差异,提高责任意识,能够更加深刻地理解学习的目的和意义,并且有机会体验与学习更多的接纳、理解、合作等的方法。对参与其中的成人来说,融合教育也是实现他们自身理想与目标的一个良好途径。正如日本著名教育家佐藤学在其《静悄悄的革命》一书中指出的,与同伴(残疾儿童)一起相互学习具有无限丰富的内容,通过这种学习,我们能够改变自己的人生,也能够改变我们所生活的世界;教师自身通过引发、支持、促进学生的学习,也能够实现自己实实在在的追求。① 总之,与曾经被排斥的弱势群体共同生活,不是基于对他们的同情和可怜,而是基于对人权和主体的承认和尊重,如是,融合教育不仅反对将任何儿童排斥在教育过程及学校生活之外,还主张所有跟学校活动有关的人都积极参与进来。"积极参与"不仅能使特殊儿童获益,每一个参与其中的人都会获得好处。

莎普诺(Shapiro)认为,要促进每一个人的参与,需要具备"承认"(Recognition)"尊重"(Respect)和"责任"(Responsibility)三个要素。② "承认"指注意到并接纳一个人或一个群体的存在;"尊重"指对待所有的人像对待自己一样,"责任"则是尊重的拓展。融合教育的"积极参与"反映的其实是一种民主观。融合教育的目的是让学生及与融合教育相关的人在学校中体验到这种民主,进入社会后也会积极地参与社会生活及改造社会。"他们不再会为了生存而刻意改变自己去适应社会,而是以社会一分子的身份积极参与到社会的重建过程中去,是以主人公的身份参与社会发展的决策和实践,未来社会就是人人参与的民主社会。"③

除了积极参与之外,1994年联合国教科文组织颁布的《特殊需要教育行动纲领》还明确指出:尽管融合学校"为实现平等机会和全面参与提供了有利的环境,但它们的成功仍需要一种不仅仅是教师和学校其他人员的努力,而且还包括同伴、家长、家庭和志愿者的共同努力的局面"④。也就是说,融

---

① [日]佐藤学.静悄悄的革命[M].长春:长春出版社,2003:42—43.
② Shapiro, A. *Everybody Belongs: Changing Negative Attitudes toward Classmates with Disabilities* [M]. New York:Garland Publishing, INC. 2000:20—21.
③ 黄志成.全纳教育:关注所有学生的学习和参与[M].上海:上海教育出版社,2004:70.
④ 赵中建.教育的使命——面向二十一世纪的教育宣言和行动纲领[M].北京:教育科学出版社,1996:136—137.

合教育强调的是多方参与的、合作的教育。在学校教育过程中,融合教育主张在教师和教师之间、学生与学生之间、教师与学生之间以及社区和各级组织之间建立一种合作关系,共同营造一种融合的氛围。

　　首先是教师之间的合作与支持。融合教育认为每个儿童都可能在求学生涯的某个时期都会经历到学习困难,由此可能会产生特殊教育需要。那么当一个儿童有特殊教育需要时,这种需要很有可能是多方面的,这就需要班主任、任课教师、心理教师、家长,甚至职能治疗师、物理治疗师、语言治疗师等各类人士进行合作,共同进行评量,制订IEP,并对儿童进行个别化的教育和支持。他们的合作与支持可以说是融合教育的关键。其次是学生之间的合作与支持。融合教育提出应尽可能将有特殊教育需要的儿童安置在普通学校的主张,目的就是为特殊儿童提供一个最大限度正常化的环境,提供与正常儿童交流、合作、学习的机会,进而让他们适应社会生活。因此"融合教育是训练有特殊需要的儿童与其他儿童团结合作的最有效的途径"。另一方面,融合教育也强调正常儿童主动与特殊儿童合作,其功能就在于发展正常儿童正确的社会认知,培养其社会责任感并增强对特殊儿童的情感支持。总之在同一教育环境中,学生之间可以利用各自的长处互相帮助,互相学习,相互支持,互相合作。第三是家庭、学校、社会之间的合作与支持。"实现对有特殊需要的儿童进行成功的教育这一目标不仅是教育部和学校系统的任务,它要求有家庭合作、社区志愿组织的发动以及广大公众的支持。"因为是对所有儿童的教育,所以就需要所有人士的合作。"融合教育意味着所有人结合起来相互帮助。"最后是地区之间与国家之间的合作。融合教育不是某个地区或某个国家单独施行的一种教育,它是世界范围内的所有人的教育。所以它强调"政府组织、非政府组织、地区及跨地区组织之间"联合起来,进行交流、帮助、合作,共同推动融合教育的发展。总之,融合教育"鼓励每个人作为参与的伙伴和成员,充分发挥出他们的能力",提倡多方参与的合作化教育。

四、融合教育的终极目标是建立融合的社会

　　融合教育的"长处不仅仅在于它们能向所有儿童提供有质量的教育,而且它们的存在是帮助改变歧视性态度,创造受人欢迎的社区和建设一个全

纳性社会的关键一步"①。融合教育的目的是建构一个融合的社会,在这种融合的社会集体中,人人参与,大家合作,每一个人都是集体的一员,人人都受欢迎。可见,融合教育认为教育既是整个社会文明进步的有机组成部分,又是支持和推动社会文明进步的动力和手段,融合教育本身不是目的,而是达到融合社会的手段。

融合的社会是未来的美好社会。这样的社会首先是多元共存、平等的社会。融合的社会倡导人与人之间是平等的,享有共同的权利;它尊重差异,通过多元共存的方式来接纳差异,不但能包容对方的共性,而且能包容对方的个性,彼此都能宽容对待对方的一切。其次,这样的社会是使人充分发展的社会。在融合的社会中重视个体的不同情感、动机、爱好、需要等,从而使个体充分发展,以个体的充分发展来实现对差异的尊重。第三,融合的社会是互助、共赢的社会。互动使每个人都能主动接纳对方,了解对方的心理世界与精神世界,并能互帮互助,充分体现合作的精神;在合作的过程中,双方或多方相互作用,相互影响,共同实现优质高效发展。

融合教育的最终目的是促进社会的公平与正义。它通过以下三种途径实现融合社会的构建。第一,融合教育站在全人类的高度,提出建立人人平等,能使人自由、充分和全面发展的社会,为融合社会的建构提供了具体的理想和目标。第二,融合教育通过国际宣言、国家政策、法律等形式为融合社会的建构提供了政策保障,比如1997年,英国教育与就业部发表的题为"所有儿童的成功:满足特殊教育需要"的绿皮书,声明"我们支持联合国的世界《萨拉曼卡宣言》,支持宣言所号召的政府应采取融合教育的原则……除非存在不可抗拒的因素"。第三,将建构融合社会付诸于始于教育的具体实践。《萨拉曼卡宣言》指出"以融合为导向的普通学校是反对歧视,创建受欢迎的社区,建立融合性社会和实现人人受教育的最有效的途径"。融合学校真正将"社会公正"的思想付诸实践,在融合班级中,学生能亲身感受到"社会公正"的教育,而不仅仅只是学习"社会公正"的课程。② 当学生在进入社会后也会以主人公的身份积极参与社会发展的决策和实践,并努力创建

---

① 赵中建.教育的使命——面向二十一世纪的教育宣言和行动纲领[M].北京:教育科学出版社,1996:135.

② Sapon-Shevin, M. Learning in an Inclusive Community[J]. Educational Leadership, 2008, 66(1):49—53.

一个融合公正的社会。

如联合国教科文组织前总干事费德里科·马约尔说:"特殊需要教育不能孤立地得到发展,而必须成为全面教育战略的组成部分,并且确实要成为新的社会和经济政策的组成部分。"[①]可见,融合教育是以广阔和多元的视角来认识事物、解释世界,它不再是过去那种封闭在自我空间的狭小的特殊教育,而是站在经济和社会全局发展的高度,站在面向全体儿童的高度,站在人的全面、和谐发展的高度,建立起一种开放的、多极化的大视野和大教育观。它将所有的人都纳入自己关心的范围,它将人的自由、解放和全面发展作为自己的最终目标,它向社会各阶层都敞开合作、对话的怀抱……它带来的是视野的开放、领域的开放和观念的开放。应该说,思维范式的转向成就了开放性的融合教育,而这种开放的教育也为它自身的发展带来了更广阔的空间。

第三节 融合教育的安置形式

融合教育是在各国一体化教育和回归主流的实践运动中不断发展起来的。在此基础上,各国又根据自己的国情以及不同的残疾分类方式,推出了不同的融合教育安置形式。融合教育运动在特殊教育领域引起人们激烈的争论,并且将特殊教育领域分为相互对立的两个阵营,即融合教育的支持者与反对者。然而,随着融合教育在各种游说活动以及政治推动下的迅猛发展,融合教育的坚决反对者逐步退让,争论的焦点从原来的"特殊儿童能否被融合"转向"特殊儿童应该如何融合":特殊儿童应该以比较激进的方式完全容纳进普通教室,即 Full inclusion(完全融合);还是以比较缓和、渐进的方式进行有选择的融合,即 Selective inclusion(部分融合)?特殊教育专业人士和相关社会团体也因此被划分成为相互对立的两大派别。[②]

一、完全融合模式

完全融合是指将特殊儿童安置在全日制的普通教室。它是一种单一的

[①] 赵中建.教育的使命——面向二十一世纪的教育宣言和行动纲领[M].北京:教育科学出版社,1996:128.

[②] Lipsky, D. K., & Gartner, A. (1997). Inclusion and School Reform: Transforming America's Classrooms.

安置形式,认为不应该根据儿童的残疾、障碍程度来安排他们在普通教室学习的时间,而应该在普通教室里满足所有学生的学习需要,普通教师应该在特殊教育专业人士的支持下承担起教育特殊儿童的主要责任。① 完全融合的安置形式是融合教育发展的主要方向。在完全融合教育者的眼里,融合教育是不需经过任何经验或验证或实证研究的,它是一种崇高的伦理的追求。② 不过,虽然接受教育的地点都是在普通班,但是特殊儿童和正常儿童接受教育的方式是有区别的。大致可分为以下几类:

(一) 完全由普通教师负责,对特殊儿童实施教育

在这种情况下,普通教育教师要负责特殊儿童所有的教育评估、个别化教育计划的制订以及个别指导等,必要的时候有"巡回指导教师"提供指导,巡回指导教师负责一个辖区范围内特殊学生教育指导工作,他不直接面对特殊学生,只是向第一线的普通教育教师或特殊教育教师提供专门的教材、教具以及教学策略等,对普通教师进行指导。在这种模式的教育中,特殊学生的障碍程度一般较轻,需要的辅助较少,但是对教师的要求较高,要求教师在普通课堂上,使特殊学生和普通学生都受益。当然,在完全由普通教师负责的情况下,教师可以通过"小组学习""合作学习"等方式,发动普通学生参与到特殊学生的教育中来。研究表明,合作学习使普通学生的社会技能提升,能更好地处理同伴间的差异,而且合作学习中所包含的个人绩效与团体成就,对增进特殊学生的学业成就有很大的帮助。③ 不过需要注意的是,这种类型下的教学方式并不是随意分组、合作就能成功的,它有明确、具体的要求和步骤。比如"合作学习"就要求:①明确界定学习任务。班级范围的同伴指导计划是建立在明确界定学习任务和同伴指导角色及教育责任的基础之上的。②个别化教学。在班级范围的同伴指导中,教师会有计划地进行前测和后测,安排学生当前所需要的学习同伴,进行针对性的教学。③来自学生高比率的积极反馈。每个学生既以被指导者的身份(对指导者的提示作出最初的回答),又以指导者的身份(对回答作出提示),对学业任

---

① 邓猛,潘剑芳.关于全纳教育思想的几点理论回顾及其对我们的启示.中国特殊教育,2003(4):1-7.
② Lindsay,G. Inclusive Education: a Critical Perspective[J]. *British Journal of Special Education*, 2003, 30(1):3-12.
③ 转引自李乙兰.在融合的情境中实施合作学习的策略与方法——以团队游戏竞赛法为例[J].屏东特殊教育,2005(10):41-42.

务作出回答。④直接的反馈和称赞。同伴指导者应当对被指导者作出反馈并称赞他们,教师则向指导者提供反馈,并以此促进班级范围的合作学习。⑤系统性的错误纠正。指导者应及时并系统地纠正被指导者所犯的错误。⑥激发学生的学习动机。在班级范围的同伴指导计划中,学生喜欢以类似于游戏的形式、团队目标或以图标表示进步情况,以此来激发学习动机。①

(二)以普通教师为主,巡回服务人员为辅,对特殊儿童进行教育

这种模式的特点是,普通教师负责特殊学生的全面正常教学,而由巡回服务人员对特殊学生进行特殊评估、特殊教育和提供所需的其他服务以及材料等。巡回人员主要包括语言病理学家、学校心理学家、社会工作人员、物理治疗师、医生、特殊教育教师等。这些人员并不固定在某个班级或者学校服务,而是在一个学区或是几个学区之间巡回服务。服务的频率及每次服务时间的长短由学校和巡回服务人员共同讨论决定。主要应考虑在提供相应服务的同时,尽可能最低限度地打扰普通班级的教学。如果在提供一定时间的相关服务后,学生情况有明显好转,甚至基本达到正常学生水平,由巡回服务人员提议,经学校研究后,即可停止特殊教育服务。② 这种类型教育模式的优点是专门服务直接进入每一所学校和每一个社区。在偏远的乡村地区和特殊儿童人数较少的学校或学区,多采用这一模式,不过如果服务过于分散,则不利于保证服务的质量。

(三)以普通教师为主,助教为辅,对特殊儿童进行教育

这种模式在美国被称为助教服务模式(Aide Services),在日本被称为助教模式。相对于整个班级来说,特殊教育教师是普通教师的助手。这类教育方式是由持有特殊教育执照的教师直接固定进入班级里,负责特殊学生的全面评估,制订个别化教学计划,配合正在教的教学内容。助教往往坐在学生旁边,或是往返于班上几个特殊学生之间,采取个别辅导的方式辅导学生,帮助他们理解和消化课堂上的内容等。这种做法在一些发达国家是比较常见的,它能为特殊儿童提供更专业和细致的服务,比较能保证特殊儿童受教育的质量,不过这对特殊教育教师的数量和质量有较高的要求。当这种方式的教育进行一段时间后,如果学生在学业表现上仍然没有明显改变,甚至较普通班级平均水平落后两年以上,学校就应重新对其进行全面评估,

---

① 刘春玲,江琴娣.特殊教育概论[M].上海:华东师范大学出版社,2008:29—30.
② [美]任颂羔.特殊教育发展模式[M].北京:北京大学出版社,2012:51.

根据测试评估结果调整特殊教育服务计划。

综合起来看,完全融合教育的支持者们主要有以下观点[①]:

1. 将特殊儿童抽出进行教育及对他们使用标签的做法应该被取消,因为这些做法是低效率的,而且从本质上说是不公平的。

2. 所有的儿童都有学习和成功的能力,学校应为他们的成功提供足够的条件。

3. 所有的儿童都应该在邻近学校内的高质量、年龄适合的普通班级里平等地接受教育。学校必须成为适应所有儿童多样学习需要的场所。

4. 应该让特殊儿童在具有接纳、归属、社区感的氛围中接受教育。

5. 在普通教室里,特殊儿童通过教育工作者之间的合作教学、学生之间的伙伴学习,以及所提供的各种相关服务而获益。

二、部分融合模式

部分融合模式,是指特殊儿童与普通儿童一起接受普通教育,但是在有特殊教育需要时,会抽出一部分时间到另外的教室或地方接受个别辅导;或者是被安置在普通学校的特殊班里进行教育;或是根据需要灵活地在普通学校及特殊学校两地接受教育。部分融合模式的支持者认为普通教室安置并不适合所有的特殊儿童,完全融合只是一系列特殊教育服务形式中的一种选择。因此,部分融合模式倡导者支持多样化的特殊教育服务体系,尤其是资源教室的建设;希望提供从最多(隔离的学校或机构)到最少(普通教室)限制的多种教育安置选择。[②] 具体来说,部分融合模式教育有以下三种类型。

(一)普通班+资源教室/资源中心

这种模式是指特殊儿童在大部分时间与普通儿童一起接受普通教育,但会根据学习需要抽出一部分时间到资源教室或是资源中心接受辅导。资源教室是在普通学校专门设置的特殊教育辅导室,配备有特殊儿童所需要的各种辅助设备、教材、教具、训练器材等,由受过特殊教育专业训练的资源

---

① Kavale K A, Forness S R. History, Rhetoric, and Reality:Analysis of the Inclusion Debate[J]. *Remedial and Special Education*,2000,21(5):279-297.

② 邓猛,潘剑芳. 关于全纳教育思想的几点理论回顾及其对我们的启示[J]. 中国特殊教育,2003(4):1-7.

教师负责。资源中心可以看成是资源教室的一种拓展,只不过资源教室为一所学校服务,而资源中心是跨校为辖区内不同的学校提供服务。而且资源教室和资源中心不仅直接负责特殊儿童的教学,还会为普通教师和家长提供咨询、支持和资源。这种模式的优点是,特殊学生不脱离正常的班级教学环境,既与正常儿童一起接受教育,发展了其社会适应能力,又能获得必要的、专业化的特殊教育与服务,使自己的潜能得到最大限度的发挥。

无论是资源教室还是资源中心,其核心在于"资源"功效的发挥。其一是物质资源中心,资源教室或中心要配置充足的教学设备、特殊教育教材、教具以及图书资料、评估工具等,以供学校或学区的师生利用;其二是教学资源中心,资源教室或中心的教师,要负责所有特殊学生的部分时间的单独教学或训练,并配合普通教师共同开展教学活动,提高教学效果;其三是咨询、培训、支持的资源中心,资源教室或中心除了直接提供教学及相关服务之外,还要为普通教师和家长提供咨询和支持,帮助普通教师进行专业发展,对特殊教育教师进行职后培训。

这种模式具有以下特点:①它是一种暂时性的支援教学,资源教室或中心的安置通常是暂时性的,要依据学生的个别需要及学习进步的情形作适时的调整。②这种模式强调个别化教学,资源教师要根据特殊学生个体的长处和不足,拟订个别化教学计划,并着重开展个别化指导或小组学习。③该模式具有预防功能,有轻度学习困难或行为问题的学生,在资源教室中及早地接受辅导,能预防问题向更严重的势态发展。④资源教室模式具有统合功能,资源教师在为特殊学生提供服务时,是以学生的整体发展为主,而不只考虑学生的缺陷补偿;在提供服务时,需要资源教师与普通教师、相关专业人员、管理人员和家长共同商量决定,不能只由某一方面单独决定。⑤该模式可以降低隔离与残疾标签的不良影响,特殊学生在普通班与正常学生一起上课,并在资源教室或资源中心接受辅导,这打破了传统的特殊教育分类,避免了具有歧视性的标签与隔离。[①]

当然,这种模式对资源教师的要求是比较高的。学者王和平认为资源教师是指承担评估和计划的制订、资源教学、咨询以及日常管理和行政事务等多方面工作的主要资源人员,其职责体现在6个方面30多种工作。详见

---

① 刘春玲,江琴娣.特殊教育概论[M].上海:华东师范大学出版社,2008:29.

表 1-1：

表 1-1　资源教师职责[①]

鉴定与评估	1. 启动转介程序，做好相关准备工作，如熟悉转介流程和设计表格。 2. 熟悉学生转介资料，安排筛选、鉴定和评估相关事宜。 3. 与普通班教师一起从普通班筛选"有特殊需要的学生"。 4. 收集学生在普通班学习的具体情况，为鉴定和评估做准备。 5. 进行教育诊断测验，为鉴定和评估做准备。 6. 配合进行多元评估，汇总、撰写评估鉴定报告，提出初步安置和教育方案。
教学与指导	7. 参与设计个别化教育计划方案。 8. 设计并运用特别的教学方法和行为指导策略，进行个别训练和指导。 9. 选择、设计适合个别学生需要的教材、教具和多媒体。 10. 开展小组的或个别的资源教学。 11. 动态观察和评估学生接受资源教学的发展状况，为修改 IEP 收集信息。 12. 促成学生回归主流，跟踪服务直至完全适应普通班级的教学活动。 13. 指导或协同完成正常班级的差异教学。
咨询与沟通	14. 为普通教师、家长和(或)志愿者提供特殊教育专业技能咨询。 15. 给普通教师、家长等介绍或提供特殊教育的有关法规、书籍和其他信息。 16. 给普通教师介绍或提供在正常班可使用的特殊教材及其教具。 17. 为普通教师介绍或提供在正常班开展 IEP 教学或行为辅导策略。 18. 主(协)办特殊教育研讨班(研讨学习活动)，介绍特殊教育有关知识。
行政事务	19. 分析、整理学生接受资源教室方案服务的内容、教育效果及其他行为表现，充实和完善学生档案。 20. 定期开展资源教学成败的自评工作，作为发展或改进的参考。 21. 组织有关人员研讨资源学生学期或学年度的实施计划。 22. 管理资源教室内各种软硬件设施。 23. 资源班学期经费预算和使用计划。 24. 组织召开(定期或不定期)资源班教育的各项会议。

[①] 王和平.随班就读资源教师职责及工作绩效评估[J].中国特殊教育,2005(7):37－41.

续表

公共关系	25. 向同事和家长介绍资源教室方案的功能,获取其理解和支持。 26. 与普通教师交流资源班学生在两种环境中学习发展的信息,并交流经验。 27. 与相关教师或教辅人员沟通协调,建立良好关系,便于开展工作。 28. 组织并利用各种校外资源,促进资源班的教育教学工作的开展。 29. 与家长联系,告知学生在资源班的发展情况以及要求家长配合的事宜。 30. 与相关学术和行政机构保持联系,了解资源教室方案发展动态和相关政策。 31. 与专业机构联系,及时解决资源教室方案实施中的疑难问题。 32. 构建学区(校)"助学伙伴"队伍,获取助学者帮助及其家长支持。
教科研	33. 相关基础理论和研究方法的自学或咨询。 34. 规划学期、学年度或更长时间的研究课题。 35. 课题研究的组织实施。 36. 向学校同事、家长或相关会议作专题研究报告,介绍和推广研究成果。

(二)普通学校特殊班

特殊班一般附设在普通学校内,是专门为残疾程度相对较重,特殊教育需要比较突出的学生而设立的。当前述的安置形式都不适合特殊学生时,就可以考虑采用这种模式。特殊班人数一般10~15人。在美国,特殊班会根据学生的情况,有不同的师生比组合,多数特殊班配有一名持有州执照的特殊教育教师及一名助手,这名助手没有资格进行课堂教学,而是协助特殊教育教师维持班级纪律或进行分组辅导。① 在中国一般就由一名特殊教育教师来负责该班的日常运作。一般而言,特殊班的学生其文化课与正常学生是完全分开的,不过也在某些时间,视特殊学生情况与普通学生一起上体育、音乐、美术等课程;而学校的活动,如晨会、运动会、外出游玩等,特殊班的学生仍然与正常学生在一起。这种模式的特点是特殊学生与普通学生分开在不同的班级接受教育,或是在少量的、适当的课程上在一起上课,课后会与普通班学生一起参与某些活动。它的优势在于:①特殊儿童增加了与正常儿童的日常交往,有利于相互了解。②教师可以进行有效的个别化教学。③在一定程度上为特殊儿童创造了融合的环境。④有利于全校同学正确认识人与人之间的关系。②

---

① [美]任颂羔.特殊教育发展模式[M].北京:北京大学出版社,2012:53.
② 方俊明.特殊教育学[M].北京:人民教育出版社,2005:88.

特殊班与资源教室或资源中心的主要区别在于,特殊班的学生几乎所有的教学活动都在特殊班进行,只有少部分的活动会与普通学生在一起;而资源教室或资源中心的学生大部分时间都留在普通班级,只是部分时间到辅导中心上课。还有学者从九个维度,对特殊班与资源教室或资源中心进行了区分,详见表1-2。

表1-2 特殊班与资源教室或资源中心的区别①

	特殊班	资源教室
服务对象	有残疾证明的特殊儿童	有特殊教育需要的儿童
目的	提高特殊儿童入学率	支持有特殊教育需要的儿童在普通班顺利地学习下去
入班标准	有正式的残疾证明	有正式的鉴定及教育诊断
课程设置	与特殊学校类似	根据学生需要
教材	特殊学校教材	修改、选编或自编的教材
教学方式	集体教学	个别化教学
排课方式	在本班按课表编排上课	抽离式、外加式、抽离+外加式
学习时间长度	全部在校时间	不超过在校时间的一半
任教教师及职责	受过特殊教育专门训练的教师负责几乎全部的教育教学工作	受过特殊教育专门训练的教师负责诊断、教学、评量和咨询的工作

不过,有学者认为,这种普通学校的特殊班模式是融合教育的低级模式,因为它只是让特殊学生在部分时间、空间与普通儿童在一起,而主要的教学活动却是分开的,这从本质上说仍然是隔离的。也有学者反对上述完全融合的观点,认为那是一种"一刀切""用一个框框量所有儿童"的做法。他们认为在同一个普通教室里,能力强的儿童可能经常会因内容简单而厌倦,而有特殊教育需要的学生又因赶不上教学的平均进度而焦虑,②从而使

---

① 改编自徐美贞,杨希洁.资源教室在随班就读中的作用[J].中国特殊教育,2003(4):13—18.
② Daniel, L. G., King, D. A. Impact of Inclusive Education on Academic Achievement, Student Behavior and Self-esteem, and parental Attitudes[J]. *The Journal of Educational Research*, 1997, 91 (2):67—80.

教育的质量较难得到保障,因此,特殊班应该存在,而且也是一种很好的融合教育的模式。

(三) 普通学校＋特殊学校

这种形式是指特殊学生根据需要在普通学校与特殊学校两地灵活接受教育。可以是以普通学校为主,特殊学校为辅,即大多数时间在普通学校就读,少部分时间在特殊学校接受特殊教育,这有些类似于"普通班＋资源教室/资源中心"的形式,只是接受特殊教育的地点改为特殊学校；也可以是以特殊学校为主,普通学校为辅,即大多数时间在特殊学校接受教育,有需要时到普通学校与普通儿童一起学习及活动,这有些类似于"普通学校＋特殊班"的形式,只是"普通学校＋特殊学校"形式的融合程度可能比"普通学校＋特殊班"形式更低,毕竟"普通学校＋特殊班"形式中学生接受教育的地点还是完全在普通学校。当然,这一安置模式还是可以根据特殊学生的需要灵活调整的,例如在特殊学校康复训练取得较好效果后,可以转入普通学校的班级就读,如果在普通学校不能适应时,又转回特殊学校学习。总体而言,在这类形式中,特殊儿童可以拥有普通学校及特殊学校双重学籍,根据需要在两地灵活转换。这种形式的融合教育在国内很多地方都存在,但并没有建立起良好的衔接制度。

总之,融合教育思想的发展使传统的对残疾人进行隔离的教育体系受到公开的怀疑与挑战,不仅使残疾人进入各类各级普通学校的趋势在全球范围内得到加强,也使更多的人关注特殊教育安置与服务体系的研究。多数研究认为在普通学校设置资源教室的效果优于隔离式特殊学校(班)和全日制的普通班。目前,西方各国传统的隔离式特殊教育机构体系已经崩溃。完全融合,即在普通教室教育残疾儿童似乎逐步成为各国特殊教育的主要选择。很多之前还普遍存在的为特殊需要的学生提供服务的全日制特殊学校和特殊班级逐渐淡出了人们的视野,取而代之的是融合的教育形式。① 例如,融合教育在英国的发展已经导致特殊学校急剧减少或关闭,在1990年,只有1.3%的特殊儿童在特殊学校就读。澳大利亚统计局从1989年起就已停止统计特殊学校(班)的学生人数。在意大利,99%的特殊儿童都在普通教室里就读,真正实现了全纳。法国、比利时、丹麦等国的特殊教育学校则

---

① 邓猛. 双流向多层次教育安置体系、全纳教育,以及我国特殊教育发展格局的探讨. 中国特殊教育,2004(4):1—7.

转变功能,成为全纳教育的资源中心。① 然而,上述的安置形式并没有严格的区别。融合教育的关键在于提高融合学校容纳和服务于所有学生的能力,以保障每一个学生都能获得适合其需要及发展的教育。至于安置的形式可以多元化,可以结合各个国家及地区的历史文化特点、基础教育情况、特殊教育的发展,以及对融合教育的不同理解,形成本土化的融合教育的安置形式。

本章小结

融合教育是指让所有儿童共同就读于适合其年龄层次及特殊需要的普通学校或班级,并通过各方的协同合作,为这些儿童提供保证质量的、有效的教育,让所有儿童都获得充分的发展。它的基本理念是特殊儿童应与普通儿童一样在主流教育体系中接受教育,并在普通班级中获得充分发展。融合教育需要多方参与、合作与支持,最终建立融合的社会。各国根据各自国情发展不同的融合教育安置形式,总体来说,融合教育的安置形式分为完全融合和部分融合两种形式,不管采取何种安置形式,融合教育的关键在于提高融合学校容纳和服务于所有学生的能力,以保障每一个学生都能获得适合其需要及发展的教育。

思考题

1. 融合教育与随班就读的区别是什么?
2. 在融合教育的实施过程中,教师应该秉持怎样的理念?
3. 你认为你所在的学校应该采用哪种融合教育的模式比较恰当,为什么?

推荐阅读

1. 邓猛.融合教育与随班就读:理想与现实之间[M].武汉:华中师范大学出版社,2009.

---

① Daunt, P. Special Education in Western Europe. In P. Mittler, R. Brouillette, & D. Harris (Eds.), *World Yearbook of Education* 1993: *Special Needs Education* (pp. 89−100). London: Kogan Page, 1993.

2. 雷江华. 融合教育导论[M]. 北京:北京大学出版社,2012.

3. 邓猛,颜廷睿. 融合教育理论反思与本土化探索[M]. 北京:北京大学出版社,2014.

4. 朴永馨. 融合与随班就读[J]. 教育研究与实验,2004(4).

5. 肖非. 中国的随班就读:历史·现状·展望[J]. 中国特殊教育,2005(3).

6. 王和平. 随班就读资源教师职责及工作绩效评估[J]. 中国特殊教育,2005(7).

7. 徐美贞,杨希洁. 资源教室在随班就读中的作用[J]. 中国特殊教育,2003(4).

第二章 融合教育的历史与发展

本章导言

新学期伊始,我收到了一份特殊的礼物。虽然校领导和特教学校的老师曾多次向我介绍甜甜的情况,但当我第一次见到这份特殊的礼物时,心中不知是喜悦还是痛楚,那种感觉真是无以言表。

第一天,甜甜让爸爸抱着来到了教室,只见她留着齐耳的短发,穿着漂亮的连衣裙,面容清秀,与同龄的儿童无异。可是那漂亮的裙子并没有掩盖住她那瘦弱的已经变形的四肢,虽然已经十岁了,可她的身材却像四五岁的孩子。虽然对她的情况已有所了解,可第一次看到,还是愣了一下。

以后的每一天里,甜甜都会被爸爸抱着来到学校,下课了,爸爸又抱着她去卫生间。可就是这样一名障碍儿童,她的阳光心态时刻感染着我。每天上课的时候,她总是精神饱满,积极回答问题,而且非常自信,课下有闲余的时间时,她就会和同学们说笑,给大家讲故事,把自己做的手工作品、自己画的画展示给大家看,不几天的时间,她就融入了整个班级。自从有了这份特殊的礼物,我们班的教室每天都能传出不一样的欢笑,引得旁边班级的学生都来观看。

为了能让甜甜更好地学习,更好地康复,我和她的爸爸还定期到特殊学校给她进行肢体的康复,并和特殊学校的教师一起给她制订个别化教育计划。特殊学校的老师也经常到我校来看望甜甜,并教给我们一些特殊教育的方法。虽然随着融合教育的不断发展,越来越多的障碍儿童走进了普通学校,但是特殊学校在一定的时间里还将继续存在,继续完成其使命,为更多的障碍儿童提供更多的保障和服务。[①]

案例中的教师认为融合教育发展后,特殊学校是不会取消的,那么你怎么看待特殊学校与融合教育的关系呢?融合教育与特殊教育又有何渊源

---

① 本案例由北京顺义区仇军林老师提供。

呢？本章将从融合教育的历史发展入手，谈谈融合教育的"前世今生"。

第一节 隔离式特殊教育

一、隔离式特殊教育的产生

（一）特殊教育的萌芽

在古代的西方，人们对残疾人采取的态度多是遗弃、绝育和杀戮等。由于残疾人的行为怪异，相貌也可能异于常人，而当时生产力水平低下、科学知识贫乏，人们对残疾产生的原因无法给予科学的解释，残疾人通常被视为"恶魔缠身""受到上帝惩罚"的对象，进而遭到迫害，根本谈不上受教育。据不完全统计，在中世纪的欧洲，有超过30万人因为被认为"魔鬼缠身"需要驱邪而被处死。[①] 一直到14世纪文艺复兴运动的兴起，残疾人的悲惨境遇才有所改变。

文艺复兴运动引起了人们对人道主义原则、个性、自由、知识和非宗教艺术的兴趣，这也导致了宗教改革、科技革命和理性时代的来临。科学的进步与理性的张扬，使人类能够重新审视残疾的本质。16世纪瑞士的巴拉萨尔沙士发现痴呆是一种疾病的结果而非"魔鬼附体"，法国医生皮内尔则明确指出白痴、精神病、智力落后之间的不同。[②] 随着对人体了解的深入和致残原因的科学探索，人们对残疾的惧怕和厌恶心理得以减轻，残疾人的社会地位有所提高，但是依然没有受教育的权利。

18世纪初，深受文艺复兴运动影响的法国掀起了旨在反对封建专制、反对教会、反对一切阻碍科学和科学精神发展的启蒙运动。一大批启蒙思想家所倡导的个性独立、自由、平等的精神，引发了人们对残疾现象和残疾人的重新认识。一些先驱者开始尝试着对残疾儿童实施教育。例如夸美纽斯在其经典著作《大教学论》中提出不论一个人的智力水平如何，都具有接受教育的可能性的观点，他还根据对智力落后儿童特点的认识，提出了教育智

---

① Telford, C. W., Sawrey, J. M. *The Exceptional Individual* (2nd ed.)[M]. Englewood Cliffs, N. J.：Prentice-Hall. 1972. 转引自邓猛.融合教育与随班就读：理想与现实之间[M]. 武汉：华中师范大学出版社, 2009：3—4.

② 邓猛, 肖非.隔离与融合：特殊教育范式的变迁与分析[J]. 华中师范大学学报（人文社会科学版）, 2009(4)：134—140.

力发展障碍儿童的一些方法。启蒙思想家狄德罗在《盲人书简》一书中,通过对盲人的观察与研究,发现盲人有足够的智慧和能力接受教育并和正常人一样过体面的生活。法国医生伊塔德根据他教育"狼孩"维克多的经历写成了《阿维隆野孩维克多》一书,这是人类对智力落后儿童实施教育的早期尝试,他记录下的很多教育方法对今天的特殊教育仍有影响。这些平等、博爱思想的,科学技术的进步,以及对残疾人教育的尝试等,都为残疾人享有受教育权利奠定了基础。

(二)特殊教育学校的创立

1770年,法国的一个天主教神父莱佩(de l'Epee)从向一对孪生的聋姐妹传教开始,逐渐激发了从事聋人教育的热忱,在巴黎创办了世界上第一所聋人学校,开启了正规近代聋人教育的先河。海尼克则在德国创办了用口语教学法训练聋生的学校,促进了聋人教育的深入发展。法国神父阿羽依(Valentin Hauy)因为不忍看到盲人在街上卖艺受到众人的歧视与嘲笑,决定让盲人有受教育的机会,摆脱悲惨的命运。他于1874年在巴黎创办了第一所盲童学校,后来还远赴德、俄等国协助建立盲人学校。1837年,法国精神科医生谢根(Suguin)在巴黎创立了弱智者训练学校。欧洲这些学校的建立可以视为特殊教育的开端,它打破了以往残疾人没有受教育权的局面,人们对残疾人的态度也逐渐开始转向接纳。

1814年,美国聋人教育的先驱加劳德特(Gallaudet)对聋童的语言学习产生了兴趣,尝试教授一个九岁的聋童学习说话。之后两年的时间里,加劳德特先后到英国和法国去学习教育聋、哑人的知识。1817年,加劳德特在康涅狄格州的哈特福德镇建立了康涅狄格州聋人教育与指导中心,这是美国历史上第一所专门为残疾人开办的学校。学校不仅开设了语言课(包括手语)和文化知识课,还开设了少量符合当时社会发展需要的机械课程。美国的医学博士费斯切(Fischer)也表现出对残疾人教育的极大兴趣。1829年费斯切建立了新英格兰庇护所,邀请年轻的豪(Samel Gridley Howe)做学校主管。豪担任主管之后也到巴黎、爱丁堡、柏林参观以掌握欧洲特殊教育机构的运作模式,并分别从巴黎与爱丁堡请来两名教师协助他办学。经过三年的筹建,1832美国第一所盲人教育学校——新英格兰庇护所开始收盲童入学。这所学校在美国取得极大的成功,很快成为全美盲童教育中心。

到1872年，波士顿盲校的学生已经遍及整个北美大陆。① 相比聋童和盲童的教育在美国如火如荼地展开，智力落后儿童的教育则起步较晚。直到1848年美国第一所智力落后儿童试验学校才在豪以及贺拉斯·曼等一批教育家的"四处奔走"，以及马萨诸塞州政府的支持下建立起来。从此，美国的特殊教育开始步入正轨。而且，随着大量的隔离式特殊教育学校或养护机构在美国建立，特殊教育发展的中心也随之从欧洲转移到了美洲。

(三) 特殊班的建立

20世纪上半叶特殊教育发展的另一个显著特点就是特殊班发展的速度超过特殊教育走读学校，并成为特殊教育的主要模式。② 特殊班的出现主要有两个方面的原因。一是义务教育法的颁布。早在1817年，丹麦就为感官有残疾的儿童的制定义务教育法；英国于1893年立法规定教育部承担特殊儿童的义务教育与所需的经费；美国于1840年在罗得岛州通过了义务教育法，到1918年义务教育法在各个州都已颁布与实施。到20世纪初，为盲、聋、智力落后儿童提供义务教育已成为人们的共识。义务教育法规定，凡达到义务教育入学年龄的儿童必须强制入学。因此，公立学校被迫招收更多的、学习特点更加多样的学生，包括有特殊教育需要的儿童。不仅入学读书的学生人数增加，学校内问题儿童、特殊儿童、移民家庭儿童等处境不利儿童的数量也急剧增加。仅凭隔离的特殊教育机构或学校显然不能够满足这些儿童的教育需要。而在公立学校中，教师一般都不愿意那些难驾驭的、有残疾的、学习能力低下的儿童在普通班学习，而且教师常常也不知道该怎么教育他们。依据义务教育法的规定，学校不能剥夺学生受教育的权利而将他们排除在学校之外，但是这些学生在普通班级里不仅影响其他学生，在学习上也很难获得成功。教育官员们出于维持学校的秩序、纪律，以及高水平教育质量的目的，也反对将这些儿童置于普通教室。为此，学校专门为这部分学生设立了无等级教室(Ungraded class)、机会教室(Opportunity class)、辅助教室(Auxiliary class)等，也就是特殊班，来解决这一问题。二是对隔离性特殊学校的初步反思。随着大批特殊学校的兴建，人们开始冷静地反思

---

① 杨柳.从隔离到全纳——美国残疾人教育研究[D].重庆：西南师范大学,2009:25.
② Winzer, M. A. *The History of Special Education: From Isolation to Integration* [M]. Washington, D. C.: Gallaudet University Press. 1993. 转引自邓猛.融合教育与随班就读：理想与现实之间[M].武汉：华中师范大学出版社,2009:5.

这股热潮。特殊教育学校虽然为特殊儿童提供了受教育的机会,但是却过多地剥夺了他们与外界社会环境的接触机会,也严重阻碍特殊学生日后融入主流社会。而特殊班级的设立有三个方面的益处:"一是班级内学生的水平接近,便于课程的设置和教师的教学;二是从事特殊教育的教师是经过专门训练的,有能力管教那些普通教育教师没有能力管教的特殊学生;三是创造了特殊学生与普通学生学习交流的机会,有利于特殊学生的社会化。"① 当然,这个原因相较于义务教育法实施的压力还只是个次要的原因,只是对隔离性质的特殊学校的初步反思,所以特殊班也脱离不了"隔离"的性质,只是在普通学校里的隔离罢了。但不管怎么说,特殊班的优点很快得到人们的认可,在美国以及欧洲后来一直呈增长态势。更重要的是,隔离的、自足式的特殊教育班越来越成为教育者们愿意接受的特殊儿童教育服务模式,并于 20 世纪 50—60 年代达到顶峰。

二、隔离式特殊教育产生的影响因素

(一)人文主义的兴起

文艺复兴时期,以反对中世纪时期占统治地位的禁欲主义和宗教观、摆脱教会对人们的思想控制、推倒作为神学和经院哲学基础的一切权威和传统教条的人文主义成为当时思想变革的显著特点。"人文主义的价值核心是'人乃万物之本',其共同特点是:①赞颂人的尊严、人的价值,将人从神的束缚中解救出来。②宣扬人的思想解放和个性自由。③肯定现世生活的价值和尘世的享乐,冲破中世纪禁欲主义的藩篱。"② 这种人文主义的思想,经过启蒙运动的洗礼,到了 20 世纪终于发展成西方国家所共享的基本价值观:在法律面前人人平等、天赋人权、人为自然立法、平等、博爱等。受这些人文主义思想的影响,人们对待残疾人所持的观念也发生了变化,当社会上"残疾"、平等等观念发生变化时,特殊教育的基本理论与实践也会随之变化。

(二)科学技术的发展

在自然科学方面,哥白尼、开普勒的天文学说,对"上帝创造世界"的宗教观念产生了颠覆性的影响。伽利略、笛卡儿、牛顿等人在数学和物理等方面的发现使人们以新的视角去认识世界。比利时医生维萨留斯(Andress

---

① 杨柳.从隔离到全纳——美国残疾人教育研究[D].重庆:西南师范大学,2009:26.
② 朱宗顺.特殊教育史[M].北京:北京大学出版社,2011:17.

Vesalius)对人体结构的研究、西班牙医生塞尔维特(Michael Servetus)和英国解剖学家哈维(William Harvey)对血液循环的研究,为现代医学和生理学的发展奠定了基础。这些科学技术的发展,使得人们对残疾人的认识变得科学、客观,逐渐改变视残疾人为妖魔附身的怪物的观念。同时这些科学技术的发展也为改善残疾人的残疾和障碍提供了助益。例如,眼镜的发明使视力残疾人的视力状况有了很大改善;认知理论的发展,使得人们可以对不同智力残疾等级的残疾人进行鉴别,并根据不同的结果开展相应的训练等。

（三）理性时代的到来

人文主义对生命的敬仰,宗教改革对教会统治的打击,自然科学对迷信的冲击,正在锻造着一个理性的时代。在哲学观方面,人们从对宗教的怀疑,发展到自然神论,进而达到唯物主义和无神论的高度。在知识观方面,启蒙思想家们指出,宗教蒙昧主义的统治和神学思想的束缚,窒息了人们的理性,要以资产阶级的思想和科学知识来武装人们的头脑。人们开始用理性的态度来解释这个世界。例如,文艺复兴时期著名思想家培根在《新工具》中就对经院哲学中的演绎法进行了猛烈的批判,认为演绎法脱离经验,从概念到概念,不能给人们提供新的知识,演绎法只是论证神学、攻击真理、阻碍科学发展的工具。因此,只能用经验归纳法来取而代之。[1] 这种批判为破除宗教假借理性而支持思想禁锢的神学开辟了道路,为真正的科学理性的注入提供了方法论准备。这种理性的精神强烈地冲击着以往陈腐的残疾人观,为特殊教育的萌芽打下了思想以及方法论的基础。

三、隔离式特殊教育的特点

人文主义、理性主义和科学技术的发展,改变了以往陈腐的残疾人观。特殊教育学校的诞生使残疾人开始获得真正的教育。相较于以往被杀戮、遗弃的境地,残疾人的地位得到极大的提升,权利也获得有限的保障。但是,这时期的残疾人观和特殊教育观具有很大的局限性。首先,人们虽然不再认为残疾人是妖魔附体,但认为残疾人的残疾是由个体生理、心理缺陷所致,残疾人是有缺陷的弱者,普通的"强者"本着人道主义的精神,应该为残疾人提供一个保护性场所,使他们免受外部世界的伤害。其次,他们把对个

---

[1] 景时.中国式融合教育——随班就读的文化阐释与批判[D].武汉:华中师范大学,2013:2.

体缺陷的诊断视为干预和治疗的基础,推崇对残疾人进行严格的测试和分类,并在此基础上根据他们的特点进行矫正和补偿,把他们教育或康复成所谓的"正常人"。

在这些观念的影响下,产生于欧洲的早期特殊教育学校都是封闭的、养护性质的机构,将残疾儿童与正常的儿童隔离开来,单独进行教育。那时的特殊学校或机构多为医务或神职人员所创办,教育对象障碍程度也较重;教学方法则注重"生理学的方法",也就是利用生理学或医学的方法对残疾人进行分类、干预和治疗。根植于这样的传统,后来发展起来的特殊学校和特殊班也是以隔离、分类为特点的,将视力、听力、智力等残疾儿童安置到相应的特殊学校和班级,以隔离于普通儿童的方式接受教育。

隔离式特殊学校是专门为残疾儿童设立的,尤其是为程度较严重的残疾儿童设立。特殊学校的类型多样,既有为不同类型的残疾儿童设立的特殊教育学校,例如盲校、聋校、培智学校,也有招收多种残疾类型的综合特殊教育学校。在综合的特殊学校中,根据不同的残疾类别,将儿童分配至不同的班级,比如聋生班、盲生班、培智班等。特殊学校一般都配有经过专门训练的教师和康复人员,课程和教材经过专门设计,与普通教育不同,特殊学校的管理、教育研究,以及师资培养也独立于普通教育之外。这种教育虽然保护了残疾人受教育的权利,让他们在特定的地方接受专门的教育,满足了残疾人一定的教育需求,但也造成了普通教育与特殊教育的双轨制。特殊教育被排除在普通教育体系之外,特殊儿童是在"隔离"的环境中接受教育的。

特殊班则是附设在普通学校中的专为特殊儿童开设的班级。它是在早期特殊学校不能满足"义务教育"需要,以及残疾人观进一步发展的基础上发展起来的。特殊班的教师由受过特殊教育专业训练的教师和辅助人员构成,班级的课程设置、教材、教学设备、辅助设施与特殊教育学校类似。不过特殊班与特殊学校相比还是具有自身不可忽略的优势:"第一,增加了特殊学生和普通学生交往与互动的机会。与普通学生在同一环境中接受教育,有利于提高特殊学生的社会交往与适应能力,为其日后融入社会提供了基础,同时也有利于培养普通学生理解多元性、乐于助人的良好品质。第二,教师可以进行有效的个别教学,特殊班级规模比较小,学生人数少,有利于教师针对学生的独特教育需要进行个别教学,从而切实保障特殊学生的受教育权利。"①但是，特殊班的实质与特殊学校没有什么区别，它依然注重对学生进行分类，依然采用独立的运作体系，特殊学生依然是被"隔离"接受教育，只不过是在普通学校内被"隔离"而已。

总之，从19世纪一直到20世纪中叶，这种假定残疾是由个体生理、心理缺陷所致的隔离式的"心理学—医学"范式的特殊教育学校与特殊班模式，在西方国家一直占据统治地位。公立学校里的特殊班成为多数特殊儿童的教育安置模式，而一些寄宿制的特殊教育机构和特殊教育公立走读学校仍然是教育盲、聋、智力障碍以及肢体障碍儿童的常见场所。社会主流观念仍然认为特殊儿童不能够在普通学校与社区学习、生活。公立特殊学校与特殊班在欧洲与美国的迅速发展使特殊教育与普通教育真正成为两个互不相干、平行发展、独立的教育体系。

第二节 回归主流运动

20世纪50年代以后，美国兴起的民权运动以及北欧斯堪的纳维亚国家的"正常化"(Normalization)教育运动等开始影响特殊教育的发展方向。"回归主流"思想出现并对全球特殊教育领域的理论与实践产生了深远的影响。

一、回归主流运动产生与发展的背景

(一)"正常化"思想与"去机构化运动"

20世纪60年代末期，欧洲出现了"正常化"思想，促使智力落后儿童离开隔离的特殊教育机构，进入主流社区与学校。早在20世纪40—50年代，丹麦就设定了两个重要的学校改革目标：建立"综合性学校"(Comprehensive school)和"全民学校"(School for everyone)。这两个目标很相似，都意味着所有学生，不管其能力如何，都不应该被隔离。1959年，丹麦议会颁布了《智力落后法案》，这个法案后来被人们称为"正常化法案"。该法案确立了丹麦的残疾人政策与行动的基本准则，包括：①正常化，即智力落后人士的生活应该尽可能地接近正常人的生活方式。②一体化，即拒

---

① 杨柳.从隔离到全纳——美国残疾人教育研究[D].重庆：西南师范大学,2009:104.

绝"异常",拒绝将处境不利人士隔离在集中式的福利机构与特殊学校的进程。③发展,首次确认智力落后人士的权利,尤其是接受教育与训练的权利,这是抛弃传统的医疗看护模式,代之以教育、发展模式的基础。①

1961 年,丹麦一个学校心理工作者 Kurt Kristensen 在 Herling 城的普通学校里开始了一体化教育的试验,创立了特殊班,接受从隔离的学校、机构转来的特殊儿童;并在普通班里接受盲、重听与语言障碍的儿童。② 1967 年,班克·米尔克森(Bank-Milkkelsen N. E)根据丹麦智力残疾者收容机构的情况,提出智力落后者应与普通市民一样具有同等的生存权利,使他们的生活尽可能地接近普通市民的条件和方式。这种思想和做法得到了一大批学者的认同,并迅速传播到整个丹麦甚至欧洲。

1968 年,瑞典学者本格·尼尔耶(Beng Nirje)应邀出席美国召开的关于智力落后者问题的研讨会,提出"尽可能保证智力落后者日常生活的类型和状态与成为社会主要潮流的生活模式相接近",并把这种思想用"正常化"这一术语加以概括介绍给了美国。③ 加拿大籍特殊教育学者沃尔夫森伯格通过在美国《智力落后》(*Mental Retardation*)杂志上发表的一系列关于欧洲智力落后教育理论、方法的介绍使"正常化"原则在美国特殊教育界得到广泛的传播。

概而言之,正常化原则非常强调残疾人的个别性和公民权,认为残疾人应该尽可能与普通人一样,拥有一个良好的教育和生活环境,并享有自由的权利和公平的机会。④ 正常化原则的基本观念是:残疾人在教育、居住、就业、社会生活、娱乐等方面都应该和正常人尽量相同;它主张改革原来教养院中隔离的封闭形式,将受教养者安置到正常的社会环境中学习和生活。正常化原则是残疾人教育观念的一次伟大转变,它直接导致了美国"去机构

---

① Daniel, L. G., King, D. A. Impact of Inclusive Education on Academic Achievement, Student Behavior and Self-esteem, and Parental Attitudes [J]. *The Journal of Educational Research*, 1997, 91 (2):67—80.

② Egelund, N. Special Education in Denmark [J]. *European Journal of Special Needs Education*, 2000, 15 (1):88—98.

③ Hallahan, D. P, Kauffman, J. M. *Exceptional Children: Introduction to Special Education* [M]. Boston: Allyn & Bacon, 1994:46.

④ Hallahan, D. P., Kauffman, H. M. Exceptional Children: Introduction to Special Education [M]. Boston: Allyn & Bacon., 1994. 转引自吴永怡. 小学教育人员对身心障碍学生融合教育态度差异分析研究结果 [J]. 台东特教, 2004(20):29—38.

化运动"(Deinstitutionalization)的产生,并孕育了"最少受限制原则""回归主流"等新的教育理念。

"去机构化运动"就是在正常化教育原则的指引下,将残疾人从较为封闭的残疾人医疗养护或教育机构里转向以社区为基础的、比较独立的生活环境中。也就是说,"去机构化运动"反对让残疾人在隔离的福利或养护机构中生活,它提倡残疾人与正常人一样拥有正常生活的经历与环境。这种做法使得越来越多的残疾人离开隔离的机构,重返正常的社区生活。

(二)民权运动的影响

尽管美国自开国之初便在其宪法里确定了人人平等的原则,规定公民享有自由与民主等基本权利,但这些理想与实践之间存在着矛盾。很长一段时间里,平等只局限于白人,黑奴与其他族裔移民备受歧视,以至于在公众场所、交通工具及学校内都是黑人白人分开,加利福尼亚州更一度立法不准华人子女入读普通学校。平等的理想与这些社会上广泛存在的各种不平等的现实使得社会的矛盾和冲突不断。"第二次世界大战"以后,由美籍黑人发起的民权运动(Civil Rights Movement)提出了"分开就是不平等"的口号,要求不同种族平等参与社会生活。美籍黑人争取在政治、教育以及社会生活上享有平等权利的运动也鼓励了其他族群。残疾人士也加入了这一行列。

在民权运动的背景下,一系列与人权有关的诉讼案出现,对特殊教育的立法和实践产生了深远的影响。1954年美国联邦最高法院对堪萨斯州的布朗诉托皮卡市教育局(Brown v. Board of Education of Topeka)一案进行了判决。这一判决根据美国宪法所规定的公民享有平等权利的精神,明确指出:现行的不同种族(如黑人和白人)"分开而且平等(separate but equal)"的教育做法是不平等的。州政府仅仅因为一个人有无法改变的特点(譬如种族或残疾)而要求对这个人进行隔离是违反宪法的,种族隔离违背了保护少数族群平等受教育权的原则。它不仅带有明显种族歧视的色彩,而且剥夺了儿童与不同文化背景交流的权利。因此,法律不仅应该保护儿童受教育的权利,而且应该保护他们受到同等条件的、平等的教育。这一案例成为美国民权运动重要的奠基石,影响了一系列重要法案的产生。

1964年,因民权运动而通过的《民权法案》(*Civil Rights Acts of 1964*)对美籍黑人以及其他少数民族的平等公民权提供了保护。"这一运动对特殊教育的发展产生了深远的影响:既然分开就是不平等,为什么要将特殊儿童与正常儿童分开教学呢?"[1] 1972年,宾夕法尼亚弱智人士协会(Pennsylvania Association for Retarded Citizens)将宾夕法尼亚州政府告到法院,理由是州教育局没有为智力落后儿童提供教育。该案的胜诉确定了公立学校必须为智力落后学龄儿童提供免费的公立教育的原则。同年,法庭对于米尔斯告哥伦比亚区教育委员会(Mills vs. Board of Education of District of Columbia)的判决为:应为所有残疾(从智力落后延伸到所有其他类型的特殊人群)儿童提供免费的公立教育。这两个法庭案例的裁决事实上确定了"零拒绝"(Zero-reject,即全部接收)的原则,以法律的手段要求教育当局与行政官员为所有特殊儿童提供免费的、适当的公立教育。

另外,20世纪三四十年代出现的由特殊儿童家长组成的地方性组织,到了50年代逐渐演变成全国性团体,他们通过采取到法院进行司法诉讼,争取特殊儿童的教育权,以及向国会议员游说,制定特殊教育法案等形式,推动了联邦政府对特殊教育专门立法的工作。从20世纪50年代到1975年《所有残疾儿童教育法》颁布前,美国制定了一系列与特殊教育相关的法律法规。

(三)对隔离特殊教育体系的反思

特殊教育从产生之日起,便独立于普通教育系统之外,有专门的教育目标,在隔离的学校或班级里由经过特别训练的教师,采用适合各类特殊儿童特殊需要的教材、教法和技术手段,对儿童进行教育训练和康复治疗。这种教育模式由于为残疾人提供了专门性的教育,相较于以往没有受教育的情况,极大地提高了残疾人的受教育程度和生活质量,在很长一段时间里一直占据统治地位。

当这种专门化的刻板的特殊教育模式发展到一定程度时,人们开始重新审视特殊教育的隔离性问题。特殊学生家长、教育家和各种关心残疾人教育的人士逐渐开始发现对特殊儿童进行专门化教育的弊端,来自他们的批评与反对隔离式融合教育的声音也越来越多。1968年,著名特殊教育专家邓恩(Dunn)发现:没有任何证据能够证明智力落后学生在隔离特殊班级里能够获得比在普通班级里更好的学业表现。他认为隔离的特殊教育体系

---

[1] 邓猛.融合教育与随班就读:理想与现实之间[M].武汉:华中师范大学出版社,2009:34.

提供了一个普通学校摆脱教育那些"跟不上"儿童的借口。① 一些人士还指出隔离体系创造和强化了一个被称为"特殊学生"的与其他人界限分明的群体。在特殊学校或特殊班级里,学生只在同质群体里组成关系网络,在一个封闭的环境下进行社会化,从而创造了一种残缺、封闭、狭隘的文化。② 在这种文化下,不论隔离教育的教育设施如何完善,教育方法如何高明,都无法完成使特殊学生社会化的目标。还有一些人士指出,特殊学校或特殊班由于缺乏合格的教师,教学质量低下,特殊学生并没有受到适合自身特点的教育,反而因为进入特殊学校和特殊班而被贴上标签,即进入特殊班的都是没有希望的、有各种问题的学生,因此遭到同伴的排斥和嘲弄而备受歧视。另外,强加的标签还会导致家长、教师对特殊学生的期望值下降,造成特殊儿童自信心和自尊心的降低。

可以说,整个 20 世纪 60 年代,教育工作者、特殊儿童家长和一些专业人士认真地讨论、反思了隔离教育,并对其合理性、效果等问题进行了系统的研究,传统的公共隔离教育机构与体系面临严峻的挑战。人们的目光开始投向新的教育方式。

二、回归主流的主要内容

"正常化"主张传播到美国后,邓恩(Dunn)于 20 世纪 60 年代提出改革方案,认为"特殊教育与普通教育必须融合,于是在教育体制上反对传统学校的自足或特殊班的隔离教育的学者们纷纷主张回归主流"③。20 世纪 70 年代中期,美国颁布 94-142 公法(也被称为《所有残疾儿童教育法》),以法律的形式总结了美国回归主流运动的成果,提出了个别化教育计划、零拒绝、最少受限制环境等对以后特殊教育产生深远影响的重要原则。④

(一) 美国 94-142 公法的基本原则

94-142 公法明确提出保障特殊儿童及其家长权益的 6 条基本原则:零拒绝、无歧视性鉴定、个别化教育、最少限制的环境、合法的程序、家长的参与。这些原则的具体内容为:

---

① Lipsky, D. K., Gartner, A. *Inclusion and School Reform: Transforming America's Classrooms*[M]. Baltimore, Md: P. H. Brookes Pub. Co. ,1997:47.
② 王伟. 全纳教育实践研究:英、美两国的实践分析[D]. 上海:华东师范大学,2007:30.
③ 台湾特殊教育学会. 特殊教育课程与教学[M]. 台北:心理出版社,1987:149.
④ 佟月华. 美国全纳教育的发展进程[J]. 济南大学学报,2002(1):77-79.

(1) 零拒绝,指学校应向社区内所有儿童提供平等教育的机会与高质量的教育,并保证任何一名特殊学生不被排除在教育之外,教育应当遵循"免费、适当、公立"的原则。

(2) 无歧视性鉴定,是指残疾的诊断与鉴定以及对儿童教育安置的决定不得因为儿童的文化背景、种族与经济状况而具有歧视性;要减少因种族、文化、障碍类型差异导致的歧视与检测误差;鉴定须由经过训练的、跨学科的专业人员组成的小组,采用有效的测试工具进行;测量必须采用儿童的母语或儿童最熟悉的交流手段来进行;不能用某一单独的测验作为评价儿童的唯一手段,应结合使用多种测试手段;不能以单一测试作为唯一标准,"不能一次定终生"。[1]

(3) 个别化教育计划,要求在无歧视性鉴定和评估的基础上,由教育工作者、心理学家、家长、社会工作者等共同为每个有特殊教育需要的学生制订书面教育计划。这份计划要对儿童的现有教育表现水平、应达到的长、短期目标、提供服务的方式、实施的日期与期限、评估措施与日程安排等进行详细描述。

(4) 合法的程序,主要指要确保对儿童的鉴定、安置、教育、评估等都要遵循法定的程序来进行,保障儿童及其家长有权利反对学校的决定,并有权向法庭起诉。

(5) 最少受限制环境原则,要求尽可能安排特殊儿童在最少受限制的环境里接受特殊教育,这是特殊儿童教育安置的基本原则,这一原则通过具体的"瀑布式特殊教育服务体系"体现(后文还将详述)。

(6) 家长的参与,该原则保障家长有权参与儿童的评估和个别化教育计划的制订,保障家长对特殊学生教育表现的知晓权。

94-142公法虽然并没有使用"回归主流"一词,但体现了美国"回归主流"运动的思想成果,成为"残障人士的权利清单"。[2]

(二)瀑布式特殊教育服务体系

1970年,德诺(Evelyn Deno)根据特殊儿童应尽可能地回归到正常环境

---

[1] 邓猛.融合教育与随班就读:理想与现实之间[M].武汉:华中师范大学出版社,2009:35—36.

[2] Meyen, E. L., & Skrtic, T. *Exceptional Children and Youth* (3rd ed.)[M]. Denver: Love Publishing Com. 1998:23.

中学习、生活的理念,提出了"瀑布式特殊教育服务体系"(详见图2-1)。它根据最少受限制的原则,将儿童分别对应安置到各级各类学校或机构。由于其整个结构图形同瀑布,上下贯通,因而被称为"瀑布式特殊教育服务体系"。尽管后人对这个体系进行了修改,并增加了一些安置的形式,但一般认为这一体系包括以下安置形式:

1. 普通班,即特殊学生所有学习时间都在普通学校的普通教室和正常儿童一起上课、学习、参加各种教学活动,接受相关服务。

2. 资源教室,在普通学校专门设置的特殊教育辅导室,配备有特殊儿童所需要的各种辅助设备、教材、教具、训练器材等,由受过特殊教育专业训练的资源教师负责。有的特殊学生大部分时间能够在普通班学习,但部分时间需要到资源教室由资源教师进行专门的教育、辅导或者训练。

3. 巡回教师辅导制(农村较多使用),一名特殊教育指导教师对所辖范围内各学校的特殊学生提供定期或不定期的辅导任务,并对学校的教育教学提供咨询指导。

4. 特殊班,在普通学校设立或附设在医疗康复机构、特殊学校,有两种形式:①全日制特殊班,学生全天或大部分时间单独集体上课和参加活动,由受过专门训练的特殊教育教师负责教学;②部分时间特殊班,学生一部分时间单独集体上课、活动,另一部分时间与普通学生一起上课或活动。

5. 特殊学校、家庭或医院等教养机构,多采取寄宿制的形式,招收对象主要是身心发展有严重缺陷的学生,除提供由经过专业训练的特殊教育教师负责的教育教学外,还提供多种相关医疗、矫正、心理咨询等康复服务。

这种服务体系按照儿童障碍程度从重到轻的层次,分别匹配从多到少的学习环境受限制程度。也就是说,重度残疾的儿童应该安置在受限制程度最高的医院或是其他隔离教养机构,轻度残疾儿童则可以安置在普通学校的普通班。可以看出它是一种能让不同残疾程度的儿童都获得相应教育服务的架构体系,而且它还是一种可以根据特殊儿童自身身体状况以及学习需求的变化而调整安置场所的弹性架构。

回归主流就是根据特殊儿童的学习能力使儿童从最多受限制的环境(如寄宿制康复医疗机构)逐渐转向接近普通教室的环境,并最终实现完全融入普通教室的过程。它通过安置环境的一系列变换,让特殊儿童逐步"回归主流",以实现教育的公平以及社会的公正。不过,有学者指出判定特殊儿童能够回归主流,还需要达到以下七项标准:①学生应具有学习同级部分课业的能力。②学生应具有不靠太多的帮助(特殊教材、设备,或普通班教师)而学习课业的能力。③学生应具有在普通班中安静学习而无须教师太多注意的能力。④学生应具有适应普通班常规的能力。⑤学生应具有在普通班中与人互动,并模仿楷模行为的能力。⑥普通班的各项设备应该适合特殊学生的需要。⑦课表应具弹性以适合特殊学生的需要,并能随其进步相应调整。① 可以看出,"回归主流"是有条件的。

图 2-1　瀑布式特殊教育服务体系②

三、回归主流的主要特点

(一)让特殊教育"支流"回归普通教育的"主流"

回归主流运动强调了特殊儿童平等的受教育权,以法律的形式保障学校应向社区内所有儿童提供平等教育的机会与高质量的教育,并保证任何一名特殊学生都不被排除在教育之外。在此基础上,回归主流运动较之以往隔离式特殊教育最大的不同,是它改变了以往将特殊儿童集中到特殊学

---

① 吴武典.从特殊儿童的安置谈特殊教育的发展——台湾的经验与省思[J].中国特殊教育,1997(3):15-21.
② 张福娟.特殊教育史[M],上海:华东师范大学出版社.2000:298.

校,将他们与正常儿童隔离开来的传统模式。它提倡最大限度地让特殊学生回归普通学校、普通社区,与正常儿童一起学习和生活,达到让特殊教育这一"支流"回归到普通教育的"主流"的目的。可以说回归主流真正打破了传统隔离教育的藩篱,将特殊儿童纳入普通教育系统中,与普通儿童一起学习与生活,开创了特殊儿童教育的新局面,并为社会接纳特殊儿童作出了积极努力。

(二)推行最少受限制的瀑布式教育安置体系

实现特殊儿童回归普通学校和社会主流的具体做法是推行最少受限制的瀑布式教育安置体系。这种教育安置体系首先认为存在着普通教育与特殊教育两种不同的教育体系,在以往的隔离式特殊教育时代,特殊教育与普通教育是平行发展、各自为政的,没有交集。回归主流尽可能地使特殊儿童从瀑布的底端向顶端移动,即从隔离的环境向主流环境过渡,从而使特殊教育与普通教育交融,并实现教育平等、社会公正的理想。也就是说,它所提倡的回归是有层次、有等级的渐进式回归。障碍程度重的儿童在受限制程度最多的环境中进行教育,障碍程度轻的儿童在最少受限制的普通学校接受教育,教育康复的目的就是使重度残障的儿童逐渐从最多受限制环境向最少受限制环境转移。这种等级制度满足了不同障碍程度儿童的不同需求,同时这种等级制度也是比较森严的,儿童在哪个层级接受教育是要经过严格的评估的,且不能轻易越级。

(三)施行个别化化教育计划

回归主流除了提出依据特殊儿童障碍程度的不同,设置各种类型的特殊教育形式,让特殊儿童在最少受限制的环境中接受教育之外,它还十分注重根据儿童的生理、心理条件以及教育需要,选择最适合他们的教育方式和内容,并以书面的形式记录下来,通过法定的方式加以确定并实施。在1975年美国的94-142公法中第一次对个别化教育计划进行了明确的规定。它要求在详细的鉴定和评估的基础上,由教育工作者、心理学家、家长、社会工作者等共同为特殊儿童制订书面教育计划,并定期对这份计划进行评估和更改,以保证特殊儿童能接受到个别化的、有针对性的、保证效果的教育。换言之,回归主流不仅只是受教育环境的回归,还十分注重教育质量的回归,要让特殊儿童同样受到高质量的教育。

第三节 融合教育的兴起及发展

一、融合教育的兴起

融合教育的兴起受一系列的政治、经济、文化以及哲学思想因素的影响。其中,特殊教育自身的改革与发展,对融合教育的兴起起到了直接的推动作用。由于篇幅的关系,本节仅围绕与融合教育紧密相关的教育改革背景进行论述。

（一）融合教育兴起前的教育改革

1. 对回归主流的批判

虽然融合教育思想是在回归主流的基础上发展起来的,同样倡导"零拒绝"的理念,但融合教育并非回归主流的自然延伸。相反,融合教育是在批判、反思回归主流教学实践失败的基础上建立起来的。

随着回归主流运动的逐渐深入,人们慢慢发现,回归主流并没有产生预期的效果。特殊儿童虽然在普通学校或普通班级中学习,但这只是一种表面的回归主流,只是身体的回归、物理意义上的回归,而不是心理意义上的真正回归,特殊儿童还是被排斥在普通教育系统之外。1967年至1984年间,在美国约有一半的残疾人从特殊教育机构中被"释放"出来,但许多人回到社区就不见踪影;在特殊教育学校与特殊班的智力落后学生也纷纷回到普通班,但由于缺乏有效的配合措施,在社会适应上产生了诸多问题。① 另外,回归主流所提倡的瀑布式安置体系,是一个等级森严的安置体系。它要求特殊儿童必须达到某种预定的标准（鉴定结果）才能到普通教室就读。这意味着特殊儿童必须通过自己的努力去争取、赢得在普通教室接受教育的权利,如果不能达到某项标准则只能在限制程度较重的环境中学习。

美国教育部前助理行政长官威尔(Will)曾这样总结回归主流存在的弊端:①不科学的鉴定与障碍类别的划分导致特殊教育效率低下。②特殊教育与普通教育各自平行发展,二者不能很好地协调以满足学生的需要。③等级制服务体系中儿童容易被隔离、歧视。④家长和教师常对儿童教育

---

① 杨柳.从隔离到全纳——美国残疾人教育研究[D].重庆:西南师范大学,2009:32-33.

安置,即儿童应该在哪一等级中受教育这一问题见解不同,容易造成冲突。[①]

2. 正常化教育发起

在批判"回归主流"运动的基础上,美国很快于20世纪80年代早中期又兴起了一场正常化教育发起运动(regular education initiative,简称REI)。不过它很快地就被"融合教育"所取代,因此,国内很少有文献介绍或提及。但是,"正常化教育发起"是"回归主流"与"融合教育"理论之间的过渡。

"正常化教育发起"的早期倡导者斯坦贝克(Stainback)和威尔(Will),在反思融合教育不足的基础上,呼吁通过学校重组、破除教育中存在的等级结构,消除特殊儿童与正常儿童、特殊教育与普通教育的差异,使普通学校成为满足社区内所有儿童学习需要的地方。斯坦贝克(Stainback)和威尔(Will)的观点得到很多学者的响应,这些"正常化教育发起"倡导者们的主要观点为:①在学校接受教育的只有一个群体类别,那就是学生,正常与异常学生的划分是不必要的。②对学生进行鉴定、划分类别的做法会导致对学生的歧视与给部分学生贴上不良的标签,并会忽略主要矛盾,即忽略如何对有特殊教育需要学生的教学方法与策略的探讨。③现存的双轨制教育服务体系是有缺陷、低效且昂贵的。④单独的、隔离的特殊教育体系的存在加剧了社会对残疾的不当认识、态度与观念。⑤好的教学实践与方法在特殊学校或者普通学校的教学环境中同样有效。⑥一个统一的、融合的教育体系可以为所有学生提供更好的教育。[②] 尽管缺乏实证数据或经验的证明,"正常化教育发起"事实上加速了将所有学生融合进普通教室的步伐。

3. 全民教育运动兴起

1990年由联合国教科文组织等国际组织在泰国宗迪恩召开了世界全民教育大会(World Conference on Education for All),会议通过了《世界全民教育宣言》和《实施全民教育的行动纲领》,提出:"需要再次重申基础教育的重要性。而且要拓展视野,在目前最好的基础上改善资源、体制结构、课程等传统的教育方法",以保证"对所有的儿童、青年和成年人进行普及教育,并提供均等的机会"[③]。全民教育的思潮由此兴起,并在各国广泛开展实践。

---

① Will, M. C. Education Children With Learning Problems: A Shared Responsibility [J]. *Exceptional Parent*. 1986, 52(5):411—415.
② 邓猛.融合教育与随班就读:理想与现实之间[M].武汉:华中师范大学出版社,2009:48.
③ 陈云英,杨希洁著.全纳教育共享手册[M].赫尔实译.北京:华夏出版社,2004:9.

全民教育的信念是,所有人,无论是残疾人还是正常人,都有接受教育的权利,教育对于个人发展和社会进步极为重要,必须普及基础教育和促进教育平等。它的目标是为每一个人提供均等的受教育机会,满足所有人的基本学习需要。"满足基本学习需要可以使任何社会中的任何人有能力并有责任去尊重和依赖他们共同的文化、语言和精神遗产,促进他人的教育,推动社会正义事业,保护环境,宽容与自己不同的社会、政治和宗教制度,从而确保坚持为人们所普遍接受的人道主义价值观念和人权,并为这个相互依存的世界建立国际和平与团结而努力。"①全民教育运动的这些思想、理念为融合教育的开展、发展奠定了基础。

（二）融合教育兴起的进程

特殊教育在其有限的历史进程中,经历了从隔离到"正常化"到"回归"的过程。"正常化"的主张拉开了特殊教育改革的序幕,"回归主流"则直接促成了融合教育的产生。融合教育思想的产生不是一蹴而就的,它是特殊教育理念的进化、升华,以及政治、经济、文化综合发展的结果。联合国教科文组织曾以一张图生动地描述了这一过程,详见图2-2。

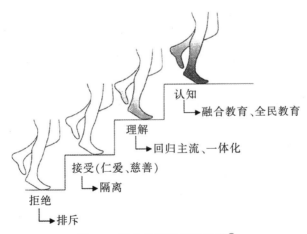

图 2-2　融合教育的发展阶梯②

融合教育在1994年西班牙萨拉曼卡召开的"世界特殊教育需要大会"上

---

① 赵中建.教育的使命——面向二十一世纪的教育宣言和行动纲领[M].北京:教育科学出版社,2000:14—17.

② UNESCO. Policy Guidelines on Inclusion:Ensuring Access to Education for All [EB/OL]. [2014—09—15]. http://unesdoc.unesco.org/images/0014/001402/140224e.pdf

被全世界各国广泛地接受。在此之前,1982 年 4 月美国教育部负责特殊教育项目的一位官员桑塔格博士(Dr. E. Sontag)提出,选择特殊学生到正常班的干预政策中使用"包容概念"(inclusion concepts,或译为"包含")是合理的。其后,不少学者,例如,明尼苏达大学的芮诺(Maynard C. Reynolds)教授提到,通过回归主流使更多的有特殊需要的儿童进入学校、家庭和社区生活是一种包容(inclusion)。[①] 1993 年新西兰的一位学者曾提出"融合学校"(inclusive school)的说法。同年,亚太地区特殊教育研讨会在中国哈尔滨召开,会议通过了《哈尔滨宣言》,这个宣言就实施全民教育、建立融合学习观念等问题形成了初步的建议。

1994 年西班牙的"世界特殊需要教育大会"通过了《萨拉曼卡宣言》,以及《特殊教育需要教育行动纲领》。这份宣言和这份纲领明确提出了"融合教育"原则,正式确立了融合教育的地位。大会呼吁各国在平等的基础上发展融合教育,通过家长、学校和社区的共同努力以保障特殊儿童接受高质量的、平等的教育。在这次大会提出了融合教育的 5 项原则:

1. 每个儿童都有受教育的基本权利,同时,他们应有机会获得一种他们可以接受的教育水平的学习机会。

2. 每个儿童都有其独特的特性、兴趣、能力和学习需要。

3. 教育体制和教学设计要从多方面考虑儿童的不同特征和差异。

4. 有特殊需求的学生应该有机会进入普通学校学习,而这种学校应该以一种可以满足他们特殊需要的,且是以儿童为本的教育思想来接纳他们。

5. 以融合为导向的普通学校应该是反歧视、创造人人都受欢迎的社区、构建融合社会和实现全民教育的最有效的途径。此外,这类学校应向大部分儿童提供优质的教育,提高整个教育系统的效率和成本效益。[②]

此后,英国、美国、澳大利亚、加拿大、西班牙等发达国家都开展了较大规模的融合教育的理论研究、政策制定和实践。许多发展中国家,如智利、秘鲁、南非、加纳等,也都在很大程度上开展了融合教育。英国曼彻斯特大学建立了"融合教育研究中心",澳大利亚、英国、美国等联合创办了第一本融合教育杂志——《国际融合教育杂志》(*International Journal of Inclasive*

[①] 朴永馨. 融合与随班就读[J]. 教育研究与实验,2004(4):37—40.
[②] 赵建忠. 教育的使命——面向二十一世纪的教育宣言和行动纲领[M]. 北京:教育科学出版社,1996:131.

Education)。

国际上多次召开融合教育研讨会,就融合教育的理论和实践问题进行全球性的交流。例如2000年7月,在英国曼彻斯特大学召开的第五届国际特殊教育大会,讨论的主题就是"融合教育"。大会呼吁各国积极进行融合教育改革,要求学校采取融合教育模式,为实现有特殊需要儿童的平等教育权利而努力。大会主要包括5个主题:融合教育的政策、融合教育的不同观点、特殊教育功能的转变、融合教育的实践和融合教育的质量和效益。[①] 2005年8月,第六届"国际特殊教育大会"在英国格拉斯哥城举行,大会的主题为"融合教育:包容多元"(Inclusion:Celebrating Diversity),来自77个国家的代表参加了此次会议。2009年10月在西班牙萨拉曼卡市又召开了"世界融合教育大会",回顾15年前在该市召开的国际会议上提出融合教育以来各国所取得的成就和展望未来融合教育的发展。[②]

联合国也对融合教育的发展起到了重要的推动作用,2002年,联合国教科文组织为了支持在世界各国推行的融合教育,组织来自30多个国家的40多位专家,精心编写了一个在不同国家推行融合教育经验的手册——《融合教育共享手册》(*Open File on Inclusive Education*)。[③] 2005年又发布了《融合教育指南:确保全民教育的通路》,进一步明确融合教育的理论和实践操作。2008年联合国教科文组织在瑞士召开了第48届国际教育大会,大会的主题为"融合教育:未来之路",其主旨是要进一步推动世界各国融合教育的实施。

二、欧美国家融合教育的发展

(一)英国融合教育的发展

英国是融合教育发展得较早、较快和较好的国家。1978年,英国"残疾儿童教育调查委员会"提交给议会的《沃诺克报告》(*Warnock Report*)首次明确地提出了"特殊教育需要"(Special Educational Needs,简称SEN)的概念,指出SEN既包括轻微、暂时性的学习困难,也包括严重的、永久性的残

[①] 黄志成.从第五届国际特殊教育大会看全纳教育的发展[J].现代特殊教育,2001(3):45—47.
[②] 黄志成,张会敏.试论全纳教育与人权[J].湖南师范大学教育科学学报,2010(2):51—54.
[③] 刘春玲,江琴娣.特殊教育概论[M].上海:华东师范大学出版社,2008:27.

疾;传统的残疾分类仅仅具有医学的意义,对于儿童的教育没有什么帮助;如果儿童在学龄阶段具有相较于同龄儿童来说非常显著的学习困难,或者具有阻碍他们像正常儿童一样学习的残疾因而需要特殊教育,即称他们为特殊教育需要儿童。1981年英国颁布的新教育法案(The Education Act)确认了"特殊教育需要"的概念以及融合教育的原则。1994年萨拉曼卡会议使得融合教育的理念广为传播后,英国更是积极响应。20世纪90年代中后期,英国在原有一体化教育的基础上,实施了融合教育,即所有儿童都有平等的受教育权利,教育要满足儿童的不同需要,要促进儿童参与,避免被排斥。这种融合教育思想提倡平等和参与的价值,在英国反响极大,一时间,"融合教育"一词几乎取代了"一体化教育"并很快在英国形成了一股强大的潮流。

在英国各地,许多专业人员开始研究和倡导融合教育。如建立专门的融合教育研究机构,创立融合教育的专业刊物,出版融合教育的专著,编写融合教育的实施指南,在高校中开设融合教育的讲座与课程,组织融合教育教师的在职培训等。1994年,英国教育部颁布了《特殊教育需要鉴定与评估实施章程》,阐述了政府对学校和地方教育当局成功实施融合教育的期望,提出了在评估与满足儿童的特殊教育需要的过程中,学校和地方当局应遵循的程序和准则,并提供了详细的教育服务模式以促进融合教育实践的发展。1997年,英国工党政府颁布《学校中的成功白皮书》(*Excellence In School*, 1997 White Paper),明确表明了对融合教育的支持,它还承诺:只要学生有特殊教育需要,普通学校就应为他们提供特殊教育所需要的强大教育、社会和道德的基础。[1] 2001年英国教育与技能部颁布了"特殊教育需要实践准则"(Special Educational Needs:Code of Practice),确认了地方教育管理部门(Local Education Authority)在融合教育管理与实施中的主导作用,并明确配备特殊教育协调员、支持教师等各项针对融合教育环境中特殊教育需要儿童的支持与服务体系。

英国的融合教育在政府部门及各专业组织的推动下不断发展。在实施融合教育的国家中,英国较有成效地推行了融合教育计划,不仅在政策立法、资源配置等宏观外部条件上予以保证,还在学校内部职能改革、教师培训、课程规划、教学方法调整等微观层面开展了积极的工作。这一系列的行

---

[1] 朱宗顺.特殊教育史[M].北京:北京大学出版社,2011:135—136.

动,使得英国的融合教育发展走在了世界的前列。

(二)意大利融合教育发展现状

意大利是推行融合教育最早和最彻底的国家之一,联合国教科文组织和经济合作与发展组织都曾宣称意大利在特殊儿童的融合教育方面走在联合国所有成员国的最前头。[①] 早在1971年,意大利就颁布了118号国家法律:《残疾人新条例》(*New Regulation for the Invalid*),规定特殊儿童有在公立学校普通班级接受义务教育的权利,并且要求实施完全的融合教育,也就是说,即使是障碍程度非常严重的儿童,也具有无条件地进入普通班级随班就读的权利。这一法律的颁布标志着意大利完全融合教育政策的正式出台。随后,意大利便开始大力推行融合教育,将特殊儿童安置到普通学校,而大规模关闭特殊教育学校。

不仅在法律上有严格规定,意大利在实践上也确实落实了这一完全融合的教育政策,特殊学生进入普通学校入读的比率非常高。有数据显示,2010—2011年间,全意大利该学年义务教育阶段(6—16岁)共有特殊学生189 563人(占此年龄段学生总数的2.60%),在融合环境下就读的特殊学生有187 728人,占特殊学生总数的99.03%,在分离的特殊学校就读的特殊学生总共只有1 835人,只占义务教育阶段特殊学生总数的0.97%。[②]

更为重要的是,意大利还通过一系列的措施来保证融合教育的成效。比如,严格要求教师的资格和数量,为每个特殊儿童制订个别化教育计划,特殊教育教师和普通教育教师合作,每个学校都设有配置齐全的资源教室等。通过努力,意大利融合教育的效果是十分显著的。有数据显示,1999—2000学年,小学阶段学年终考,普通小学生的及格率是98.9%,而特殊学生中有94.2%考试及格;初中一年级学年终考,普通初一学生的及格率是94.8%,特殊学生及格率是84.1%。[③] 由于意大利的障碍程度重的学生也基本在普通学校学习,这样的考试结果应该说是比较理想的。当然,这只是学业方面的数据,还有不少研究发现融合教育在提高特殊学生的社会能力、学

---

① Skinner, S. Collaborative Teaching for Inclusion in Italian Secondary Schools [EB/OL]. [2014-11-21]. https://www.det.nsw.edu.au/media/downloads/detawscholar/scholarships/yr07report/sskinner.doc

② SNE data—Italy. [EB/OL]. [2014-11-21]. https://www.european-agency.org/sites/default/files/ITALY-SNE.pdf

③ 余强.意大利完全全纳教育模式述评[J].中国特殊教育,2008(8):15-20.

习能力和自立能力方面,以及增强普通学生的宽容心和对多元化的理解方面均有很好的作用。

(三) 瑞典融合教育的发展

瑞典是北欧最大的国家,也是世界公认的高福利国家。其社会保障体系相当完善,各项社会保障不但覆盖全部人口,而且涵盖各个方面,因此也被称为"残疾人的乐园"。瑞典是正常化教育思潮的发源地之一,社会公平与民主的观念深入人心,瑞典政府也以此为基石,将融合教育既当成是宣传民主的重要途径,也当成是培养民主精神和公民参与意识的主要手段,很好地推进了融合教育的发展。

20世纪90年代,随着西班牙萨拉曼卡会议的召开,世界各国都开始了融合教育的推进工作。瑞典也开始用"融合"来代替"一体化",强调教学应该面向所有学生,允许所有学生平等参与学校各种课程与教学活动。这种发展趋势成为瑞典融合教育与国际接轨的标志,使融合教育成为瑞典特殊教育的核心政策。[1]

由于融合教育的推行,瑞典所有学生,即便是重度残疾学生,也依法就近入学,特殊学校的学生人数越来越少。数据显示,2010—2011年,瑞士仅有1.4%的特殊学生在特殊学校或特殊班里接受特殊教育,其他的特殊学生都在普通班接受教育。[2] 近年来,瑞典除聋校外,其他特殊学校和机构或者相继关闭,或者改为向普通学校提供支持、建议和科研指导的服务机构。由此可见瑞典已基本实现特殊学生物理空间的融合(Physical Inclusion),不但成为世界上融合教育发展程度较高的国家之一,而且成为国际融合教育研究中最典型的北欧福利模式的代表。在此基础上,瑞典政府还通过课程改革、教学计划调整、针对儿童的特殊教育需要制订个别化教育计划、加大对教师的培训等措施,来提升特殊儿童的教育质量和社会融合的质量,做到让特殊儿童不仅在物理空间上融合,更要实现平等参与和交流的社会性融合(Social Inclusion)。

(四) 美国融合教育的发展

虽然特殊教育起源于欧洲,但随着美国经济和文化的发展,美国走在全

---

[1] 熊琪,雷江华.瑞典融合教育的发展特点及其启示[J].中国特殊教育,2013(6):9—14.

[2] Takala, M., Ahl, A. Special Education in Swedish and Finnish Schools: Seeing the Forest or the Trees?[J]. *British Journal of Special Education*, 2014, 51(1):59—81.

球融合教育发展浪潮的前列。自1994年萨拉曼卡世界特殊教育需要大会正式确立融合教育的理念后,美国也在原有"回归主流"及"正常化教育发起"运动后,又进行了一系列的改革。

1995年,美国的泊根(Pugach)和弗格森(Ferguson)等提出对美国教育体系进行改革的思路,再次发起了美国的融合教育运动。他们认为,以往的教育改革主要是将特殊教育资源吸收到普通教育系统中,而普通教育本身并没有为满足所有学生的需要而作出积极努力,导致整个教育体系并无实质性改变。如果要深化融合教育运动,应该对美国整个教育体系的变革进行思考,特殊教育不再是单独的与普通教育平行的教育体系,学校教育的价值核心是为所有的学生(包括有残疾的学生)提供全面的服务,所有学生的利益都应得到关注和保护。1997年,美国最新修订的特殊教育法《残疾人教育法修正案》,再次强调融合教育的必要性,进一步推动了国内的融合教育改革运动。

为了让融合教育进一步深入地开展下去,美国全国融合教育重建中心(National Central on Inclusive Education and Restructuring)提出从以下七个方面做出积极努力:第一,领导者的洞察力;第二,合作;第三,关注评估;第四,对特殊教育人员和学生的支持;第五,适当的经费保障和合理的资源分配;第六,父母的积极参与;第七,有效的教育方案,课程的适切性。① 在接下来的实践中,美国也确实是从上述七个方面进行努力的。通过财政的支持、灵活多样的教育安置、改变课堂教学方式、认定教育人员的任职资格、发展社区性的支持服务等多方合作,经过几十年的努力,美国已经形成了一套完整的融合教育的模式,提供了一系列的安置方式(见表2-1)②。

表2-1 美国融合教育的安置方式

普通班级	特殊学生在普通班级里或普通班级外分开接受特殊教育和相关服务的时间少于教学日的21%。
资源教室	特殊学生在普通班级之外接受特殊教育和相关服务的时间占教学日时间的21%和60%之间,包括安置在资源教室但部分时间参与普通班级活动的学生。

---

① Byrnes, M. A. *Taking Sides:Clashing Views on Controversial Issues in Special Education*[M]. New York:McGraw-Hill/Dushkin. 2005:201—202.
② 余强. 美国中小学阶段特殊教育安置的趋势分析. 中国特殊教育,2007(4):42—45.

续表

特殊班级	特殊学生在普通班级之外接受特殊教育和相关服务的时间在教学日时间的60%以上,包括安置在特殊班级但部分时间参与普通班级教学活动的学生,也包括全部时间都待在特殊班级但在普通学校的校园里的特殊学生。
特殊学校	特殊学生在分开的特殊学校里接受特殊教育和相关服务的时间占教学日时间的50%以上。
看护机构	特殊学生在看护机构里接受教育和相关服务的时间在教学日时间的50%以上。
居家/医院	学生在家里或医院里接受特殊教育。

据统计,1989年,美国在普通教室中接受教育的特殊学生占特殊学生总数的94.1%(在普通教室的时长低于40%的占24.9%,时长在40%～79%的占37.5%,时长在80%以上的占31.7%),而到2010年,在普通教室中接受教育的特殊学生占特殊学生总数的94.9%(在普通教室的时长低于40%的占14.0%,时长在40%～79%的占19.8%,时长在80%以上的占61.1%),虽然总体比例只是略有提升,但是在普通教室时长达80%以上的人数比例是显著上升的。[1] 可以说,美国的特殊教育体系是建构在普通学校体系之上的,并且随着学校功能与特殊教育技术的不断改进,美国特殊教育的融合程度会越来越高。

三、亚洲国家融合教育的发展

(一)日本融合教育的发展

日本自1979年全面实施特殊儿童义务教育以来,虽然令特殊儿童的教育权得到了一定保障,但也存在着特殊教育与普通教育以及整个社会相脱离的情况,引起了社会的批评。1986年,日本特殊教育综合研究调查合作者会议的报告就论及"回归主流"教育的问题,受到政府方面的关注。[2] 不过,日本朝向融合教育的改革是逐步展开的。2001年,日本发布了《21世纪特殊教育的理想方法——根据每个障碍儿童的需要进行特别支援的理想方法》,报告明确指出,不应当再将障碍儿童划分为视觉障碍、听觉障碍、智力

---

[1] 数据来源于美国国家教育统计中心 http://nces.ed.gov/programs/digest/d13/tables/dt13_204.60.asp.

[2] 石部元雄等著,李聪明等译.世界各国特殊教育[M].台北:正中书局,1988:170—171.

障碍等类型,而适应每个儿童的教育需要,给予他们特别的教育支持。① 至此,日本将"特殊教育"改称为"特别支援教育"。从2002年开始,中央政府给予地方政府灵活决定如何安排障碍孩子的权力。2005年,日本实施了《发展障碍者支援法》,该法律明确规定了国家和地方政府对于发展障碍者早期发现、早期援助以及就学负有援助职责。2007年,日本政府又通过修订《学校教育法》来促进普通学校里的融合教育:第一,从法律上阐明普通学校里的特殊需要教育;第二,鼓励把特殊孩子融合到普通学校系统的努力;第三,强制特殊需要教育学校为本地区的普通学校提供建议及合作。②

在这之后,日本政府除在普通学校设立了特别支援教室以及通级指导教室(即资源教室)等之外,还对特殊教育学校进行了改革,不仅将名称改为特别支援学校,将学校的功能也进行了扩展,从以往单一种类的、特定的学校扩展为复合种类、多功能的学校,并作为地方社区的特殊教育支援教育中心为特殊儿童提供服务。根据日本文部科学省2009年的统计,截至2008年5月1日,日本义务教育阶段在校生总数为1079万人,其中大约有23万人接受特别支援教育,占义务教育阶段在校生总数的2.13%;大约6万名特殊儿童就读于特别支援教育学校,占义务教育阶段在校生总数的0.56%;大约12.4万名特殊儿童就读于普通中小学的特别支援教育教室,占义务教育阶段在校生总数的1.15%;另有大约4.5万名特殊儿童在普通学校随班就读的同时,往返于特别支援学校或班级接受专门指导。③

(二) 印度融合教育的发展现状

印度是一个多民族、多语言、多文化的亚洲大国。印度儿童的失学以及辍学状况比较严重。如同其他发展中国家一样,在系统的融合教育工程实施之前,特别是在特殊学校缺乏的地区,自发的融合教育事实上早已在印度生根发芽了,只是因为这是提高入学率最迅速的一种方式。

印度从20世纪70年代开始推行一体化教育,当时为了解决广大发展中国家的特殊儿童教育问题,联合国教科文组织建议将一体化教育作为一种经济有效的解决之道在发展中国家推广。1974年,在联合国儿童基金委的

---

① 朱宗顺.特殊教育史[M].北京:北京大学出版社,2011:184.
② 张洪高.日本全纳教育的实施体系、改革方向及面临的问题[J].中国特殊教育,2010(1):7—11.
③ 田辉.日本"全纳教育"政策的确立——从"特殊教育"走向"特别支援教育"[J].中国民族教育,2011(6):42—45.

资助下,印度政府实施了一项名为"残障儿童一体化教育计划(Integrated Education of Disabled Children,简称 IEDC)"的试点工程,旨在为特殊儿童提供平等的教育机会和教育体验。1987年,该计划开始在印度全国实施。

融合教育兴起后,印度的特殊教育也受到影响。1995年,印度颁布了《残疾人法案》(*The Persons with Disabilities Act*,简称 PWDA),其中明确了特殊儿童教育安置的理念,即让儿童在"最适合的环境下接受教育"。2001年启动 SarvashikshaAbhivan 计划(简称 SSA 计划),这份计划的主要内容是在印度实施全民教育,为推动融合教育的实施起到了积极的作用。①2009年,印度社会公正与人力发展部残疾人处发布了《残疾人法案》的修改方案,简称 PWDA 2000,该方案在遵循《联合国残疾人权利公约》的基础上进一步明确了"融合"的概念。经过政府的努力,印度融合教育取得了一定的成就,据统计,2009—2010年间共有 295 万儿童被新鉴定为有特殊需要的儿童,其中 83.78% 得以接受学校教育。在一项政府赞助的教育方案中,有超过 5 万名特殊儿童在融合教育环境中接受融合教育,部分城市中有一些普通学校还配有资源教室和特殊教育教师。②

印度对融合教育的诠释,是在本国具体国情的基础上进行的。它充分认同所有的特殊儿童都有权利接受学校所提供的合适的教育的思想,但它认为合适的教育并不是单指普通学校教育,特殊学校及其他替代性的教育体系都是特殊儿童接受合适的教育的方式,并且许多残疾人由于其残疾类型和程度的关系并不适合安置在融合教育的体系之下,他们应该继续接受特殊教育学校的服务。这造成印度与欧美仅存在少量特殊学校的情况不同,依然存在大量的特殊学校。至今,印度依然有 2500 多所特殊学校。以至于一些西方学者认为印度这种将特殊学校视为融合教育的形式之一的做法,反映了印度人对于融合教育概念本身的不理解。

(三)泰国融合教育的发展现状

与欧美发达国家一样,泰国的特殊教育也经历了从隔离到一体化再逐渐走向融合的过程。且泰国是亚洲发展中国家中较早实施融合教育政策的国家之一。1997年,泰国政府在修改宪法时明确规定:"发展教育是每一个泰国公民应尽的义务,并且每一位公民都有接受教育的权利""每人都享有

---

① 闫燕,邓猛,汪斯斯.印度融合教育的发展[J].外国中小学教育,2011(4):61—65.
② 朱宗顺.特殊教育史[M].北京:北京大学出版社,2011:191.

接受平等、优质的,且不少于12年的基础教育的权利,费用由国家承担",这些条款内容有着鲜明的融合教育色彩。1999年,泰国政府颁布《国民教育法》,规定:加强部门间的合作,共同开展具有融合意义的、让特殊儿童进入普通教育的项目,共同关注特殊教育的发展。2003年,泰国颁布《义务教育法》,遵循"零拒绝"的理念,使泰国向实现融合教育迈进了一大步。2007版的宪法又追加了一条规定:贫困或残疾人应与其他人一样享有平等的教育权利,并应得到国家的支持。泰国虽然经历了多次政变和金融风暴,但就其法律的演变来看,泰国教育的受重视程度并没有因此受到影响,在保障残疾人受教育权利这方面开展得非常好,在亚洲发展中国家中走在前列。

泰国有近1.8%的人口为残疾人,其中大多数居住在偏远的郊区。而且,截至2013年,泰国15～49岁青壮年人口中艾滋病感染者的比例高达1.1%。据泰国当局估计,泰国还有近200万的非法移民。将这些特殊群体纳入社会主流,向其提供优质的教育服务,是一项困难不小的工作。但是,这项工作开展好了,对于保证社会政治稳定,以及促使泰国更好地融入全球化进程,有极大的促进作用。泰国通过支持将边缘化群体或弱势群体纳入普通教育体系之中,以及培养学生尊重文化多样性的方式,来促进融合教育的发展。除继续保留少部分特殊学校之外,泰国在2004年开展了一项在全国390所学校实施融合教育的小规模实验计划,旨在将当地学校发展成为有效的一体化学校。到2005年,该项目在2000所普通学校得以开展,其中受惠儿童约有33330人,而到2008年,这类学校达到5000所,受惠儿童增至125000人,占所有特殊儿童的35.13%,与泰国目前只有43所特殊学校的情况相比,融合学校成为泰国特殊儿童入学率最高的学校。[①]

综上,尽管日本、印度和泰国特殊教育的发展历程不同,但追求一体化、回归主流以及融合教育的脚步是一致的,这也反映了现代特殊教育发展的大势所趋。

---

① 胡毅超.走向全纳:泰国全纳教育实践研究[D].上海:华东师范大学,2009:40.

第四节　中国融合教育的发展

一、中国港澳台地区融合教育的发展

（一）香港融合教育的发展

香港自20世纪70年代以来就极力推崇将特殊儿童融入主流学校，主张让特殊儿童有机会与同龄正常儿童一起接受适当的教育。政府提供了各种支援服务，包括建立特别班、提供巡回辅导服务及为身体弱能学童提供的辅导教学服务等。香港教育部门曾订下如下政策："尽量协助有特殊教育需要的学生融入主流学校，让他们能够与同龄儿童一起受适当教育"。[1] 受这一政策的影响，1987年仅聋童融入普通中小学就读的人数达700余人。[2] 1995年，香港政府发表了《康复政策及服务白皮书》，致力于让"所有儿童都应有机会充分发展潜能，长大后成为社会上积极而负责任的一员"。2001年香港平等机会委员会制定了《反歧视条例教育实务守则》，要求设立无障碍的环境，制定合适的招生程序，调试课程内容、教学方法、评估、训练，以确保有特殊教育需要学生的个别需要能被满足。

1997年9月，香港政府推行了一项为期两年的融合教育先导计划，有7所小学及2所中学参加，录取了49名有特殊教育需要的学生。[3] 该计划鼓励学校"全校参与"，为特殊学生提供支援。先导计划于1999年结束后，教育署继续推行"融合教育计划"，参与的学校增至116所。在融合教育下，有特殊学习障碍、智力障碍、自闭症、专注力不足/过度活跃症、肢体伤残、视障、听障及言语障碍等共八类的有特殊教育需要的学生，均可入读普通学校，与其他学生一同学习。从2003—2004学年开始，香港教育统筹局在小学试行一项新的资助模式，按照每间学校有特殊教育需要的学生数目和个别学生问题的严重程度，为学校提供学习支持津贴，这使得那些录取了少数有特殊教育需要的学生，而未能在"融合教育计划"下获得拨款的学校也可获得资

---

[1] 连明刚.融合教育：理论与实践[J].香港特殊教育论坛，2004，7(1)：63.
[2] 袁希树.香港的基础教育[J].湖北教育，1998，Z1：32—33.
[3] 栾昕畅.从"平等"的概念分析香港融合教育发展中的利与弊[J].中国特殊教育，2010(3)：18—22.

助,同时学校被要求采用"全校参与"模式照顾学生的个别差异。

概括而言,香港融合教育的发展,自1997年实行先导计划后已有近20年的发展历程。现在的实施策略是尊重家长意愿,特殊教育及融合教育双轨并行。透过额外拨款及教师培训,鼓励学校以全校参与方式,采取及早辨别、及早干预及家校合作等策略,支持校内有特殊教育需要的学生。

(二)澳门融合教育的发展

澳门政府于1991年在各公立学校实施融合教育,每年通过拨款支持其开展。同年颁布的《澳门教育制度法》中将"特殊教育"纳入澳门教育的一部分,明确规定:"特殊教育透过适合该类人士的特殊能力的教学方法或通过特殊教育机构或设在正规学校内的特别计划而展开,从而在可能的范围内,促使有特殊需要的学生能在教育及工作上融入社会。"[1]2002—2003学年教育暨青年局提供八百多万元的特殊教育津贴协助有特殊需要的学生融入普通学校,并与部分参与小班制的学校商讨实施融合教育事宜。[2] 2005—2006学年,教育暨青年局在公立学校积极开展融合教育,并积极推动私立学校设立融合班,全澳门共有6所公立小学及5所私立教育机构提供特殊教育服务。[3] 2005—2006学年,澳门教育暨青年局针对澳门私立教育机构在澳门推行融合教育中的使命,制订了《融合教育资助计划》,对愿意收取有特殊教育需要学生的私立教育机构提供财政资源及技术支援,每名融合生除可获得免费教育津贴外,可获额外两倍资助。对于融合生的学习,教育暨青年局定期派员到校与教师共同商讨融合生的个别学习需要及制定相应辅助措施,并提供教学策略、辅导策略及环境改造等相关建议;此外,也邀请家长共同参与个别教育计划会议,听取彼此的意见,促进家庭与学校间的伙伴关系。2011—2012学年度,为加强对实施融合教育私立学校的支援,澳门政府已将巡回支援服务扩展至10所私立学校的幼儿教育阶段及15所私立学校的小学教育阶段。[4]

---

[1] 雷江华.融合教育导论[M].北京:北京大学出版社,2012:51.
[2] 澳门教育暨青年局.2003教育暨青年局年刊[EB/OL].[2014—11—21].http://202.175.82.54/dsej/magazine/dsej_book/2003/pdf/act3.pdf
[3] 澳门教育暨青年局.2005教育暨青年局年刊[EB/OL].[2014—11—21].http://202.175.82.54/dsej/magazine/dsej_book/2005/pdf/p15.pdf
[4] 澳门教育暨青年局.2012教育暨青年局年刊[EB/OL].[2014—11—21].http://202.175.82.54/dsej/magazine/dsej_book/2012/19c.pdf

总体来说,澳门通过一系列的立法、提供经济资助以及开展教师培训等推进融合教育的发展,不仅在公立机构推行融合教育,还提供专门的经费鼓励私立学校开展融合教育。

(三)台湾融合教育的发展

1997年,台湾地区也根据国际融合教育的精神对1984年的《特殊教育法》进行了修订,并特别"强调为所有特殊儿童提供特殊教育及其相关专业服务,以确保融合教育落到实处"[①]。1998年修订的《特殊教育法施行细则》第7条又进一步强调,"学前教育阶段之身心残障儿童应与普通儿童一起就学为原则"。2009年,新修订的《特殊教育法》再次强调融合教育理念,指出"特殊教育与相关服务措施之提供及设施之设置,应符合适性化、个别化、社区化、无障碍及融合之精神"[②]。

台湾的融合教育安置形式包括普通学校自足式特殊教育班、分散式资源班、巡回辅导班、在普通班接受特殊教育服务等多种类型。台湾地区融合教育的主张为:①将身心障碍学生安置在住家附近学校的普通班级中就学。②身心障碍学生必须在最少限制的环境之下学习。③提供身心障碍学生在普通班级的相关教育服务及普通班教师必要的支持。④强调对人的尊重,改变环境所带来的障碍。[③] 如果普通班中有特殊儿童,会相应地减少班级人数,并提供特殊辅导及无障碍环境和器材等;教师也会在完成细致的评估后,根据学生的特殊需要,实施个别化教育方案。

据台湾教育主管部门2013年特殊教育通报网的统计,台湾共有100 814名残障学生于普通班中接受特殊教育服务,约占总残障学生总数(107 450)的93.82%。[④] 可见目前台湾多数残障学生被安置于普通班就读。不过特殊学校依然存在,并提供特殊班、资源教室等多种选择,实施从部分融合到完全融合的多样化特殊教育模式。

---

① 方俊明主编.特殊教育学[M].北京:人民教育出版社,2005:59—60.
② 赵德成.台湾地区特殊教育法律的特点及启示[J].中国特殊教育,2013(2):10—14.
③ 陈琦月,陈信帆.智能障碍者融合教育的实行:以光仁小学启智班为例[J].身心障碍研究,2005(4):248.
④ 资料来源于台湾教育主管部门特殊教育通报网,http://www.set.edu.tw/sta2/frame_print.asp?filename=stuA_city_All_cls_ABCE/stuA_city_All_cls_ABCE_20141020.asp

二、中国内地随班就读的发展

目前,随班就读已经成为我国特殊教育的主要形式,大约六成的特殊学生通过这种形式接受教育。并且,随班就读的合法性从20世纪80年代起,几乎在所有的特殊教育相关法律、法规中都得到确认与强调。虽然,对于随班就读是世界融合教育思潮影响下的"舶来品",抑或是中国特殊教育实践中的"本土制造"并没有达成一致性的意见,但无论如何,随班就读作为中国特色的融合教育实践的地位是举足轻重的。特别是我国地域广阔,80%以上的残疾儿童分布在经济落后、人口分散、交通不便的农村地区,随班就读成为提高残疾儿童少年义务教育入学率、发展特殊教育的主要途径。[1][2]下面我们就从历史发展的角度来解读中国的随班就读实践。

(一)早期自发的零星实践:中华人民共和国成立初期—1987年

实际上残疾儿童在普通学校"随班就读"的形式20世纪50年代在我国就存在了[3],但当时这种特殊教育形式是个别现象。朴永馨指出:在中国的历史文献中,残疾人在普通教育系统中接受教育的情况早有记载。例如,1948年出版的《第二次中国教育年鉴》中就有关于盲学生在普通大学毕业的记载。20世纪70年代后在中国东北、长沙、北京、南京等地也有聋人在国内外高校读书并毕业的事例。在改革开放的初始时期,一些个别地区的学校出现了智力落后儿童、聋童、多重残疾儿童在普通小学上学的情况[4]中华人民共和国成立以来,我国的普通中小学校就一直提倡在普通班级中进行改进后进生的工作,这些后进生中就包括了部分智力落后、有学习障碍、情绪行为异常等类型的特殊儿童,只不过这些儿童当时还未被正式鉴定为法定的特殊儿童。[5] 这种早期自发的随班就读实践得到了政府的肯定,在1987年国家教委《关于印发"全日制弱智学校(班)教学计划"的通知》中就明确提到:在普及初等教育的过程中,大多数轻度弱智儿童已经进入当地普通小学随班就读。随班就读有利于弱智儿童与正常儿童的交往,是在那些尚未建立弱智学校(班)的地区特别是农村地区解决轻度弱智儿童入学问题的可行

---

[1] 邓猛.随班就读的利与弊探讨[J].特殊教育研究,1992(3):5—7.
[2] 朴永馨.聋童教育概论[M].合肥:安徽教育出版社,1992:8.
[3] 华国栋.加强教育研究促进随班就读发展[J].中国特殊教育,2003(5):5—9.
[4] 朴永馨.融合与随班就读[J].教育研究与实验,2004(4):37—40.
[5] 刘全礼著.随班就读教育学:资源教师的理念与实践[M].天津:天津教育出版社,2007:8—9.

办法。

(二)随班就读的试验与推广:1987—1994年

1986年9月,我国颁布了《义务教育法》,在随后发布的《关于实施〈义务教育法〉若干问题的意见》中首次明确规定残疾儿童进入普通学校就读的教育形式,指出残疾儿童的义务教育"办学形式要灵活多样……应该把那些虽有残疾,但不妨碍正常学习的儿童吸收到普通中小学上学"。1988年11月,在全国特殊教育工作会议上将随班就读确立为我国特殊教育的主体形式。会议交流了各地开展特殊教育的经验,提出适合中国具体情况的发展特殊教育的途径,即:逐步形成以一定数量的特殊学校为骨干,以大量设置在普通学校的特殊教育班和吸收能够跟班学习的残疾儿童随班就读为主体的残疾儿童少年教育的格局。①

随班就读的实验始于徐白仑先生的"金钥匙"视障工程。1987年,在西方回归主流、一体化思想的影响下,经历过失明痛苦的徐白仑先生在江苏、河北、黑龙江、北京房山县开展了盲童在本村就近进入普通小学随班就读的"金钥匙"工程,开始探索符合中国国情的特殊教育新模式。② 1989年,国家教委在北京、山东、辽宁等地分别进行视力和智力残疾儿童少年的随班就读实验。实验的主要目的是探索农村地区推行随班就读的可行性措施,解决广大偏远地区残疾儿童的受教育问题。③ 1992年,国家教委又委托多个地方政府和地方教育当局开展听力语言障碍儿童少年的随班就读实验。④ 自1990年起,国家教委先后五次召开了全国性的随班就读工作现场会或研讨会,研讨实验中的问题,推广实验成果。⑤ 经过几年的集中试验与推广,随班就读取得了丰硕的成果。据统计,1988年,全国只有57600名残疾学生就读于特殊学校或随班就读;1992年,在校人数增加到129400名,是中华人民共和国成立40多年以来残疾学生人数总和的4倍。⑥ 1994年,国家教委在会议上明确指出:"在我国大面积开展随班就读工作是可信、可行的,有着良好的办学效益和社会影响。"

---

① 朴永馨.特殊教育辞典[M].北京:华夏出版社,1996:36.
② 徐白仑.金钥匙计划的回顾与展望[J].特殊教育研究,1992(2):1—8.
③ 肖非.中国的随班就读:历史·现状·展望[J].中国特殊教育,2005(3):3—7.
④ 邓猛.关于融合教育学校课程调整的思考[J].中国特殊教育,2004(3):1—7.
⑤ 肖非.中国的随班就读:历史·现状·展望[J].中国特殊教育,2005(3):3—7.
⑥ 顾定倩.试论我国特殊教育义务教育立法的发展[J].特殊教育研究,1993(4):1—9.

（三）随班就读深化阶段：1994年至今

1993年，亚太地区"特殊教育研讨会"在黑龙江省哈尔滨市召开，"全纳"的概念(inclusion)被引入中国。之后，国内掀起研究融合教育的热潮，并从融合视角探讨我国随班就读的发展。[①] 1994年，国家教委在江苏召开了全国残疾儿童随班就读工作会议。在这次会议上对随班就读的实践经验进行了系统的总结。[②] 同年，国家教委在这次会议讨论的基础上发布了《关于开展残疾儿童随班就读工作的试行办法》，随后又发布了《残疾人教育条例》。该条例的颁布标志着"随班就读"通过国家教育政策法规获得了合法的身份，随班就读进入了深化发展时期。

目前，随班就读取得了比较大的发展，已经成为我国特殊教育的主要形式，大约超过60%的儿童在主流学校中与普通儿童一起接受教育。越来越多的普通学校招收了残疾儿童，从而使普通班内学生的学习能力、特点与需要趋于多样化。[③] 1994年，教育部开始将随班就读人数纳入统计的数字中，这一年有11.53万名特殊儿童在普通学校学习，2007年随班就读的人数达到顶峰，有27.20万人。2003年，教育部和中国残联印发的《全国随班就读工作经验交流会纪要》中指出，随班就读是发展我国特殊教育事业的"重要策略"。

随班就读的人数在20世纪90年代中期增长得很快，随着时间的推移，随班就读的人数增长速度放缓，显现出后劲不足的态势。从数据上看，随班就读无论是从总人数上还是比例上，在2001年之后和2007年之后出现了两次下滑（见图2-3，2-4）。并且，与普通教育相比，残疾儿童的入学率依然很低，远没有达到强制义务教育的标准。我国残疾儿童随班就读实践还存在着诸多的问题。一方面，随班就读还处于较为初级的阶段，各地发展不平衡；另一方面随班就读工作出现了"滑坡"，存在教学质量较低等现象。[④] 在法律保障方面，对于随班就读资格的规定非常模糊，很多法律文本都只是规定了"有接受普通教育能力"的残疾儿童有资格在普通学校中随班就读，但是却没有具体规定这种能力的鉴定标准。而且，法律没有对拒绝接受符合

---

① 朴永馨.融合与随班就读[J].教育研究与实验，2004(4)：47—40.
② 华国栋.加强教育研究促进随班就读发展[J].中国特殊教育，2003(5)：5—9.
③ Deng, M., Manset, G.. Analysis of the "Learning in Regular Classrooms" Movement in China[J]. *Mental Retardation*, 2000, 38 (2)：124—130.
④ 纪特.随班就读，成绩斐然[N].中国教育报，2002年12月17日.

要求特殊儿童随班就读的学校与机构的惩罚性规定,也没有提供有效的法律救助途径。随班就读的发展依赖的是领导的意志和行政管理的侧重。总之,中国内地的随班就读实践还有待于进一步的完善与发展。

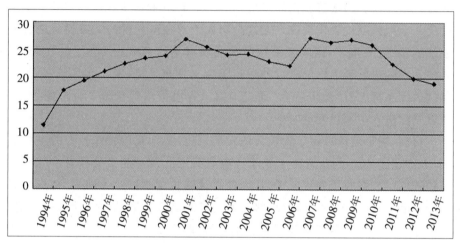

图 2-3 随班就读在校总人数发展趋势

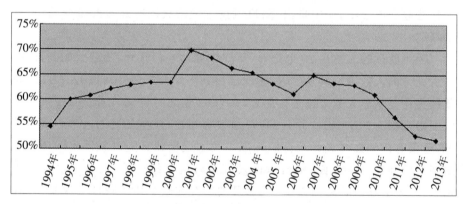

图 2-4 随班就读学生占全体在校特殊学生人数比例

(四)从随班就读走向同班就读

早在 2010 年为总结金钥匙工程在视障教育方面所做出的理论与实践探索经验而著的《金钥匙视障教育理论与实践》中,作者就提出了"同班就读"这一概念。[①] 邓猛、景时于 2013 年正式提出:对应西方回归主流走向融合教

---

① 邓猛,朱志勇,钟经华主编. 金钥匙视障教育理论与实践[M]. 北京:教育科学出版社,2010:187.

育的趋势,我国特殊教育理论应该在随班就读模式的基础上走向与全纳教育理念一致的"同班就读"。如同随班就读是我国特殊教育实际和西方回归主流思想相碰撞的产物一样,同班就读是我国对国际全纳教育理论趋势的中国式回应,是西方理论与中国国情之间的嫁接、冲撞与融汇,是基于文化嫁接之上的再生成。我国 20 世纪 80 年代提出的随班就读理论是中国特殊教育工作者结合西方特殊教育的理念与做法,是在本土实践过程中创造出的理论;同班就读由随班就读发展而来,经历了从跟随到平等、从关注入学率到关注质量提升、从初期的实用与无奈的选择到今天和谐社会背景下对教育公平理念的主动追求的复杂过程。①

从理念上看,"同"清晰地表明追求教育公平与平等的权利,体现学生的主体地位,体现融合教育核心价值观的追求,并试图摆脱"随"所导致的附属主次关系以及局限于残疾学生跟随而普通教育拒绝改变的现状,真正将同等的权利与需求落到实处。

从实践层面看,首先,同班就读意味着教育教学改革要涵盖所有学生,只有在同等权利与地位的条件下,普通教育的改革才能真正应对学生日益多样化的需求,成为整合的、创新的体制。其次,随班就读所倡导的支持保障体系往往是狭义的,是针对几个残疾学生而言的,很少主动地触及整个学校体制与社会生态的变化。同班就读则意味着:通过多样化的、平等的社会与教育环境的构建,主动改变现有的教育体制,进行资源整合与重构,构建具有广泛通达性的(accessible)、共享的支持保障体系,促进学校整体变革与质量提升,使学校满足学生日益多样化的特征与独特的学习需求。

2013 年,北京市教委、市残联共同组织在全国率先实施"北京中小学融合教育行动计划"②,为残疾学生到普通学校接受适合的、平等的教育提供了最大的可能。该计划明确提出:以人为本、实现融合……推进融合教育……拓展残疾儿童少年义务教育年限,稳步扩大残疾少年高中阶段随班就读规模。积极为逐步实现"同班就读"创造条件。

"北京中小学融合教育行动计划"开始在随班就读的基础上走跨越式发展道路,向真正的融合教育发展,探索同班就读的实践策略与模式,引领全

---

① 邓猛,景时. 从随班就读到同班就读:关于全纳教育本土化理论的思考[J]. 中国特殊教育(8):3—9.

② 参见网址:http://www.bdpf.org.cn/zxpd/zyzz/2013/201302/c18643/content.html

国融合教育发展的方向,走本土化融合教育发展的道路。

本章小结

西方特殊教育领域的理论与实践领域开展的"正常化"教育运动、"回归主流"运动是融合教育发展的基础,但融合教育并非回归主流的自然延伸,而是在批判、反思回归主流教学实践的基础上建立起来的。经过几十年的发展,如今融合教育的理念已经在很多国家得到推广,并且各国也根据各自不同的国情发展出各具特色的融合教育。

思考题

1. 隔离式的特殊教育有什么特点？为什么会被后人所反对呢？
2. "回归主流运动"为融合教育的发展奠定了怎样的基础？
3. 融合教育在各国的发展为什么会有差异？您认为根源是什么？
4. 同班就读与随班就读有何异同？

 推荐阅读

1. 朱宗顺. 特殊教育史[M]. 北京:北京大学出版社,2011.
2. 赵建忠. 教育的使命——面向二十一世纪的教育宣言和行动纲领[M]. 北京:教育科学出版社,1996.
3. 陈云英,杨希洁. 全纳教育共享手册[M]. 赫尔实译. 北京:华夏出版社,2004.
4. 邓猛,彭兴蓬. 国外特殊教育学基本文献讲读[M]. 北京:北京大学出版社,2015.
5. 景时. 中国式融合教育——随班就读的文化阐释与批判[D]. 武汉:华中师范大学博士论文,2013.
6. 邓猛,肖非. 隔离与融合:特殊教育范式的变迁与分析[J]. 华中师范大学学报(人文社会科学版),2009(4).

第三章　融合教育的意义

本章导言

　　残疾人一直以来是社会的边缘群体，他们的生活境遇恶劣，经常受到不公正的对待。在亚里士多德看来，残疾人是应该予以消灭的群体。在中世纪的西方人眼中，残疾人是魔鬼附身，是对罪恶灵魂的惩罚，残疾人不被认为是具有法律意义上的独立的人，他们没有独立的人身权和财产权。直到12世纪前夕，聋人结婚还必须获得罗马教皇的允许才算合法。在当时的小说描写中，残疾人通常被赋予的角色是罪犯、怪物或性变态者。[①] 正如科林·劳所言："由于残疾，他们遭受着社会的压迫，为了获得仅有的一点物质资料，只有不停地抗争；残疾带给他们的，更多的是贫穷、失业和被隔离。不仅如此，他们成为这个极其落后和封闭的、旧体制的牺牲品。这些都是因为他们本身的残疾。他们的个性和人格被逐渐地消磨，从而被认为是无助的、无能的和不独立的群体。总而言之，他们是一个特殊的群体，与常人有着根本性的区别，并不断受到社会的歧视"。[②]

　　直至文艺复兴运动开始，在自由、平等、博爱等精神理念的光照下，残疾人才从囚禁的牢笼中解放出来。人们对残疾人的身份认识，从他们是"受奴役的人"逐渐转变为"独立的人""自由的人"，最终成为"法律的人"和"社会的人"。对残疾人的教育，也逐渐发生了一些变化。在1760年，法国的莱佩创建了第一所聋校，1784年霍维在巴黎创建了第一所盲校，残疾人教育逐渐浮现于社会公众的眼前，人们开始认识到残疾人不仅需要同正常人一样获得身份的确立，还应该同正常人一样获得教育关怀。

　　我国古代对残疾人的态度只是有所"养"，而无所"教"。直至1874年由传教士在北京创办了第一所盲校——瞽叟通文馆，1877年在山东登州创办

[①] 张福娟.特殊教育史[M].上海：华东师范大学出版社，2000:4.

[②] Low, C. Point of view: Is Inclusivisim Possible[J]. European Journal of Special Needs Education, 1997, (1):71—79.

了第一所聋校——启喑学馆,残疾人的教育才真正开始在东方社会中开展。

长期以来,无论东方还是西方,一直都实行普通教育和特殊教育相隔离的双轨制教育体系。这种教育体制在一定时期内对残疾人接受教育起到了积极的促进作用,推翻了"残疾人不可受教育"的论断,同时也转变了人们对残疾人的恐慌和鄙夷的态度。在伊塔德对狼孩的训练中,人们发现,通过医学的治疗和干预残疾人可以实现语言、认知等各方面能力的发展使行为得到矫正。双轨制教育模式延续了很久,随着社会的发展出现了各种弊端,比如特殊教育体系与普通教育体系各自分离、封闭,资源分配不公平,残疾人的身心健康发展出现各种问题,残疾人不能就近入学等,人们逐渐认识到残疾人的教育不能继续沿用传统的双轨制教育模式。

随着人权运动的兴起,融合教育成为解决各种社会矛盾和冲突的一种选择。融合教育的产生与推广对残疾人回归主流、接受教育以及社会的健康发展等有着巨大的促进作用。它可以促使残疾人身心健康发展,提高残疾人的社会适应能力,指导残疾人制定明确的人生职业规划,并推进普通教育学校教育体制改革,实现特殊教育学校功能的转变。融合教育推动人们对残疾人的教育从以康复和干预为主的医疗模式转向以教育和服务为主的社会支持模式,促使社会文明健康发展,从注重残疾人的"缺陷"向关注残疾人的"潜能"转变,实现社会从物质文明向精神文明的转变、从道德文明向制度文明的转变,并最终实现生态文明的和谐构建。2013年我国义务教育阶段随班就读和附设特教班在校生有19.1万人,其中,小学阶段随班就读和附设特教班在校生有13.3万人,占在校生总数的比例为51.2%,初中阶段随班就读和附设特教班在校生为5.8万人,占在校生总数的比例为58.7%。这意味着融合教育在逐步发展,并对残疾儿童自身、残疾儿童与社会、残疾儿童的家庭等诸多方面产生了积极影响。因此十分有必要探讨残疾儿童融合教育的意义。

本章从融合教育对残疾儿童、普通教育学校和特殊教育学校的改革,以及促进和谐社会的构建等诸多方面进行了意义探讨。当然,融合教育的意义远不止如此,它广泛地存在于残疾儿童、普通儿童、家庭、学校、社会组织等各种社会主体之中,并发挥着人文关怀、价值构建等各种作用。

第一节　融合教育促进儿童发展

融合教育经历了从"部分的融合"到"完全的融合"、从"谨慎的融合"到"有责任的融合",最终形成"适当的融合"的发展过程。① 其核心价值观是：融合教育是社会运动的产物,是一种过程,是态度、价值和信仰体系,是一种权利,是人类进步和文明的体现,更是每一个残疾儿童的教育梦想。在融合教育推进过程中,美国、英国等西方发达国家同时也经历了巨大的社会变革,对残疾人从拒绝和排斥到接纳和融合的过程也是反对歧视、走向社会公平的过程。第一,欧美具有浓郁的融合教育的文化基础,融合教育发端于人权运动,并获得了社会的整体认可与接纳,形成了广泛的社会共识,融合教育成为基本的社会价值观。第二,西方在社会变革过程中逐步形成了较为健全的法律法规保障体系来推进融合教育的实现。第三,在融合教育安置模式的构建上,形成了"咨询模式""小组教学模式""助理服务模式"和"资源教师模式"等具有操作性的融合教育实施策略。② 第四,在教育体制上,传统的普教和特教相隔离的双轨制被打破,形成了普特一体融合的完整的、统一的体系。这些发展意味着,推进融合教育是大势所趋,是教育民主化进程的必然要求,融合教育已经被大量成功的实践所证明,并成为各国特殊教育发展的共同追求与实现公平权利的基本途径。

一、有利于残疾儿童获得公平的教育机会

（一）有利于残疾儿童获得公平的入学机会

公平的教育机会首先意味着获得进入普通教育学校的机会。在普特双轨制教育体制下,绝大多数残疾儿童只能进入盲校、聋校和培智学校学习,他们无法进入普通教育学校就读。许多自闭症儿童、情绪与行为障碍儿童、多重障碍儿童、重度肢体残疾儿童等则连特殊教育学校都无法进入,只能在康复机构接受训练或在家中放任自流,他们无法和普通儿童一样享有平等

---

① 彭兴蓬,雷江华.论融合教育的困境——基于四维视角的分析[J].教育学报,2013(6):59-66.
② Elliott D, & McKenney M. Four Inclusion Models that Work[J]. *Teaching Exceptional Children*, 1998, 30(4):54-58.

的入学机会。融合教育的首要目标是促使残疾儿童同普通儿童一样获得公平的教育机会。其次,公平的教育机会意味着帮助残疾儿童获得就近入学的机会。在融合教育实施过程中,要让每一个儿童都有就近入学的选择权利。就近入学是解决我国残疾儿童入学接受教育的最现实的途径。我国特殊教育学校的数量还很少,2014年《中国教育统计公报》的数据显示我国目前有2 000余所特殊教育学校,基本实现了每一个县都有一所特殊教育学校的目标。即使如此,那些偏远地区的儿童,为了能够去特殊教育学校就读,要在路上花费几个小时,这对残疾儿童的教育十分不利。因此,应该提高普通教育学校的融合能力,将大部分残疾儿童纳入普通教育学校就读。

(二)有利于残疾儿童获得公平的教育资源

第一,公平的教育资源意味着获得公平的教师资源。在双轨制的教育体制下,普通教育学校和特殊教育学校在教师资源方面存在巨大差异。特殊教育学校的教师现状为:一方面,很多特殊学校教师都来源于普通教育学校,没有特殊教育的专业背景;另一方面,基层特殊教师培训与专业提升普遍存在不足的现象。特殊教育学校面临师资更加匮乏的局面。因此,普通学校获得专业的特殊学校教师的支持与指导明显不足。要解决这种普通教育和特殊教育学校的隔离所带来的师资不公平的现象,有必要从融合教育的角度来形成一体化的教育体制,提高特殊教育教师的待遇和各种资源支持,从而让残疾儿童无论在特殊教育学校还是在普通教育学校都能够获得公平的教师资源。

第二,要帮助残疾儿童获得公平的环境资源。普通教育学校和特殊教育学校的软硬件资源存在很大的差距。长期以来,国家和地方教育部门在教育资源的分配上偏向普通教育学校,特殊教育学校的发展一直处于边缘化的状态,无论是校园环境、教学设备,还是人文环境等,普通教育学校明显要优于特殊教育学校。这种环境资源严重不公平的状况不仅阻碍儿童获得优质的教育,更影响儿童的身心健康发展。在融合教育的推动下,特殊与普通学校进一步共享资源,协同发展,能让残疾儿童获得公平的环境资源,有利于儿童的发展。

第三,融合教育意味着获得公平的政策资源。当前我国针对普通教育的政策与法规非常丰富,例如,《义务教育法》《职业教育法》《高等教育法》《国家中长期规划纲要》等,针对特殊教育的政策则很少,目前仅有《残疾人保障法》《残疾人教育条例》《特殊教育提升计划(2014—2016年)》等少数法律法规,还没有出台专门的《特殊教育法》。从这里可以看出,普通教育学校和特殊教育学校获得的政策资源存在严重的不公平现象。在融合教育的背景下,社会对残疾人的关注,需要从政策层面进行推进,这更有利于残疾人的发展。

(三) 有利于残疾儿童获得更好的高等教育机会

融合教育的推行可以帮助残疾儿童获得更好的高等教育机会。首先,获得普通高等学校的入学机会以及更多专业成长与选择的机会。长期以来,特殊教育学校的残疾儿童大部分只能进入职业技术学校,很少有残疾儿童能够进入普通高等学校就读,所学的专业也仅限于音乐、按摩、手工制作等少数领域,没有更多的专业选择。在推行融合教育的背景下,残疾儿童能够通过公平的考试,获得进入普通高等学校继续学习的机会,另一方面也可以同其他儿童和少年一样获得更多的专业选择的机会。其次,帮助残疾儿童获得普通高等学校的教育资源。在普通高等学校,残疾儿童具有更加宽广的视野,能够通过学校的平台接触到更多的信息,包括专家讲座、社团活动、职业生涯的规划,以及出国留学的机会等。高等教育阶段是一个让残疾儿童获得职业发展、社会地位以及知识和财富的关键阶段。目前教育部已经着手对盲、聋、弱智三类残疾儿童参加普通高考进行相关工作的部署,例如为视障儿童提供盲文试卷、延长考试时间等。《特殊教育提升计划(2014—2016年)》提出:"各地要根据需要,有计划地在高等学校设置特殊教育学院或相关专业,满足残疾人接受高等教育的需求。高等学校要按照有关法律法规和政策,努力创造条件,积极招收符合录取标准的残疾考生,不得因其残疾而拒绝招收。"

二、有利于残疾儿童获得健康的身心发展

(一) 有利于促进残疾儿童身体素质的改善

在融合教育的环境下,残疾儿童的活动范围会更加宽泛,而不是独自局限在自我的空间中,这样有利于身体的发展。对于视觉障碍、听觉障碍儿童而言,如果拥有大量的活动机会和足够的体育锻炼,他们的生理发展与普通儿童并无本质差异。对于病弱儿童而言,有计划地定期制订康复训练计划对他们的身体发展具有关键性作用,可以提高他们学习的效率和延长活动

的时间。在传统的教育理念下,大多数家长并不注重残疾儿童的身体发育和健康发展,从而使得很多残疾儿童出现体型偏胖或偏瘦、骨骼畸形等情况,这些问题都是可以通过合适的养育与身体锻炼获得矫正的。融合教育更加关注残疾儿童的生存和发展,促进家长理念和态度的改变,通过开展各种融合性质的学校及社区活动,更加有利于残疾儿童身体的发育与成长。

（二）有利于促进残疾儿童的能力发展

融合教育的环境有利于促进残疾儿童感知觉、注意力、记忆力、思维能力等的发展。首先,有利于促进残疾儿童感知觉能力的发展。融合教育的环境鼓励残疾儿童合理地利用器官的残余功能,并充分发挥感觉代偿机制,促进残疾儿童感知觉功能的改善。其次,有利于形成良好的注意力。注意分为有意注意和无意注意。对于视障儿童而言,由于看不见,他们大部分的信息都要通过听觉来获取。然而,外界信息纷繁复杂,应如何辨认有用信息?视障儿童在分辨有用信息之时,需要他人的帮助和环境的支持。在融合教育的环境下,可以通过减少周围的噪音,来帮助儿童增加有意注意来获取有用信息。例如老师在教室中尽可能地让大家保持安静,有利于视障儿童更好地使用听觉系统获取信息。对于听障儿童而言,由于听不见,很多信息只能通过视觉来获取。在融合教育的环境下,用简明易懂的文字、图画来进行信息的传达,可以帮助听力障碍儿童获得更多有用信息。最后,有利于形成良好的思维能力。视障、听障、智障等特殊儿童往往因为缺乏足够的外界刺激,获取信息不足,生活环境封闭而导致思维发展困难。融合教育的环境是真实复杂的社会生活环境,能为残疾儿童提供更多的与周围人、事、物接触与互动的机会,为他们提供丰富的外界刺激与广阔的社会环境,有利于促进他们复杂思维的形成,并促进适应性行为的发展。

（三）有利于形成稳定的人格发展

残疾儿童的人格发展受到很多因素的影响。首先,不同教育体制下的教育理念对残疾儿童人格发展有影响。普通教育学校实行精英教育的教育理念,特殊教育学校实行底线教育的教育理念。特殊教育学校的教育理念往往对残疾儿童期待过低,保护性措施过多,这对于残疾儿童的人格完整性的形成会造成不利影响。融合教育的理念相信每个人都有潜能,每个人都能获得成功,这些基本的价值观更加有利于儿童完整的人格特征的形成。其次,融合环境对残疾儿童发展有着更深刻的影响。在双轨教育体制下,特殊教育体制下的残疾儿童按照同类残疾进行分班,这容易使他们形成相似的个性与行为特征,他们越来越喜欢与自己有着同样残疾的人交往,而不愿意同普通人进行交往,从而越来越偏离主流群体,这对于残疾儿童的身心健康发展极为不利。在融合教育体制下,残疾儿童能够接触到更加多样的儿童,而不仅限于与自己相似的儿童,这有利于残疾儿童在与同伴互动的过程中学会做人做事,有利于促进他们形成健康的心理品质。此外,普通儿童和残疾儿童在一起学习和生活,有利于友谊的建立以及运动技能等各方面获得良好发展。最后,不同教育体制下的发展期望值对残疾儿童有显著影响。在隔离的特殊教育环境下,社会、家庭和学校对残疾儿童的发展期望普遍偏低,这容易对他们形成心理暗示,导致自卑、自暴自弃和内缩或攻击等负面的性格特征。在融合教育的背景下,社会、家庭和学校对残疾儿童的发展期望值会不断提升,有利于残疾儿童的学业和职业发展。融合教育所传递的是关怀、关爱和高期待,有利于残疾儿童人格的健康发展。

三、有利于残疾儿童获得教育关怀

教育关怀不是单向度的施舍和给予,而是"教育情境中的一种关系性品质,是教育关系中的一方做出力所能及的努力,以合理满足另一方的需要并得到其回应的过程"[①]。它强调互动、合作、理解、包容。这种关系建立在平等的主体之间只有双方平等才能形成有效的师生间、同学间的对话。它从最初的自然性关怀发展为伦理性关怀,并形成制度性关怀。

(一)有利于残疾儿童获得自然性关怀

关怀最初萌发于自然环境中,是人类的一种普遍性活动。在教育领域中,关怀是教育活动中普遍性的教育活动。它是基于人性的"善良"而生发的基本状态,是人内心"真善美"的自然流露。对于残疾儿童的教育关怀,最初是基于人们的"善良"和"同情"而给予的关怀,这种朴素的"善良之心"为残疾儿童提供了庇护场所,并提供物质和教育。自然性关怀是伦理性品质和制度性品质的基础,同时又是其孜孜追求的最高境界。在自然品质的原初状态表现为在自然情境中自然生长,同时它会遭遇到人类活动中"利益""喜好""偏向""不法""暴力"等因素的侵蚀,从而无法保持真善美状态下的

---

① 侯晶晶.教育关怀:优质全纳教育的内核[J].华中师范大学学报(人文社会科学版),2007(7):130-134.

善良品质。因此,在对残疾儿童的自然性关怀,不容易长期坚持,它容易被社会其他不良因素所腐蚀,反而容易伤害残疾儿童的本真和童真,因此需要伦理和制度予以保障。

(二)有利于残疾儿童获得伦理性关怀

内尔·诺丁斯认为"关怀要从人的基本需要出发,强调情感在个体道德发展中的作用,主张以关怀为核心来组织教育"①。关怀是人与人之间建立普遍性联系的一种介质,它根植于人类生活,所有人都希望被关怀。② 关怀包含"情、知(智)、意、行等因素,涉及人对人的理解、尊重、信任以及实践智慧与道德反思"③。关怀是双方互动的结果,它可以由"喜爱"等情感自发引出自然关怀的状态,它也可以由"道德"来促使伦理关怀的发生。尤其是当被关怀的对象是"那些与我们在社会地位、文化、物理空间和时间上有一定距离的人"④的时候,关怀的自然情境就会减退,而只能通过道德准则来实现伦理关怀。在普通儿童和残疾儿童共存的教育环境中,由于残疾儿童的个体差异性,老师和同伴与其建立的关怀关系,通常属于伦理性关怀,而只有当残疾儿童真正融入主流环境中时,才有可能最终形成自然性关怀。但不可置疑的是,只有关怀才能够包容有着差异性的残疾儿童。在残疾儿童接受融合教育的历程中,老师和同学给予残疾儿童的不仅仅是知识的传授和生活的帮助,更重要的是传递着一份关怀的情感。正是基于关怀的情感,从而才有可能关爱他人、关心社会。在建立关怀关系时,教师和同伴不仅要重视普遍性的初级关怀,更要针对残疾儿童的特殊需要实现具体的充分关怀,即诺丁斯所言"只有重视个体性、具体性和学生真实感受的关怀性教育才是道德的教育……才能成为有责任感、有关怀意识和关怀能力的关怀者,才能使其获得人生的幸福"⑤。

(三)残疾儿童获得制度性关怀

融合教育的推进过程并非一帆风顺,总是面临着一些社会大众、普通儿

---

① 何艺,檀传宝.诺丁斯的关怀伦理学与关怀教育思想.伦理学研究[J].2004(1):81—84.
② 石中英,余清臣.关怀教育:超越与界限——诺丁斯关怀教育理论述评[J].教育研究与实验,2005(4):28—31.
③ 侯晶晶,朱小曼.诺丁斯以关怀为核心的道德教育理论及其启示[J].教育研究,2004(3):36—43.
④ 石中英,余清臣.关怀教育:超越与界限——诺丁斯关怀教育理论述评[J].教育研究与实验,2005(4):28—31.
⑤ 侯晶晶,朱小曼.诺丁斯以关怀为核心的道德教育理论及其启示[J].教育研究,2004(3):36—43.

童家长、普通教育学校教师以及普通儿童的拒绝和排斥。2012年深圳市19名普通教育学校家长联名"赶出"自闭症儿童等相关社会事件充分说明了这一点。① 当前,对于在普通教育学校中接纳残疾儿童的问题,许多学校、教师以及普通学生家长都持模棱两可的态度。一方面,他们从政策角度、人权角度接纳和赞同融合教育,另一方面从实际工作的开展等角度又表现出质疑和犹豫。因此对残疾儿童的关怀,要从伦理性关怀向制度性转变,只有依靠"权利和义务"框架下的制度性构建,才能够真正实现对残疾儿童"零拒绝"的融合教育。② 关怀的制度性品质是针对有着巨大差异的、已经构成社会性冲突和矛盾的群体的一种必要手段。在制度性的关怀品质中,通过"权利和义务"框架下的各种救济制度,运用法律工具实现程序和实体的正义,逐渐形成制度、习俗并最终成为社会的道德性规范,从而把本属于人文精神领域的教育关怀从制度性品质中解构出来,最终还原为伦理性和自然性的关怀品质。

（四）残疾儿童在教育关怀中形成关系性品质

关怀"不是一种居高临下的施予,关怀者也有自己的需要,而被关怀者也要尽自己的责任"③。对于残疾儿童的教育关怀,融合教育教师和班级里的普通儿童一方面要把他们看作"有点差异、而无等级"的儿童,能够在没有怜悯、偏见以及漠视的情况下正常地与其进行交往和互动;另一方面教师和普通儿童要在关怀过程中传递包容和温暖的情感,而不是生硬的、机械的"行为"或"命令",要让残疾儿童感知到善意并及时地通过各种方式表示接纳,并建立起关怀关系。这种关系的建立,可以依靠外在的制度性建设,或依靠道德约束,最终经过双方的沟通、交流和碰撞,将之情境化、具体化,从而生成和还原为有着稳定关系的自然性关怀关系。

四、有利于正常儿童健康成长

第一,正常儿童通过帮助、辅导有特殊教育需要的儿童,能深刻理解并巩固所学知识,使自身学业获得进步。残健儿童的合作与中国教育体制中的集体主义文化紧密结合在一起,各种兴趣小组、活动小组、结对子、红领巾

---

① 参见新华网:http://news.xinhuanet.com/edu/2012—09/28/c_113240974.htm,2014—3—2
② 邓猛,潘剑芳.关于全纳教育思想的几点理论回顾及其对我们的启示[J].中国特殊教育,2003(4):1—7.
③ 何艺,檀传宝.诺丁斯的关怀伦理学与关怀教育思想[J].伦理学研究.2004(1):81—84.

手拉手等伙伴互助、互学的方式在各地都有试验。我国自20世纪80年代开始的"金钥匙工程"旨在推广视障碍儿童随班就读,该工程在广西与内蒙古的实践中让正常儿童当盲生的"小先生"与"向导"。在充当"小先生"的过程中,正常儿童的学习能够与残疾儿童共同提高。① 英国剑桥教育咨询公司在甘肃临夏回族自治州探索了轮流合作、跨班伙伴、同村伙伴等农村随班就读合作学习的方式。形式多样的伙伴学习不仅使残健儿童形成互助的品质与技能,促进了学业进步,也改变了普通教室的教学方式与人际互动,孕育了更健康的班级文化。② 第二,残健学生在生活上互相照应,学习上结对子,互相帮助,有助于正常儿童形成乐于助人的良好品质。正常儿童在帮助残疾儿童的过程中,受到教师的表扬、同学的夸奖,获得帮助他人的荣誉感、成就感等,有利于形成乐于助人的良好品质。相关研究表明,小组学习与同伴辅导能有效地减轻教师沉重的工作负担,使正常儿童在辅导中巩固所学知识,深受教师与学生喜欢。③ 第三,有助于正常儿童学会帮助别人的实际技能。在"手拉手""红领巾互助"等活动中,正常儿童在日常生活、行为方面给残疾儿童提供帮助,使自己的能力得到运用与提高,懂得如何去帮助别人,学到一些实际的技能。第四,残疾儿童刻苦努力的精神对正常儿童有激励作用。残疾儿童自身虽然有一定的"缺陷",许多残疾儿童能勇敢地面对老师和同学,走进学校,克服困难,努力学习;他们坚韧的毅力和自强不息的精神对正常儿童有着良好的激励作用。④

第二节 融合教育推动学校教育改革

双轨制教育体制对学校的发展具有很大的制约。普通教育学校和特殊

---

① 16Murphy, E., Grey, I. M., Honan, R. (2005). Co-operative Learning for Students with Difficulties in Learning: a Description of Models and Guidelines for Implementation[J]. *British Journal of Special Education*, 32(3), 157−164.

② Deng, M., & Holdsworth, J. C. (2007). From Unconscious to Conscious Inclusion: Meeting Special Education Needs in West China[J]. *Disability & Society*, 22(5), 507−522.

③ Murphy, E., Grey, I. M., & Honan, R. (2005). Co-operative Learning for Students with Difficulties in Learning: a Description of Models and Guidelines for Implementation[J]. *British Journal of Special Education*, 32(3), 157−164.

④ Jenkins, J., & O'Cornnor, R. E., (2003). How Cooperative Learning Works for Special Education and Remedial Students[J]. *Exceptional Children*, 69(3), 279−292.

教育学校之间具有不同的教育目标、不同的师资配备、不同的资源支持。隔离的体制对于残疾儿童的发展和教育质量的提高具有不利影响。实行融合教育体制能给予残疾儿童更多的教育资源和支持,为残疾儿童提供平等的教育机会,增大残疾儿童获得更多的、适切的特殊教育的可能性。

一、有利于学校的角色功能转变

在双轨制的教育体制下,特殊教育学校在为残疾儿童提供资源支持的同时,也剥夺了残疾儿童获得更优质教育的机会以及到普通环境生活与学习的可能性。普通教育学校中很少有残疾儿童,因此,也不会配备资源来为残疾儿童提供各种教育支持。在这种教育体制下,特殊教育学校和普通教育学校有着各自鲜明的角色定位,他们很少能够相互沟通和互动。融合教育则要求普通教育学校和特殊教育学校的角色发生转变。

(一)普通教育学校的角色功能转变

对于普通教育学校而言,融合教育促使学校的教育对象和教学方式多元化,课程内容和学业评估弹性化,以及教学设备与技术设计科学化。第一,越来越多的普通学校招收了残疾儿童,从而使普通班内学生的学习能力、特点与需要趋于多样化。目前,我国进入普通教育学校随班就读的多为肢体残疾、视力残疾、听力残疾、轻度智力残疾等类型的残疾儿童,进入高等院校接受教育的多为肢体残疾、视力残疾、听力残疾儿童等类型的残疾学生。长春大学、北京联合大学、天津理工大学等高校为残疾学生开办音乐、中医按摩、动漫等专业,通过单独招考的方式录取残疾大学生。第二,残疾学生进入普通学校必然给教学带来新的挑战,导致教学方式出现多元化的特点。教师要改变传统的教学范式,从以教师为中心的讲授法向以学生为本的参与式教学法转变;要综合采取讲授法、讨论法、合作教学等方法以保障教学效果。例如,针对视觉障碍儿童,在教学方式上要顾及视障儿童的理解力,也要在知识内容上及时为视障儿童进一步讲解,尤其是对于抽象事物的讲解,要有所延伸和拓展。针对听觉障碍儿童,要尽可能地采用板书形式将教授的内容展示出来,并要正面面对听障儿童,让他们看清楚教师的嘴唇,以便于他们更好地理解所讲授的知识。对于智障儿童,在低年级阶段,要尽可能多地采用直观教学法,灵活运用游戏、活动教学等方式来向他们传授知识。第三,在课程内容上,要针对障碍程度比较严重的残疾学生有所调整;对于知识范围以及布置课后作业的难易程度有所区分。针对残疾程度较重的儿童,在课程调整的同时,也要充分利用资源教室来补习核心知识点,从而适应班级教学的进度。第四,在教学过程中,要积极运用先进的教学技术来为班级学生提供各种教育支持,通过采用一系列先进的科技手段促进融合教育的全面实现。

(二)特殊教育学校的角色功能转变

特殊教育学校要实现资源中心的服务功能,针对中重度残疾儿童提供专业化的特殊教育支持。第一,特殊学校要提供诊断评估的支持。为残疾儿童提供残疾筛查、学业性和转介性的诊断评估和服务。在诊断过程中,需要依靠专业的医生和心理咨询师来进行医学诊断,确定残疾儿童的残疾类型与程度;对于残疾儿童的安置模式、个别化教育计划及转衔方式的选择,则需要结合医生、教师、家长、社会工作者、教育管理者等多方面人员的意见共同确定。第二,特殊学校应提供巡回辅导服务。向融合教育教师提供专业化的咨询、培训、指导等各项服务,向残疾儿童及其家庭直接提供需要的教育咨询与指导,向边远、特殊教育资源缺乏的地区提供定期的巡回指导服务。第三,特殊学校建立残疾儿童教育档案。将残疾儿童的管理、教育、行为表现等各种信息汇总,并建立动态持续的档案,进行跟踪。这能为残疾儿童的教育提供重要帮助,为学生的转介提供有用的信息,并为研究机构和研究人员提供个案研究的材料。

(三)教师的角色功能转变

在融合教育模式下,随班就读教师扮演了五种模式角色[①]:第一,小组模式。在这种模式下,特殊教育教师与普通班教师共同组成教学小组,对所有儿童提供正常化的教学活动,并对有特殊教育需要的儿童提供教育服务。在这种模式下,教师要注重合作教学。第二,协同教学咨询模式。这种模式要求设立专门的资源教室,针对学习困难较大的儿童,他们倘若不能在课堂上及时消化知识点,则需要针对他们比较薄弱的学科,在一周之内安排额外的辅导性学习。这种学习是一种抽出式学习模式。经过一段时间学习之后,对儿童进行学业评估,认为符合班级的学习进度,就可以完全回归到普通班级中进行学习,而不需要再进行额外辅导。第三,平行教学模式。在这

---

① 申仁洪.从隔离到融合:随班就读效能化的理论与实践[M].重庆:重庆大学出版社,2004:73.

种模式中,残疾儿童和普通儿童都在一个空间范围内进行学习,不同的是,普通班教师针对能够跟得上进度的学生进行集体教学,而特殊教育教师则针对一群进度不完全一致的有特殊教育需要的儿童进行教学。[①] 第四,协同教学模式。作为特殊教育教师,他们作为协同辅导的角色在教室中和普通教师一起进行教学。第五,资源教师模式。主要在资源教室中对残疾儿童进行辅导,以及对普通教师如何教育有特殊教育需要的学生提供咨询和帮助。从这里可以看出,在融合教育模式下,无论普通教育教师,还是特殊教育教师,抑或资源教师等,他们的角色都被赋予了新的内容。

二、有利于学校的教育理念改革

(一)形成参与共享的文化理念

融合教育的本质即"参与共享",融合教育有利于学校形成参与和共享的文化理念。第一,活动的参与和共享。融合教育学校通过建设无障碍设施来实现残疾儿童全面参与集体活动。例如,通过对滑梯的安全设计,让有视觉障碍的儿童能够参与滑滑梯。作为学校的管理者,要从外部环境入手,形成无障碍的环境,让所有儿童都能够参与其中。第二,课堂的平等参与。残疾儿童最主要的活动场域在课堂,一个课堂是否具有融合性,主要表现为:是否具有关怀和关爱的班级氛围;是否为每个儿童提供合适的课程内容;教学方法是否适合每个儿童等。我们需要从管理、课程、作业、氛围等各个方面来促进课堂的融合,让残疾儿童能够参与课堂。第三,对残疾的接纳与理解。判断一个校园是否具有融合性,关键在于其是否具有融合的文化氛围,创建和谐、接纳的学校氛围是学校领导和教师的共同责任。对于残疾儿童的融合教育,仅提供无障碍的环境设施以及可以有效融入的课堂还远远不够,最重要的是要形成整个校园的关怀和关爱的文化氛围。一直以来,我们都怀着同情和怜悯之心来帮助残疾儿童,为残疾儿童提供各种物质条件和资源设施。而融合教育的理念需要我们转变对残疾人的态度,他们不是我们予以施舍的对象,而是需要我们提供帮助的人,"提供帮助"意味着二者之间是平等的关系。作为社会的一分子,提供帮助与接受帮助都是自然的事情,是社会文明的体现。因此,对于残疾儿童的融合教育而言,"理解"

---

① 邓猛. 普通班运用合作教学教育学习有困难的学生的基本策略[J]. 教育研究与实验,2001(2):47—53.

他们是对他们最好的情感表达,这意味着尊重,更意味着平等。

（二）发挥儿童最大潜能的教育理念

特殊教育学校往往以儿童的"缺陷补偿为主,潜能开发为辅"为出发点,通过康复训练和功能补偿来帮助残疾儿童。例如,针对视觉障碍儿童,通过视觉功能评估与训练对他们进行视觉补偿,通过提供放大镜、助视器、大字本等各种辅具来帮助他们合理使用剩余视力,并通过音乐、按摩、针灸等专业的学习来使他们能够更好地获得适应外部世界的能力。这种教育理念有利有弊。利处在于可以增加残疾儿童的生活适应能力和职业能力,获得生存的本领;弊端在于,它始终停留在补偿功能和适应社会的阶段,缺乏通过潜能开发使学生获得改变社会与实现远大理想的机会。教育仅限于满足儿童生活的需要,失去其发展的功能。融合教育将残疾儿童与普通儿童放在同一个教育体系之内,更加重视激发残疾儿童的潜能,激励他们追求高质量的教育和实现更高的人生目标,获得更大的发展空间。

（三）获得最佳教育实践方式的教学理念

布思和爱因斯克指出融合教育有三个层次:物理空间的融合、社会的融合以及教学的融合,而教学的融合是融合教育最核心和最难实现的目标。① 在融合教育的思想下,最佳实践方式是指在融合的教学环境下为达到最佳教学效果、满足学生多样化的学习需要而采用的各种创新的教学模式与方式。② 最佳实践方式包含三个层次:第一,强调个别化。包括个别化教学、个别化教育计划、个别化转衔计划、个别化家庭计划等。个别化的理念承认残疾儿童的个别差异性和可教育性,并努力通过各种个别化的教育手段使其潜能得到最大限度发挥。第二,强调合作。包括普通教师和资源教师之间的合作、教师和学生之间的合作、残疾儿童和普通儿童之间的合作、家长和学校之间的合作等。在融合教育理念下,合作成为普通教育学校和特殊教育学校之间沟通的桥梁。在教学实践中,可以将普通教育和特殊教育进行融合和渗透,形成最佳的教育方式。在合作教学和合作学习之中,教学不再是单向的传递和给予的过程,而是一个师生平等参与、共同经历、自主探索、

---

① Booth T, Ainscow M. *From Them to Us: An International Study of Inclusion in Education* [M]. London: Routledge, 1998: 127.

② 邓猛 景时. 特殊教育最佳实践方式及教学有效性的思考[J]. 中国特殊教育, 2009(2): 3—8.

思想碰撞的知识生成与发现的过程。① 第三,强调积极行为支持。传统的特殊教育教学模式往往通过"矫正和干预"的方法和手段来改变儿童的问题行为。在这种行为范式中,儿童的问题行为被认为是负面的,是一种缺陷,是需要控制的。积极行为支持则认为,残疾儿童的问题行为是他们生活中的一部分,要创设积极的、回应性的环境,帮助个体改变生活方式,有效控制环境并提高其生活质量,这种实践方式体现了介入问题行为的主动性和前瞻性。②

三、有利于学校的教育体制改革

在隔离教育体制中,特殊教育学校和普通教育学校的教育目的、校园文化都存在很大的差异。特殊教育学校中由于教育对象都是残疾儿童,更多偏向于康复训练和职业技能的教育。对于普通教育学校而言,儿童的价值观、人生观和世界观更多地以"拼搏"和"竞争"为目的,很少去关注弱势群体的存在。在这种教育体制下,处于弱势群体的儿童没有机会接触到社会的主流群体,不能形成更有利于自身发展的核心价值观;处于主流群体中的普通儿童看不到残疾儿童的存在,不能正确理解和认识社会的多样性,从而不利于培养全面发展的、符合现代社会要求的公民。因此,有必要进行教育体制的改革。

(一)促进一体化教育体制的形成

我国长期以来实行着普特隔离的双轨教育体制,虽然从20世纪80年代开始广泛推行随班就读实验,但目前仍然没有真正形成一体化的教育体制。随着特殊教育的发展与国际融合教育运动的深化,建立一体化教育体系成为世界各国教育改革的趋势。在融合教育的背景下,一体化教育的核心内容是:实现残疾儿童教育安置模式、教育理念以及教学过程的一体化。③

首先,教育安置模式的一体化。融合教育促使残疾儿童教育安置模式融入普通教育体系中,促进教育一体化的形成,有利于特殊学校和普通学校

---

① Kauffman J M. Commentary: Today's Special Education and Its Messages for Tomorrow[J]. *The Journal of Special Education*, 1999, 32(4): 244—254.
② Utley C A, Kozleski E, Smith A, et al. Positive Behavior Support: a proactive Strategy for Minimizing Behavior problems in Urban Multicultural Youth[J]. *Journal of Positive Behavior Interventions*, 2002(4): 196—207.
③ 柳树森,朱孔雨. 对一体化教育的重新定义[J]. 现代特殊教育, 2002(5): 10—11.

相互开放、相互交流、相互合作,从而建立多种教育模式的相互连接与补充,如随班就读模式、附设特教班模式、训练中心模式、资源教室模式等;随班就读仅是融合教育的初级形式,是教育一体化的开端。

其次,教育理念的一体化。在物理性融合的过程中,很多教师并没有从内心关心和关怀残疾儿童,他们对残疾儿童持有消极的态度,认为残疾儿童只是班级的附属品。教师要真正从理念上接纳和认同残疾儿童,实现理念的一体化。拒绝与歧视是阻碍融合教育发展的最重要原因,限制了一体化教育体制的形成。因此,要改变传统教育理念,构建全新的融合理念,让融合教育的基本理念与重要意义真正得到大众的理解和认可。

最后,管理体制的一体化。尽管我国的融合教育已经形成了以随班就读为主体的办学格局,但并没有形成有效的教育管理体制。教育体制一体化的形成并不是简单地把残疾儿童放到普通学校中去,也不是特殊教育与普通教育的机械混合,它需要合理的管理制度来确保进行体制上的一体化,实现管理体制与人的发展密切结合。在随班就"坐"和随班"混"读的案例中可以看出,没有良性的管理体制,就无法实现真正的融合教育。因此,学校管理者应该形成科学的管理思路,从教师的福利待遇、绩效考核、编制纳入、职称晋升、行政系统的精简和优化等各个方面进行考虑,对残疾儿童的特殊教育需要提供融合教育教师、实施个别化教育计划、加强家校合作联系,以实现教学、生活、心理等全覆盖的支持系统。

(二)促进教育管理体制的优化

推进融合教育需要改革与优化教育管理体制。中国教育管理体制改革与创新最根本的价值目标必须是促进教育公平。[①] 融合教育的推进是教育"公平"的重要体现,因此必须通过教育管理体制的优化来促进融合教育的发展。我国特殊教育相关的立法与规定已经足够详细与完整,但是,却缺乏有效的管理机制来实现这些政策目标,残疾儿童少年的诊断程序、教学管理、资源分配方式、管理规章与评估手段等常规的机构与运行机制并没有形成,制度建设也没有达到标准化或规范的程度。因此,需要建立更多的管理分支机构、配备更多的专业人员、形成特殊教育管理与工作的常规机制,才能够对融合教育推广进行有效的指导与规范。

---

① 国家教育行政学院课题组编.服务型政府教育类产品提供和管理体制创新研究[M].广州:华南理工大学出版社,2010:61.

(三) 促进教育资源的合理分配

教育资源是教育机会均等的重要影响因素,教育资源分配是否合理关系到教育机会均等目标能否实现。当前我国社会总资源对教育的分配、教育资源在各级各类教育之间以及在城乡之间、地区之间和校际之间的分配均呈现非合理状态。① 我国特殊教育资源分配同样存在资源分配不合理的问题,推动融合教育需要对教育资源进行合理配置。首先,社会总资源的合理分配。融合教育需要多种资源与支持,融合教育只有在学校与教师得到足够的人力与物质资源的情况下才有可能获得成功。我国近年来增加了融合教育投入,多渠道筹措教育经费,以便使残疾儿童在普通教育学校能得到足够的特殊教育资源支持。因此,融合教育的发展将得到持续稳定的经费保障,社会总资源也将进一步得到合理分配。其次,区域间教育资源的合理分配。我国地区间特殊教育资源分配不均衡,城乡、东西部差距明显。特殊教育学校多分布在城区,很多残疾孩子往往因为交通不便、信息不通、贫困等原因无法到城市的特殊学校就学;农村特殊教育机构和教师极为缺乏,要实现有效的融合教育非常困难。② 在我国东部发达地区,特殊教育发展较快,在上海、杭州等地的普通学校中,资源教室建设取得较大进展,为残疾儿童融合教育创造了有利条件。而西部地区融合教育发展还处于比较落后的状态,均存在巨大差距。2014年的《特殊教育提升计划(2014—2016年)》提出的在数量和质量上总体目标是"全面推进全纳教育,使每一个残疾孩子都能接受合适的教育"。为此,在教育经费的投入上,特殊教育中央专项补助经费从2013年的5500万元提高到2014年的4.1亿元,重点支持特殊教育学校和招收较多残疾学生随班就读的普通义务教育阶段学校(含特教班),主要用于建设资源教室(中心)等。这意味着融合教育的推进一方面会提高儿童自身的受教育机会,另一方面也会缩小区域间的教育发展水平差距。再次,校际间教育资源的合理分配。特殊教育学校校际之间教育资源分配存在不均衡现象,少数学校获得较多物质与人力资源,出现资助过度现象,而发展水平较低学校获得的资源则十分有限。融合教育的发展有利于学校教育资源的再分配,注重增加对发展水平较低学校的资源分配,促进校际间教

---

① 黄若君.合理分配教育资源保障教育机会均等[J].沿海企业与科技,2012(6):43—47.
② 兰继军.论特殊教育的价值取向与西部特教资源的重组[J].中国特殊教育,2003(2):80—85.

育资源的合理分配,缩小校际发展差距。

第三节 融合教育促进和谐社会构建

教育公平一直以来都是构建和谐社会的重要内容,融合教育的发展使残疾人回归主流社会,促进教育公平,减少社会的矛盾和冲突,对构建和谐社会产生了积极影响。融合教育有利于推动社会转型,将弱势群体纳入社会关注的中心,促进社会阶层结构的有序改变,加快文明前进的步伐。

一、推动社会和谐发展

融合包含两层含义:其一是残疾儿童在正常的环境(即普通学校)接受平等的、适当的教育;其二是残疾人对社区生活的平等、全面参与,即社区融合。[①]

1995年联合国哥本哈根社会发展首脑会议把社会融合(Social Inclusion)作为社会发展三大领域之一,会议指出,"社会融合的目的是创造'一个人人共享的社会',在这样的社会里,每个人都有权利与责任,每个人都可以发挥积极作用。这种包容的社会必须建立在尊重所有人的人权和基本自由、文化与宗教差异、弱势及处境不利群体的社会正义和特殊需要、民主参与的基础上","鼓励所有的社会成员行使权利、履行职责、充分参与社会,并认识到靠政府不能满足社会的全部需要"。[②]

由此可见,回归正常社区环境的残疾人获得了更多的与正常人交往的机会。这不仅改变了正常人关于残疾的概念的理解,也给正常人认识、接纳残疾提供了机会,而且对会残疾人的社会心理与行为产生巨大的影响。社会融合是包括政府制定政策、保障权利、提供社会保障在内的、社会各界人士参与的社会发展过程和现状。

(一)促进残疾人回归主流社会

残疾人有权利回归主流社会,平等参与社会生活,共享社会发展成果,

---

① Duvdevany, I., Ben-Zur, H., & Ambar, A. (2002). Self-determination and Mental Retardation:Is there an Association with Living Arrangement and Lifestyle Satisfaction? [J] *Mental Retardation*, 40 (5), 379—389.

② 马克青. 和谐社会的构建:从社会排斥到社会融合. 参见网址:http:// www. chinareform. org. cn/ cirdbbs/ dv2rss. asp ? s =xhtml& boardid = 27& id = 95774

进一步实现社会公平正义。

首先,融合教育有利于提高残疾人的社会适应能力。融合教育为发展人的社会属性创造了良好的空间并提供了交往的机会,使残疾儿童学会与不同的人相处,将来能适应更加复杂的社会,[①]从而提高残疾儿童的自我意识、人际关系以及社会环境等方面的认知能力。让残疾人回归主流社会能帮助残疾儿童在日常生活中与教师、家长以及心理专家、同伴、路人等进行沟通,有利于残疾儿童自我观察、自我评价、自我监控等多方面能力的提高。其次,融合教育有利于残疾人的生存与就业。2007年《残疾人就业条例》中明确规定"社会组织和个人通过多种渠道、多种形式,帮助、支持残疾人就业,鼓励残疾人通过应聘等多种形式就业""禁止在就业中歧视残疾人""用人单位应当按照一定比例安排残疾人就业,并为其提供适当的工种、岗位。用人单位安排残疾人就业的比例不得低于本单位在职职工总数的1.5%"[②]。在融合的环境中,残疾人有更多的就业机会、更公平的工资待遇,能在主流社会环境中更好地发展,并承担公民的责任和义务。因此,我们要积极通过多种途径整合社会资源,尤其是利用社区资源,发挥社区优势,实现残疾人社区康复与社区服务相结合,让残疾人能真正享受社会资源,积极参与社会日常活动,回归主流社会。

(二) 尊重每一个残疾人

残疾是人类进化和社会发展过程中不可避免的现象。残疾人同其他人一样有尊严和权利,有参与社会生活的愿望和能力,同样是社会财富的创造者。[③] 因此,要尊重每一个残疾人。首先,要帮助残疾人搭建发展的平台,重视无障碍设施建设。无障碍设计体现了以人为本的现代文明理念,也体现了社会对有特别需要的人的尊重与关怀。无障碍设计不仅对残疾人有帮助,也为正常人提供了便利,具有通达性的特点。同时,应为残疾人的发展搭建各种平台,除了开展残疾人运动会、举办残疾人音乐节、残疾人舞蹈大赛等活动外,更重要的是创造公平与支持性的社会环境,让残疾人能发挥自己的特长,感受到社会的关爱和人们对他们的尊重。其次,减少不当帮助,实现人性回归。长期以来,人们习惯于把各种残疾的人称为"残废",因残而

[①] 雷江华.融合教育导论[M].北京:北京大学出版社,2012:89.
[②] 残疾人就业条例.http://www.gov.cn/zwgk/2007-03/05/content_542647.htm
[③] 朴永馨.教育康复中的一个基本观点[J].中国听力语言康复科学杂志,2004(1):42.

废的观念根深蒂固地存在于人们的脑海之中。这种观念长期以来严重地损害和歪曲了残疾人的形象。社会上一些人看到的只是残疾人的残疾,而不是残疾人作为人的独立人格与社会价值。在这种观念下,人们对残疾人提供了一些不当帮助,忽视了对他们的尊重。随着社会文明的进步,不当帮助在逐渐减少。如在公交车上特设的座位不再被称为"老弱病残孕专座",而是"爱心专座",让座的语音提示也改成了"为身边有需要的人让座"。虽然这些是小小的变化,但温暖了残疾人的心,尊重了他们的人格。第三,尊重残疾人文化,实现多元文化的融合。残疾自身的特殊性导致残疾"亚文化"这一独特文化的存在与发展。例如,盲人文化就以民间艺人、卖唱等形式存在于现实和人们的观念中,聋人文化则以舞蹈、手语等方式呈现。这些现象是在长期的历史发展中形成的残疾文化中僵化的部分。它有着积极的意义,使残疾人在不利的环境中寻得生存与发展之道,也有消极的意义:形成了负面的、僵化的残疾观,使得残疾亚文化的消极与落后的方面得到强化。融合教育提供了多元文化的视角,残疾亚文化作为边缘文化开始发出自己的声音,使主流文化与残疾文化自身都得到良性循环与发展。在融合教育背景下,社会大众能够理解残疾人的境遇,学会从残疾人的角度来看待世界,形成宽厚包容的价值观,去认同和理解残疾及与其相关联的文化特性。

(三)减少社会矛盾和冲突

第一,减少价值观的矛盾和冲突。在我国,某些对人缺乏尊重的思想仍然不同程度地存在着。一些人对残疾人是否具有"人"的价值以及是否具有与他人平等接受教育的价值存在着偏见,他们对残疾人持排斥和冷漠的态度,一些残疾人及残疾人家庭在看待残疾人问题上也持有消极的观念,以至于人们对残疾人是否应该接受融合教育存在着分歧。一部分人基于人道主义精神赞成接纳残疾人,但在实际运行过程中,却仍然坚持残疾人应该在特殊学校接受教育;另外一部分人仍然认为残疾人没有必要接受更多的教育和康复服务。他们总是从功能性和功利性的角度出发,认为残疾人不可能达到正常人的形体、能力状态,不可能对社会有贡献和价值,因此否定残疾人接受教育、回归主流社会的需要。一些残疾人由于"残疾"而引发的社会性功能障碍会导致他们"自我否定",从而拒绝与社会主流群体进行接触、交往,不愿意融入普通学校中接受教育,也不愿意融入主流社会中接受社区教育和服务。融合教育需要消除这些落后的价值观,就如科林·劳所言"人只有形态上的不同,并在其一生中总有特殊需要的时候"[①]。

第二,减少利益的矛盾和冲突。资源总是有限的,无论是可见的物质还是无形的权力等资源。长期以来残疾人处于社会边缘地位,其获得的资源不合理,已经引发各种社会矛盾和冲突。只有经济快速增长,国家财力不断增强,才能够为残疾人参与社会施展才华,提供更多的机遇和广阔的空间。一方面,经济的发展会给残疾人的发展提供更多的机会与发展空间,另一方面,残疾人通过参与社会生活,能够创造社会财富,为社会与经济的发展作出贡献。贫困可能会导致残疾,但贫困却不是忽视残疾人的理由。事实证明,有些富裕的国家经济发展水平很高,残疾人教育却仍然比较落后。在我国,有些经济上比较落后的地区残疾人教育却在全国处于领先地位,甚至超过某些经济较发达的省份。政治意愿与社会观念等多种因素对特殊教育与残疾人事业的发展发挥作用,经济落后不能够成为忽视残疾人权益、不发展特殊教育的借口。相反,在经济落后地区,残疾人处境更为不利,更需要政府与社会各界精心培育扶助弱势群体、关心残疾人事业的氛围,促进残疾人自强自立、共享人类文明成果。

第三,减少权利的矛盾和冲突。社会固有的各种权利冲突导致残疾人融合教育的发展困境。最突出的就是残疾人生存权与发展权之间的冲突。社会、学校和家庭对残疾人的期望更多的是希望他们能够具备基本的生存能力和社会适应能力,而不是获得更大的潜能发展空间与自我实现的机会。在融合教育背景下,国家保障残疾人基本的生存权以及受教育权,从而减少生存权和发展权的冲突。同时,残疾人之间、残疾人与正常人之间以及残疾人与社会之间也存在着各种矛盾和利益的冲突。在接纳和包容的融合教育背景下,让残疾人获得尊重并且被接纳,是减少群体间和群体内的矛盾和冲突的基本措施。

二、推动社会转型发展

(一)推动社会价值观的转变

通常来说,社会的价值观即人们关于好坏、得失、善恶、美丑等观念的看法、态度和选择,是衡量一个社会发展水平的标尺之一。在经济发展落后、

---

① Low, C. (1997). Point of View: Is Inclusivism Possible? *European Journal of Special Needs Education*, 12 (1), 71—79.

物质资源贫乏的时期,追逐财富和权力成为人们从事社会工作的主要目的。在历史上,社会对残疾者的态度实际上涵盖了全部的人类情绪和态度——从根除、怀疑、嘲笑和排斥到尊重、包容。① 在物质文明、制度文明与精神文明高度发展的现代社会,尊重与接纳残疾人成为社会普遍认可的价值观念。在立法上,无论西方还是我国都在不断颁布一系列的政策法规保障残疾人的合法权益。在教育上,社会开始关注残疾儿童的受教育权,努力为残疾儿童提供自由、适当的义务教育,学校系统注重为残疾儿童及其家长提供维护其权利的安全保障等。在融合教育理论的背景下,呼吁残疾儿童与普通儿童一起接受教育,并注重为残疾儿童提供适合的个别化教育,充分体现出社会对于特殊人群的尊重与接纳,这被视为社会对于特殊人群所持价值观念与实践的重大突破。社会越来越强调为特殊人士创设最少受限制的环境,使残疾儿童与普通儿童最大限度地共同接受教育、共同享受教育权益。融合教育理念有利于社会价值观的凝聚及提升,推动社会观念转型。

(二)意味着社会关注者的转变

随着社会物质文明的发展、社会价值观的转变,社会的关注群体必然随之发生变化,从关注核心权力阶层的利益到关心普通人的权益,实现了向关注弱势群体权益转变。融合教育的发展体现出社会关注残疾儿童的个体价值,关注残疾儿童的个性化及社会化发展。② 第一,融合教育具有促进儿童个性化发展的价值。融合教育的过程对于所有参与儿童而言都是一个不断提升自我的过程。普通儿童与残疾儿童都通过接受教育来提升自己的道德境界、智力水平、潜能限度。在此过程中,普通儿童逐渐接受并认同残疾儿童的特殊性,残疾儿童逐步融入普通群体,并根据自己的特殊性来发展自己。融合教育提倡为所有儿童提供适合的教育,促进每个个体的充分全面发展。融合教育把残疾儿童从可能的生产力状态转化为现实的劳动力,使他们为社会的发展作出应有的贡献,更好地服务奉献社会,促进个体价值的实现。第二,融合教育促进儿童的社会化发展。它促进了儿童观念、行为、智力与能力的社会化,培养儿童的职业意识和角色。

总的来说,(1)融合教育可以让普通儿童感受并践行对残疾儿童的关爱,亲身感受社会人道主义关怀的熏陶,提升自身的道德品质;残疾儿童在

---

① 郝德元,郝天慈.特殊教育[M].北京:首都师范大学出版社,2010:5—7.
② 雷江华.融合教育导论[M].北京:北京大学出版社,2012:97—99.

融合教育的过程中,同样感受到社会对他们的关爱,感受到人道主义的关怀,在接受关爱的过程中关爱他人。(2)融合教育通过社会规范的传递,使普通儿童与残疾儿童共同认识社会规范的意义和内容,从而规范自己的行为,养成良好的行为习惯。(3)融合教育为儿童的智力及能力发展提供了良好的发展平台。对于残疾儿童来说,他们在普通班级中接触到更为丰富有效的教育,促进其各项能力的发展。(4)融合教育不仅关注文化科学知识的传授,还注重生活教育及职业教育,使儿童有能力有信心面对未来生活。

(三)社会的阶层结构有所转变

在传统的结构化的社会中,人们依靠权力、财富、职业、名望等指标进行社会分层。残疾人群体作为一个社会阶层,长期处于固定不变的状态,即使有个别身残志坚的残疾人受到了良好的教育并改变了自身的生存境遇,也不能改变整个残疾人群体的阶层属性。残疾人群体与其他阶层之间在收入、社会地位等方面的差距越来越大;社会的利益分配、权力分配都偏向社会主流群体,致使残疾人群体与社会主流群体之间的矛盾愈来愈大,社会冲突愈演愈烈,导致更多的社会问题,并使残疾人群体越来越受到排斥。

社会排斥主要分为结构性的社会排斥和功能性的社会排斥。[①] 结构性的社会排斥把残疾人受到排斥归因于整个社会阶层结构的不合理所致。然而,社会结构的形成是一个人类在社会交往过程中自然发展的过程,它的形成、发展、变迁和断裂有其自身发展的规律。每一次社会结构的变动,都是由于阶层矛盾的冲突而引发,涵盖着各种力量、利益、权力的对抗和斗争。残疾人所属的阶层,由于其本身的资源不够丰富,也没有能力挤入权力的争斗之中,因而在社会阶层的冲突中,处于社会的边缘地位。[②] 要改变残疾人的生存状态,仅仅依靠改变社会结构是无法完成的。功能性的社会排斥则认为残疾人由于本身的残疾状况而衍生了更多的社会性障碍,他们没有能力为社会贡献力量,是社会发展的包袱,因而受到主流群体的排斥,成为弱势、受歧视的阶层。然而,让主流社会接纳残疾人并不能依靠改变残疾人本身的残疾状态来实现,因为残疾是一种事实状态,不应该成为被社会排斥的原因。因此,应该突破现有的社会分层体系,从多元化的角度认识残疾人的

---

① Clegg, S., & McNulty, K. (2002). Partnership Working in Delivering Social Inclusion: Organizational and Gender Dynamics. *Journal of Education Policy*, 17(5):587—601.

② 安东尼·吉登斯.社会学[M].北京:北京大学出版社,2003:287.

生存状态和教育发展,尤其应以人格、尊严、品格、精神追求、价值观等来评判人的价值。

三、推动社会文明进步

融合教育作为特殊教育发展的必然趋势,不可避免地对社会各系统产生诸多影响,推动着社会的文明与进步。

(一)促进从物质文明到精神文明的转变

第一,发展教育事业是加强精神文明建设的重要措施,而特殊教育是教育事业的重要组成部分。纵观世界各国教育发展的历史,可以看出其遵循如下的发展规律,即从精英教育到平民教育到全民教育。[①] 与之相伴随的是从单纯的财富积累到全面物质文明到社会精神文明的转变。融合教育在全民教育阶段得到重视与推行,彰显了人类精神文明发展的成果。我国当前的社会主义精神文明建设"更加注重公平与正义",融合教育追求的教育机会均等目标是这一理念在特殊教育领域的体现。第二,残疾人文化及其成果的展现对社会发展产生积极的影响,促进社会融合与和谐。2005年春节联欢晚会上中国残疾人艺术团的节目"千手观音"感动了全国的电视观众,残奥会上残障人士的奋勇拼搏体现了残疾人自强不息的精神,给全社会带来积极的影响。融合教育使残疾人群体的文化在最大的范围内发挥其影响力,同时在普通人和残疾人之间形成互帮互助、平等友爱的同伴关系,有力地促进了校园文化和社会文化的创建。第三,精神文明建设离不开多元文化的建设,融合教育是多元文化的重要体现。多元文化"在教育中主要表现在民族、社会阶级与阶层、地域、性别、年龄、同伴群体、残疾儿童等方面的文化形式上的以及多元价值方面的差异"[②]。融合教育倡导民族、种族、社会阶层、地域、性别、年龄等不同维度之间的多元文化融合,是精神文明进一步发展的重要内容。

(二)促进从道德文明到制度文明的转变

让残疾儿童接受平等的教育并非仅仅出于人道主义的考虑,而是他们教育基本权利的直接体现,需要通过制度来加强保障。融合教育的推行也需要制度保障,其发展也必然会推进社会从道德文明向制度文明的转变。

---

① 陈云英等.中国特殊教育学基础[M].北京:教育科学出版社,2004:17—18.
② 郑文芳.美国多元文化与学校健康教育课程[D].北京:首都师范大学,2003:6—7.

第一,制度文明是以一定的文化观念为背景的。融合教育是从特定的文化观念发展而来,并反过来进一步塑造社会观念。如果说文艺复兴以来西方追求平等、自由的社会运动奠定了融合教育的社会文化基础,那么建构主义以及后现代主义思潮的发展则孕育了融合教育的理论基础。[①] 融合的核心价值观念就是平等、个别差异、多元等后现代主义思潮崇尚的基本价值观。融合教育法律政策的制定以及教育实践的开展更是将融合的理念贯穿到了特定的社会价值观念当中。我国融合教育的文化基础并不深厚,制度建设缓慢。正因为如此,我们更应该深入理解融合教育观念,并为社会从道德文明到制度文明的转变提供文化基础。第二,制度文明和法制建设紧密联系。融合教育的发展对特殊教育法律体系提出了新的要求。从西方发达国家的发展经验来看,融合教育的发展需要获得制度的支持,尤其是需要法律体系的完善。加强法律制度建设是进一步推进融合教育的必然要求。

值得注意的是,倡导制度文明建设并不是否定道德文明的作用。制度文明体现的是社会价值观和行为准则,它离不开道德的作用。[②] 融合教育的发展无疑会促进社会从道德文明到制度文明的转变,但这不意味着道德文明的没落,无论是道德建设还是制度建设,都相互影响和补充,都具有重要的意义。

(三)促进生态文明的发展

生态文明是现代社会文明系统的重要组成部分,是指人与自然、人与人、人与社会之间以和谐共生、良性循环、全面发展、持续繁荣为基本宗旨的文化伦理形态。[③] 在融合教育背景下,物质文明与精神文明并重,道德文明与制度文明共生,它们有机协调,形成健全的自我生成机制。第一,残疾人要实现与整个环境和谐共处,这需要依赖于他人对"残疾"的认识和接受程度。在融合教育背景下,残疾只是残疾人作为人的诸多特征中的某一个特征而已,它并不能成为被隔离和被拒绝的标签。接纳残疾需要我们通过智慧、财富、制度和知识等共同构建自我生成的良性生态系统,促进残疾人获得个性的自由发展与幸福尊严。第二,道德在整个生态环境中扮演着重要

[①] 邓猛,苏慧.融合教育在中国的嫁接与再生成——基于社会文化视角的分析[J].教育学报,2012(1):83—89.
[②] 彭树智.两斋文明自觉论随笔(第2卷)[M].北京:中国社会科学出版社,2012:420.
[③] 韩雪风.论生态文明建设[J].探索,2008(1):115.

角色。正是由于传统道德所包含的同情、怜悯、仁爱等价值观使很多残疾儿童避免了被抛弃的命运,使他们得到救济乃至于接受教育。融合教育则赋予新时期的道德观更多新的内容与价值取向。第三,残疾人需要用制度来保障权利。我们发现,在人类的发展过程中,人的生存和发展不是依靠他人的施舍和同情来获得的。权利的保障依靠道德建设远远不够,还需要制度来予以保障。在残疾人的生存和发展过程中,制度起到了重要的保障作用。正是依靠制度的建设,让残疾人的权益保护被纳入法律体系中,人们帮扶残疾人是作为社会的一分子所应该承担的社会责任,有利于实现生态文明的良性发展。第四,在社会中实现人的发展。残疾人始终是社会的人,具有社会性,需要在社会中正常地生活,实现自己的价值。在生态文明的建设中,我们应该尊重残疾人的社会性本质,尊重他们的合法权益,帮助他们实现"人"的存在与价值。

　　社会融合是残疾人实现平等权利和共享发展成果的重要途径,实现残疾人的社会融合是生态文明的追求之一。[①] 只有残疾人群体真正地融入社会,其他社会群体平等地对待残疾人,在心理上认同、行为上互助,形成融洽的交往氛围、和谐的人际关系,生态文明的社会才有可能形成。教育是一种人力资源的开发,教育的资金投入可以产生经济效益。对残疾儿童进行特殊教育和康复训练,能够使他们全面发展,提高文化水平和劳动技能,促使他们从社会物质财富的单纯消耗者变为直接或间接生产物质财富或精神财富的劳动者,成为推动社会前进的积极力量。[②] 融合教育的发展水平受到经济发展水平的制约,同时融合教育能推动经济的发展,经济发展能为融合教育提供物质保障,如融合教育经费的多少将会影响到教师的招募、学生入学的人数、教学的条件与效益等。融合教育的发展可以为经济发展提供合格的人才,不但可以使残疾儿童将来成为自食其力的劳动者,而且可以使残疾儿童通过掌握技能服务于社会,创造一定的经济效益,实现人的权利与尊严。[③] 总而言之,融合教育对残疾人自身、对他人、对社会都有着重要的意义。它能够推动社会阶层的流动、残疾人权利的实现、人和人之间的相互信任和接纳,以及实现生态文明状态下的和谐共生。

[①] 吴文彦,厉才茂.社会融合:残疾人实现平等权利和共享发展的唯一途径[J].残疾人研究,2012(3):34—42.
[②] 朴永馨.特殊教育概论[M].北京:华夏出版社,1995:9.
[③] 雷江华.融合教育导论[M].北京:北京师范大学出版社,2012:93.

本章小结

融合教育对残疾儿童、普通教育学校和特殊教育学校以及社会和谐具有重要的价值和意义。融合教育有利于让残疾儿童获得更为公平的受教育机会,例如可以获得平等入学的机会、接受更高质量教育的机会。融合教育有利于让残疾儿童获得健康的身心发展,例如可以获得健康的生理发展、良好的认知发展和健全的人格发展等。融合教育有利于让残疾儿童获得充分的教育关怀,例如获得自然性关怀、伦理性关怀、制度性关怀等。融合教育也有利于普通教育学校的变革和特殊教育学校的角色功能的转变、教学理念的转变、教学体制的改革等。融合教育还有利于促进和谐社会的构建,让残疾人回归社会主流,推动教育体制一体化的形成,推动社会的转型发展,实现从物质文明到精神文明、从道德文明到制度文明的转变,并最终实现生态文明的发展。

思考题

1. 融合教育对残疾儿童具有什么样的价值和意义?
2. 在推进融合教育过程中,普通儿童受到了什么样的影响?
3. 融合教育对残疾儿童家庭以及普通儿童家庭带来了什么样的价值冲击?
4. 作为社会公民,应该具有什么样的价值观,以及应采取什么样的行动才能推动融合教育的实现?

推荐阅读

1. 申仁洪. 从隔离到融合:随班就读效能化的理论与实践[M]. 重庆:重庆大学出版社,2004.

2. 陈云英等. 中国特殊教育学基础[M]. 北京:教育科学出版社,2004.

3. 雷江华. 融合教育导论[M]. 北京:北京师范大学出版社,2012.

4. Booth T,Ainscow M. From them to us:An international study of inclusion in education[M]. London:Routledge,1998.

5. 邓猛,颜廷睿. 融合教育理论反思与本土化探索[M]. 北京:北京大学出版社,2014.

第四章 融合教育的理论基础

本章导言

　　人类社会的理论与思想并不是一个个单独的、孤立的存在。人类的所有知识都始于对周围世界以及自身不了解的疑问,所有的科学都始于古老哲学对上天、人间一切终极问题的追问。每个人总是尽力保持自身思想的一致性,以避免混乱与自相矛盾。人类社会的整个思想体系也必须保持内在的和谐统一,对于有矛盾的地方不能置之不理,至少要给出临时的解答,以满足人类自身对理论的好奇心,并指导实践。一般而言,我们在思考一种理念何以产生之时,总是会寻找与之相关、逻辑一致的理论基础及其之间的关联。当我们跳出纷繁的实践,认真审视融合教育这一似乎在我国有些超前的思想理念,我们不仅要追问它为什么会存在,为什么会被提出,还要追问它为什么被广泛地接受,并改变了各国的教育体制及特殊教育实践方式,以至于融合教育成为特殊教育的主要发展趋势和实现全民教育的途径。

　　当然,我们在这里无意于回溯融合教育发展的整个历史,本章的核心任务是寻找与融合教育相关的理论。这些理论可能与融合教育理念存在一致性,也可能为融合教育实践提供了基础。本章从三个方面来说明融合教育的理论基础。第一个方面是从宏大的社会哲学思潮中寻找融合教育的理论基础;第二个方面是从特殊教育发展的学科理论基础寻找融合教育的理论基础;第三个方面是目前成熟的理论中那些对融合教育实施具有指导意义的微观理论。

第一节　融合教育的哲学基础

　　每个时代都有每个时代的理想,每个时代都会形成那个时代的人所相信并为之努力的价值体系。融合教育作为一种道德理想,与当今的各种信仰、价值观、理念相互印证与支持,成为当今价值体系重要的组成部分。融合教育来源于西方,能在世界范围内得到认同并生根发芽,主要是因为融合教育在本质上符合现代社会所追寻的具有普世价值的理想。从整体上看,融合教育正是建立在人文主义、后现代主义、社会建构主义三大社会哲学思潮的基础之上的(见图 4-1)。

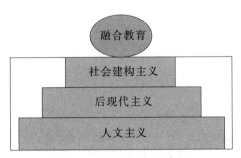

图 4-1　融合教育的哲学基础

一、人文主义

人文主义是文艺复兴时期在新兴资产阶级反封建反教会斗争中形成的思想体系。它主张以人为本,反对神的权威,把人从中世纪的神学枷锁下解放出来;宣扬个性解放,追求现世人生幸福,追求自由平等,反对等级观念,崇尚理性,反对蒙昧。

人文主义是文艺复兴时期西方各国的人文主义者所共有的世界观,具体表现在歌颂赞扬人的价值和尊严,宣扬人的思想解放和个性自由,肯定现世生活的价值和尘世的享乐,提倡学术自由,尊崇理性。[①] 人文主义的核心是提倡人道主义,肯定人的价值、地位、尊严。人文主义对人的赞颂与中世纪特别是与中世纪早期对人的贬抑形成鲜明对照。中世纪神学认为,上帝是全知全能全善的,而人是卑微的,人具有天生的原罪,人唯有靠上帝的恩惠才能得到拯救,而人文主义是对这种宿命论的反叛。[②]

人文主义内涵丰富,要指出的是,在不同的历史阶段,人文主义反对的东西是不一样的。在文艺复兴时期,人文主义反对的是僵化的中世纪基督教思想对人的限制,而现代科学体系建立起来以后它又成为人文主义反对的对象。有趣的是,科学主义在早期还是人文主义的同盟军,科学破除了宗

[①] 吴式颖主编. 外国教育史教程[M]. 北京:人民教育出版社,1999:157.
[②] 同上。

教迷信,为人文主义扫清了道路,而当人们的生活被科学理性钳制之后,这样的同盟就破裂了。其实,人文主义更准确的称谓应该是"人的主义",它主张一切以人的价值为标准,而人的价值可以逐渐扩大,从生存到自由到自我实现。我们相信几乎所有的人生来都具有人文主义情怀,这种人文情怀很多的时候来源于同情心或者同理心,理解处境不利者的痛苦,从人的角度而不是从其他的角度(如效率、稳定)来处理问题。

1961年,科学家在意大利波利诺国家公园内的罗米托岩洞发现了旧石器时代的人类遗体化石。后来科学家发现,在这些人类遗体化石中有一人在20岁时就可能成了残疾人,他曾从高处摔下,导致瘫痪。尽管不能再外出觅食,但他还是生存下来,因为一直有人在照料他。[①] 如果出于效率考虑,照料一个没有觅食能力的同伴显然是不明智的,由此可以发现,同情心根植于人类的基因之中,这或许是人文主义产生的生物学基础。

人文主义作为一种被广泛接受的社会思潮,影响了人类社会的方方面面,当然也包括特殊教育领域。可以说,特殊教育从发展之初就闪烁着人文主义的光辉,即便是在黑暗蒙昧的中世纪,基督教神学中包含的慈善观念所体现的人文精神就催生了特殊教育活动的萌芽。融合教育作为当今被普遍推崇的特殊教育模式,不仅指一种特殊教育的安置形式和策略,还渗透着人文主义精神,这种人文精神不仅包含着对处境不利的特殊儿童予以帮助的意愿,更体现在促进正常儿童和有特殊需要的儿童在平等的环境中共同发展的教育思想。[②]

融合教育的人文精神体现在它平等对待所有儿童的基本理念,认为传统隔离的特殊教育是不人道的。融合教育者认为传统的特殊教育作为"陈词滥调"和"错误的意识"应该完全被抛弃,人们对传统特殊教育的怀念不只是由于缺乏知识和资源,更是由于人们缺乏智慧和美德。[③] 特殊儿童有权利与正常儿童交朋友,这两类儿童若被隔离在不同的地方,"融合"这个目标就不可能实现。普通教育从以前、现在到未来,都把特殊教育的环境当作那些"不可教育的"孩子们的垃圾场,例如,普通教育者们把严重智力发展迟缓的

[①] 范士达.研究发现人类在远古时期已开始照料残疾人[N].工人日报,2013年2月16日.
[②] 陈云英.中国特殊需要在线远程咨询报告[J].中国特殊教育,2004(9):1—7.
[③] Kenneth A. Kavale, Steven R. Forness. History, Rhetoric, and Reality: Analysis of the Inclusion Debate[J]. *Remedial and Special Education*, 2000, 21(5): 279—296.

儿童当成是不可教育的人,这是违背人文精神的看法。因此,为了确保特殊儿童在主流社会中的地位,排除隔离与排斥本身给儿童带来的不利影响,融合教育者们呼吁停止一切隔离的特殊教育设施,这些设施在道德层面上是跟种族隔离甚至跟奴隶制度一样的东西。①

融合教育的人文精神还体现在尽量淡化正常儿童和残疾儿童的区分,关注儿童实际的教育需要。美国盲人协会主席肯尼思·杰尼根(Kenneth Jernigan)认为:"如果失明是一种缺陷(或限制)的话(并且确实是),则它也应该同普通人所具有的很多其他特征一样,被认可和接受。我相信,失明与人所具有的其他上百种特征一样。每个盲人基本上都可以完成职业范围内相应的工作,也会获得(当然,是附有条件的)很多的职业培训和发展机会。"②布莱特(Bereiter)指出:"对任何学习,不论是游泳还是阅读,总有一些学生不需要任何帮助而另一些学生需要大量的帮助。处于教育不利的学生就是那些在学业上需要比普通学生更多帮助的人,他们需要帮助的理由是多方面的,我们可以简单地认为儿童只是在是否需要帮助和为什么需要帮助方面存在很大的差异。"③可见,融合教育从人本主义的理念出发,认为残疾人与常人没有本质区别,残疾本身并无特殊之处,它仅仅是人所具有的无数特征中的某一个特征。所有的儿童都应该一起在普通教室内上课,只是其中的一些儿童在某些时候需要一些额外的帮助而已。

二、后现代主义

后现代主义(postmodernism)是20世纪60年代流行于西方社会的哲学和文化思潮。后现代主义是相对于现代主义而言的,主要用以指称西方后工业社会或晚期资本主义社会新兴的社会文化现象。它显示出与此前的现代主义文化形态明显不同的特性。④ 后现代主义是一个从理论上难以精准

---

① Dorothy K. Lipsky and Alan Gartner. Capable of Achievement and Worthy of Respect: Education for Handicapped Students As If They Were Full-Fledged Human Beings [J]. *Exceptional Children*, 1987, 54:69—74.

② Jernigan, K.. Blindness: Handicap or Characteristic? [J]. The World Blind (World Blind Union), 1966:44—49.

③ Bereiter, C.. The Changing Face of Educational Disadvantage [J]. *Phi Delta Kappan*, 1985, 66:538—554.

④ 赖大仁. 后现代主义与当代文艺发展[J]. 贵州社会科学, 2007(11):70—76.

下定义的概念,后现代主义思想家经常在不同意义上使用这个概念。后现代主义的代表人物大卫·格里芬 David Griffin 认为:"如果说后现代主义这个词汇在使用时可以从不同方面找到共同之处的话,那就是,它指的是一种广泛的情绪而不是任何共同的教条——即一种认为人类可以而且必须超越现代的情绪。"[1]罗森奥(Rosenau)在分析现代主义和后现代主义的不同时说:"现代的信仰寻求孤立的元素和特定的关系并形成系统,而后现代主义者却相反。后现代主义者提供不确定性而非确定性、多样性而非统一性、差异性而非综合性、复杂性而非简单性。他们寻求独特而非一般、上下互动关系而非因果关系、不可重复性而非再次发生的惯例。伴随后现代主义的视角,真理让位给了尝试,社会科学成为一个更谦虚的事业。"[2]

现代主义建立在对事物认识的普遍性和同一性的基础之上。西方哲学从柏拉图开始就试图寻找永恒不变的"理念世界",寻找事物的共同本质,并试图对事物做出同一性的解释。这样的追求造成了对事物多元性和差异性的压抑,导致了占有优势地位群体的"话语霸权"。那些处在边缘地位的群体的声音往往得不到表达,世界的丰富性被冷峻的现代主义话语抹上了灰暗的颜色。

传统的教育深受现代主义文化的影响,表现为:教学以教材为中心,教科书呈现的知识绝对客观,高高在上,不可动摇。教师一方面成为绝对知识的"传声筒",另一方面在教室内完全掌握着话语的权威。学生在教室中只是被动的知识接收者,他们每个人的个性特征不受重视。在特殊教育领域,特殊儿童则被认为不符合普通教室的统一标准而被排斥与隔离在普通教室之外,他们只能在特殊学校和班级中接受教育。融合教育似乎天然地带有后现代主义意蕴,因为要维护特殊儿童在普通教室中存在的合理性就需要建立在对多样性与差异性价值认同的基础上,这正是后现代主义所坚持的核心理念。融合教育认为我们应该将多样性看成是一种"资源"而不是"问题":"始终存在的学生多样性在大多数时候仍被视为一个'问题',而融合教育则要求我们从一开始就必须主动接受学生的多样性,将其视为是一种资

---

[1] [美]大卫·格里芬编.后现代科学——科学魅力的再现[M].马季方译.北京:中央编译出版社,1995:20.

[2] Rosenau, P. M. Post-modernism and the Social Sciences: Insights, Inroads, and Intrusions [J]. Princeton, NJ: Princeton University Press, 1992:8.

源而不是学校和班级发挥其'良好'功能的阻力。"①

1994年特殊教育大会上发布的《萨拉曼卡宣言》提出:"人的差异是正常的。学习必须据此来适应儿童的需要,而不是儿童去适应预先规定的、有关学习过程的速度和性质的假设……每个儿童都有其独特的特性、兴趣、能力和学习需要……教育制度的设计和教育计划的实施要考虑儿童特性和需要的广泛差异。"因此,"普通学校来一次重大的改革……发展一种能成功地教育所有儿童,包括处境非常不利和严重残疾儿童的儿童中心教育学……认识到学生的不同需要并对此做出反应,通过适当的课程、组织安排、教学策略、资源利用以及与社区的合作,来适应学生不同的学习风格和学习速度,并确保每个人受到高质量的教育"②。

可以看出,融合教育尊重不同学生在兴趣、学习方式与速度方面的差异,并期待学校的改革以适应这种差异,这显然体现了后现代主义的价值追求。后现代主义者认为,人当然是有价值的,但人的价值更多的不是在于作为人的一种共同身份,而是在于人与人之间的差异。正是由于人与人之间存在不同,每个人才更有其独特价值。

三、社会建构主义

建构主义(constructivism)也译作结构主义,其最早提出者可追溯至瑞士的皮亚杰(J. Piaget),皮亚杰认为,儿童是在与周围环境相互作用的过程中,逐步建构起关于外部世界的知识,从而使自身的认知结构得到发展。早期的建构更多带有个人主义的倾向,这种个人建构主义的知识观专注于个人获得知识的过程,认为认识不在于客观地把握和表达客观世界,而在于个体妥善地适应客观世界,因而带有知识相对主义的危险性。③ 个人建构主义的最大难题是无法解决公共知识是如何建立起来的这个问题,如果知识是

---

① UNESCO IBE. General presentation at the 48th session of the international conference on education, "Inclusive Education: The Way of the Future". Geneva, November 25—28, 2008. [R/OL] http://unesco.org.pk/education/icfe/resources/res8.pdf, 2012-11-20

② UNESCO. The Salamanca Statement and Framework for Action on Special Education[R]. Adapted by the World Conference Special Needs Education Access and Quality, Salamanca, Spain, June. 1994.

③ 钟启泉.知识建构与教学创新——社会建构主义知识论及其启示[J].全球教育展望,2006(8):12—18.

"内源性"的,带有极强的个人特征,那么人与人之间的交流就会陷入鸡同鸭讲的困境。社会建构主义则更为强调知识的社会性,强调知识来源于社会与群体而不是仅仅来源于个人认知结构。根据1999年剑桥哲学辞典的界定:社会建构主义的一个共性的观点是,某些领域的知识是我们的社会实践和社会制度的产物,或者相关的社会群体互动和协商的结果。[①] 社会建构主义认为,知识是在人类社会范围里,通过个体间的相互作用及自身的认知过程而建构的,是一种意义的建构。同时强调,知识的获得不仅仅是个体自己主动建构的过程,更注重社会性的客观知识对个体主观知识建构的过程中介,更重视社会的微观和宏观背景与自我的内部建构、信仰和认知之间的相互作用,并视它们为不可分离的、循环发生的、彼此促进的、统一的社会过程。[②]

对于社会是如何建构知识的,福柯在他最为重要的著作《疯癫与文明》中有一段精彩论述,解释了为什么人们对于"疯癫"的理解是基于社会文化的。"人们……用一种至高无上的理性所支配的行动把自己的邻人紧闭起来,用一种非疯癫的冷酷语言相互交流和相互承认……在现代安谧的精神病世界中,现代人不再与疯人交流。一方面,有理性的人让医生去对付疯癫,从而认可了只能透过疾病的抽象普遍性所建立的关系;另一方面,疯癫的人也只能透过同样抽象的理性与社会交流。这种理性就是秩序、对肉体和道德的约束,群体的无形压力以及整齐划一的要求。"[③]"福柯在这里要表达的意思是,疯癫在现代被看作一种精神疾病,是整个社会一种共谋的结果,而关于疯癫的知识就在这种社会共谋中产生。疯癫并不是一种生物学意义上的自然现象,而是社会文化的产物。如果没有把这种非理性的现象说成是疯癫的文化历史,也就根本不会有疯癫的历史。

融合教育思想就是建立在"残疾更多的是一种社会建构,而不是生理缺陷"这一核心观点之上,认为造成残疾人能力丧失和生活窘迫的主要原因不在于残疾本身,而是外部障碍造成的,包括经济、政治、文化等方方面面的阻碍。外界障碍的存在使残疾人在社会生活中处于某种不利地位,阻碍了他

---

① 刘保.作为一种范式的社会建构主义[J].中国青年政治学院学报,2006(4):49—54.
② 郑东辉.社会建构主义学习理论述评[J].宁波大学学报,2004(12):35—38.
③ [法]米歇尔·福柯著.疯癫与文明[M].刘北成,杨远婴译.北京:三联书店,2010,前言:1—2.

们权利的实现和能力的发挥。[①] 融合教育理论家莫里斯(Morris)应用这一理论来反对"隔离"的特殊教育:"人们对我们的期望是在以前对残疾人的经验上建立起来的。如果残疾人被隔离,被看成异类,被看成功能不同的人,那么他们永远不会作为完整的社会成员被接受。这是对特殊学校、对隔离的规定最严厉的声讨。"[②]加伯(Gerber)更是直接主张用社会建构理论来对特殊教育进行全面的改造:"社会建构主义认为社会与文化背景不仅影响认知领域,而且反映特定的历史形势。社会建构主义者想要通过重新塑造人们在社会交往中的共同认知的方式来改变政治与意识形态……特殊教育的阻碍并不是来源于社会结构,而来源于由班级或团体支配的知识系统,正是这一知识系统规定了现存社会结构的合法性。社会建构主义认为那些位高权重的群体通过控制语言、标准和科学逻辑系统化地压抑了相对弱势的群体(例如,少数民族、女性、残疾儿童)的自然'声音'和发展潜力[③]。"融合教育者认为特殊儿童的"特殊"是社会隔离与排斥的结果,那些被称作不正常的儿童无论是在普通教室还是在隔离环境中,都被寄予很低的期望,很少被他人需要。如果一个儿童被称为智力发育迟缓,他就会被要求接受一些特殊教育来纠正一些细小的毛病,逐渐地,这些学生,无论智力水平高低,都学会在"特殊"的分类中寻找保护。[④] 因此,融合教育者认为现行的特殊教育体制是社会不公与阶层分化、科学的独断以及处于优势地位阶层独白式叙述与强势的支配的结果[⑤]。有时,隔离的特殊教育还被看成是类似于监狱与奴隶制的体制。由于残疾是一种社会建构,而隔离式特殊教育是这种社会建构的主要方式,融合教育就成了重新认识残疾观念与反抗社会压迫的必然选择。

[①] Skidmore, D. Towards an Integrated Theoretical Framework for Research into Special Educational Needs[J]. *European Journal of Special Needs Education*, 1996, 11, (1),;33—47.

[②] Morris, J.. Progress with humanity? The experience of a disabled lecturer. In R. Rieser & M. Mason (Eds.), *Disability, Equality in the Classroom:A Human Rights Issue*. London:ILEA. 1990:53.

[③] Michael M. Gerber. Postmodernism in Special Education. *The Journal of Special Education*, 1994, 28(3):368—378.

[④] Granger, L., & Granger, B. The Magic Feather [M]. New York:E. P. Dutton. 1986:7.

[⑤] Gerber, M. M. Postmorden in Special Education[J]. *The Journal of Special Education*, 1994, 28(3):368—378.

第二节 融合教育的学科基础

在特殊教育发展的整个过程中,特殊教育总是会从其他学科或知识体系中汲取养分。在不同的历史时期,特殊教育活动所依赖的学科基础也会有很大的变化。一般认为,特殊教育包含两个概念:一是特殊教育科学,二是特殊教育活动。前者是研究特殊教育现象及其规律、原则和方法,以指导特殊教育活动;后者是具体的特殊教育实践。① 特殊教育自20世纪20年代开始逐步发展成为一个需要特定知识与技能的职业领域,形成自己独特的话语体系、概念范畴与研究领域,初步获得独立学科的尊严。② 虽然,特殊教育作为一门独立学科的历史相对比较短暂,但是作为一种实践活动,它的历史就要长得多。在成为单独的、整合的、成熟的特殊教育学科之前,特殊教育活动零敲碎打地以其他发展较为成熟的学科理论为基础也就成为必然。学科产生和发展的过程实际上是学科的分化过程。在这一过程中,学科由比较单一的学科发展为复杂的学科。一般而言哲学是其他各学科之"母",之后是神学占统治地位,最后是多学科分化。③ 而在这样一个学科分化的过程中,特殊教育活动的学科基础也不断变化,最后孕育出融合教育理念,并呈现出多学科的特征。

一、融合教育学科理论基础概述

(一)特殊教育学科理论基础发展历程

1.早期特殊教育活动以神学为基础

在人类文明的早期,人们对于不能够理解的世间万象总是将其归因于某种超自然力量的作用,残疾现象也就经常被理解成神的意志与活动的结果。在苏美尔人的神话中,残疾人是神不当作为的结果。④ 在中世纪时期,基督教提倡慈悲、怜悯,一些基督徒根据耶稣的教义反对杀婴和弃婴⑤,但是

---

① 雷江华.特殊教育理论基础的多维视角辨析[J].中国特殊教育,2012(2):3—7.
② Winzer, M. A. The History of Special Education: from Isolation to Integration. Washington, D. C. : Gallaudet University Press,1993. 210.
③ 孙绵涛.学科论[J].教育研究,2004(6):49—55.
④ 朱宗顺主编.特殊教育史[M].北京:北京大学出版社,2011:3.
⑤ 施密特等.基督教文明的影响[M].汪晓丹等译.北京:北京师范大学出版社,2004:3—39.

由于残疾人在世人眼中的"怪异行为",他们常常被视为"恶魔缠身""受到上帝惩罚"的对象而遭到迫害。奥古斯丁宣称:"恶魔的捕获物只能通过神奇的方法来治疗。"因此,精神异常患者并非医学范畴的精神疾病,而完全被纳入宗教的范畴。① 总之,神学为特殊教育提供了启蒙,促进了特殊教育的早期实践,但是却并没有让特殊教育取得现代意义上的发展。这一时期的特殊教育仅仅是一些修道士的个人慈善行为,带有很强的宗教救赎意味。

2. 自然科学进步促进了特殊教育的发展

14世纪文艺复兴带来的理性之光驱走了中世纪迷信与蒙昧的阴霾,这一时期自然科学取得了突飞猛进的进步,其中医学、心理学、教育学的发展使得人们对残疾的认识不断深入,进而促进特殊教育取得了实质性的发展。这一时期,对残疾的认识逐渐摆脱了神学倾向。人们将残疾视为个体的功能障碍,由生理、心理缺陷所致。人们对残疾的研究以"心理—医学"为特点,关注残疾的病理学根源、行为特点,以及矫正补偿的方法。② 按照残疾的病理特征对残疾的不同类型及某一残疾的亚类型进行严格的区分,促进了特殊教育有效教学方法的发现,也使得传统的建立在严格残疾分类基础上的隔离特殊教育模式得到了确立。③

3. 社会科学发展促使特殊教育从隔离走向融合

从社会科学理论范式变迁的角度来看,如果说文艺复兴、启蒙运动、美国20世纪50年代以来的民权运动等西方对平等、自由的追求的一系列社会运动奠定了融合教育的社会文化基础,建构主义以及后现代主义思潮的发展则孕育了融合教育的哲学理论基础。④ 西方的特殊教育实践经历了隔离式特殊教育体制(特列学校与特殊班)、回归主流、融合教育等阶段。不同阶段的变迁紧扣西方社会科学发展过程中科学与人文、客观与主观主义、实证与建构(解释)主义之间的对立与转换的脉搏。⑤ 17世纪特殊教育诞生以来,

---

① 张福娟等主编. 特殊教育史[M]. 上海市:华东师范大学出版社,2000:15.

② Ballard, K. Researching into Disability and Inclusive Education:Participation, Construction and Interpretation", International Journal of Inclusive Education1 1997,(3),pp. 243–256.

③ 邓猛,景时. 特殊教育最佳实践方式及教学有效性的思考[J]. 中国特殊教育,2012(9):3–8.

④ 邓猛,肖非. 隔离与融合:特殊教育范式的变迁与分析. 华中师范大学学报(人文社会科学版),2009,(7):134–140.

⑤ 邓猛,肖非. 全纳教育的哲学基础:批判与反思. 教育研究与实验,2008,(5):18–22.

实证/经验主义的理论范式一直是特殊教育的主要理论基础，遵循实证科学研究的程序，重视发展客观测量工具（如智力量表等）来诊断残疾或障碍类型与程度，并据此发展相应的具有明显医学特点的缺陷补偿、干预手段和隔离式的教育。[①] 二战后随着西方人本主义思潮的兴起，激进结构主义、新马克思主义以及人类学、人种志方法随之发展。建构主义逐渐取代实证主义成为揭示社会现象、人类经验和客观事实的主要范式。基于建构主义的特殊教育范式认为"特殊教育需要"源于社会分化与分层，是社会不公平现象在特定社会群体身上的复制。建构主义者从激进的人本主义理念出发，注重宏观社会的变革，希望通过社会政治、经济等的改革减少不公平现象，主张特殊儿童从特殊学校（班）逐渐回归主流学校与社会[②]。建构主义对于社会科学的发展有着深刻影响，且与后现代主义哲学范式相互交织，共同为特殊教育提供了宏观的认识论范式基础。[③] 融合的核心价值观念就是平等、个别差异、多元等后现代主义哲学崇尚的基本价值观。

（二）融合教育的多学科特征

学科实质上包括了两个层面：一是学科知识体系。知识体系确立了学科的知识核心，如特有的研究对象、基本理论假设、公认的专门术语和方法论、代表性人物和经典著作等。二是学科建制。学科建制是指确立学科地位和确保学科研究活动展开的制度因素，具体包括专业研究机构、研究群体、专业人员培养体系、学术刊物、学术协会和会议等。[④] 我们在这里讨论的是学科的第一个层面：融合教育作为一种知识理论体系所具备的特征。

特殊教育学是一门多学科、多层次相互交叉和渗透的综合性学科。从特殊教育历史发展的角度看，特殊教育在神学、社会科学和自然科学中都能找到理论的来源。特殊教育可能是教育学科中最具有综合性和交叉性的分支。特殊教育不仅仅涉及有效教学方法的发现，更期待社会文化的变迁、教育体制的改造，也需要医疗康复技术的辅助。来自医学、心理学、教育学等

---

① Skidmore, D. (1996). Towards an integrated theoretical framework for research into special educational needs. *European Journal of Special Needs Education*, 11 (1), 33—47.

② Ballard, K., 1997. Researching into disability and inclusive education: participation, construction and interpretation, *International Journal of Inclusive Education* 1 (3), 243—256.

③ Gerber, M. M. (1994). Postmodernism in special education. *The Journal of Special Education*, 28 (3), 368—378.

④ 王珺.学科制度视角下的"妇女学"[J].妇女研究论丛(增刊),2005(1):101—103.

学科的理论奠定了特殊教育学科最核心的理论基础,语言学、哲学、人类学等学科也为特殊教育提供养分,近代脑科学研究和电子计算机学也被特殊教育所利用。特殊教育专业基础学科包括特殊教育学、特殊儿童心理学、特殊儿童评价学、特殊儿童语言学、特殊儿童病理学、特殊教育史、比较特殊教育学、特殊教育管理学、特殊教育哲学、特殊教育社会学、特殊教育科研方法等学科。特殊教育专业的专业学科从不同的特殊教育对象出发,分别有智力落后儿童教育学、听觉障碍儿童教育学、视觉障碍儿童教育学、学习困难儿童教育学等;从教育的层次来看包括学前特殊教育学、初等特殊教育学、中等特殊教育学、高等特殊教育学;从教育的对象看,有特殊成人教育学和特殊青少年教育学、特殊儿童教育学;从特殊教育的内容看,有特殊儿童心理健康教育、特殊儿童德育、特殊儿童智育、特殊儿童劳动教育、特殊儿童体育等。①

融合教育作为特殊教育学的一个重要的研究领域同样具有多学科交叉的性质,除了特殊教育侧重的医学、哲学、语言学、心理学等学科之外,融合教育在宏观领域侧重社会与文化变迁依赖社会学、政治学和文化学的理论基础,在微观领域侧重人与人之间的互动和教学策略依赖于社会心理学、行为科学、教育学等理论基础,在中观领域侧重学校体制变迁和功能改变依赖于组织学、管理学、生态学等理论基础(见图4-2)。

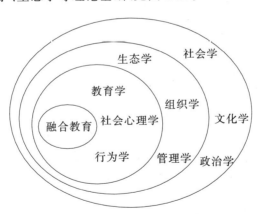

图4-2 融合教育的多学科基础

---

① 雷江华. 中国特殊教育学学科论初探[J]. 华中师范大学学报(人文社会科学版),2005(4):132—136.

（三）融合教育需要独立的理论体系

学科是新旧知识更替的专门化领域，学科的发展要经历从孕育、发生、成长到成熟的阶段。① 特殊教育学属于发展中而非成熟的学科，学科的系统性与完整性有待加强。特殊教育学作为一个学科的发展历史仅仅不到一百年，初步形成了一定的理论体系。特殊教育理论范式从隔离走向融合、从医学—心理学模式走向社会学—教育学模式、从"残疾"走向"特殊教育需要"等。朴永馨教授认为马克思主义指导下的缺陷补偿理论是中国特殊教育理论的基础，并提出了三因素（生物、社会、意识）补偿理论。② 融合教育的发展历史更为短暂，从20世纪80年代正式提出融合教育的理念算起仅约40年。融合教育如今的发展更多地依赖于其他学科作为其理论来源，从全球范围来看，融合教育普遍存在着自身理论匮乏的现象。融合教育作为特殊教育未来的发展趋势与学科重要的研究领域，需要在不断的发展过程中逐渐建立自身独立的理论体系。陈云英博士指出，特殊教育学科一方面是从其他学科借来的，另一方面随着人类对特殊教育活动与现象认识的深化，学科内容与概念体系不断丰富，形成特殊教育学科自己的相对独立和独特的专业理论与知识领域。③ 融合教育在实践过程中面临着很多特殊的问题，与以往普通教育和隔离特殊教育需要解决的问题大不相同。在特殊教育学形成自己的独立学科的同时，融合教育作为其理论体系重要的组成部分，需要形成独立的理论体系，这样才能形成自身的概念体系和方法体系，解决自身独特的问题。

二、融合教育与其他学科的关系

（一）教育学是融合教育的核心理论基础

特殊教育学是教育学的分支或子学科，即教育学一级学科下的二级学科。融合教育是特殊教育的发展趋势，当前学界讨论的焦点已经从"是不是应该实行融合教育"转移到"怎样有效实施融合教育"的问题上来。融合教育实施最为核心的问题是，如何让所有儿童在主流班级中提高学业成就，得

---

① 刘贵华.泛"学科"论[J].现代大学教育,2002(2):75—79.
② 肖非,刘全礼,钱志亮.本土化的特殊教育研究:朴永馨教授学术思想探微[J].国家教育行政学院学报. 2007(5):3—10.
③ 陈云英.建构特殊教育理论[J].中国特殊教育[J],2003(1):1—7.

到全面发展。解决这一问题的方法并非来源于康复训练或者仅仅将特殊儿童安置在平等的环境中,而有赖于教育理论指导下有效的教育策略;通过教育的力量来让所有儿童获益,是融合教育的理想。因此,虽然融合教育可以从许多学科中汲取理论养分,但归根结底融合教育的发展需要建立在教育学的理论基础上,站在教育的立场上解决问题。所谓教育的立场就是在研究教育问题时,能够自觉或自动地从教育学的视野出发,以相应的思维方式,运用特有的概念表达方式分析教育问题,得出教育的知识和结论。[①] 必须站在教育的立场上对其他学科的知识进行必要的过滤、筛选、整合和转化,使之为教育所用,变成教育学的知识,为教育实践服务。[②] 教育学的立场是追求如何影响人、培养人,它本质上是一种黑箱理论,它不追求精确地认识黑箱的运行机制(心理与神经过程),而更追求成为一种反思性的实践理论,通过不断尝试形成一种总体教育过程的理解。

从历史的发展角度看,特殊教育经历了从神学模式到医学模式到逐渐走向教育模式的过程。教师是融合教育的实施者,他们应该了解多学科的理论知识,但是最终他们应按照教育的方式来解决问题。融合教育的发展反过来能够进一步促进教育学独立学科地位的形成与发展。心理学在很大程度上理解的是一般学生的心理特征,当面对更为特殊的教育对象时,一般的心理学理论缺乏有效的解释力。对特殊儿童,需要更加专业的特殊教育者给予帮助与指导。因此,融合教育最核心的理论基础应该是教育学,融合教育作为特殊教育的重要领域应该站在教育立场上将其他学科范畴纳入其中,而不是被其他学科同化。

(二)融合教育中医学应发挥的作用

当今时代,残疾越来越被当作是一种社会建构而不是生理缺陷,然而,在融合教育的实际操作中,仅仅依靠不将残疾当作病理缺陷的观念并不能解决特殊儿童在教室内有效学习的问题。科学技术在很大程度上促进了实施融合教育的可能性。例如,为视障的儿童提供"放大器",为耳聋的儿童提供助听器或者植入人工耳蜗。随着科学技术的发展,很多"残疾"都有可能被治愈,人类基因组计划如果能够获得全面的成功,那么更多的残疾是可以避免和消除的。

---

① 叶澜.立场[M].南宁:广西师范大学出版社,2008:82.
② 冯建军.论教育学的生命立场[J].教育研究,2006(3):29—34.

融合教育反对从医学的角度看待残疾,但实施融合教育不能完全抛弃医学的理论支持,而需要我们看待医学的方式有所转变,并限定医学发挥作用的范围。融合教育面对医学的态度应该坚持以下几点:第一,摆脱医学模式。医学模式在融合教育实践中根深蒂固,即便将特殊儿童安置在普通教育环境中,给予他们的教育依然像某种"治疗"。这里应该从思想上重新建构特殊儿童的观念,不将融合教育看作是神秘晦涩的东西,而应该将所有儿童都看作是教育对象,只是由于他们的需要不同而需采取不同的教育方式。正如美国特殊教育学者柯克(Kirk)所言:医学的终点就是教育的起点。教师们不应该过多考虑医疗康复的问题,不要将特殊儿童当成病人,而要把他们当成学生,寻找教育上改进的方法,而不是进行医学上的归因。第二,将医疗康复融入教育中,而不是将教育方法医学化。很多学校会将特殊儿童抽出来进行康复训练,但却不明白,并非所有残疾儿童或在所有时候都需要康复训练;康复训练只是特殊教育的支持部分,并非主体。融合教育必须以教育为根本立场,康复训练应该被纳入个别化教育计划,在教育活动中完成;例如,大动作训练可以融入体育教学中,精细化的拧螺丝,完全可以在乐高游戏中完成。第三,医学在早期诊断、早期干预和医疗技术辅助中发挥作用。我们要消除的是一种从医学的角度看待"特殊学生"的思想倾向,而不是医学本身。医学应该被限制在它可以发挥作用的范围内,这样才能够从多方面为特殊儿童提供帮助。

(三)社会学为融合教育提供伦理基础

社会学研究最核心的目的是要发现社会是如何对人产生影响的,进而发现社会制度中不合理与不公正的部分并加以改进。特殊教育之所以能够从隔离走向融合,很大程度上归功于社会学理论的贡献。社会学从社会的角度而不是个人的角度来看待残疾,认为不公正的社会制度才是造成残疾的罪魁祸首,而改造社会制度才是"治疗"残疾的有效途径。奥利弗(Oliver)指出:残疾政策理论模式从个体或社会的角度来看可以分为"个人悲剧"(Personal tragedy theory)与"社会压迫"理论(Social oppression theory)。"个人悲剧"理论视残疾为个人的身体或心理问题,与宏观社会、经济结构无关,因而不是公共政策即社会科学研究的主要议题;近年来,越来越多的人转而支持"社会压迫"理论,认为残疾人是遭受社会压制的"少数群体",他们不能全面参与社会生活的原因不是个人残疾所致,而是强加给他们的社会限制以及与之相关的歧视与排斥观念。① 以社会学中"社会排斥"(Social exclusion)的概念为例,从社会排斥的角度来看,残疾是处于社会边缘,无法获得物质资源,无法正常参与社会生活的状态。残疾不是个体的生理机能缺陷,而是一个"社会建构"(Social construct)的过程,即残疾是由于社会的不平等与社会机制的缺陷导致的。② 社会对残疾人的排斥是一个全球性的问题,残疾人因功能缺失等原因在观念、人格尊严、教育、就业等各方面受到社会排斥,其结果就是导致一种社会不公平。③ 残疾人对社会生活的平等、全面地参与是实现社会公正理想的有效途径。④

从社会排斥角度出发,我们更容易发现残疾人悲惨生活的真正来源。对残疾人来说,生理上的病症诚然会影响他们的生活,但是社会的排斥与歧视可能更是造成残疾人生活悲惨的主要原因。社会排斥的视角为融合教育提供了一个追求社会公正的可靠的伦理支点。首先,反对社会排斥是人们价值标准中的固有部分,它自身就有价值,不需要通过对别的有价值的事情起促进作用而显示其重要性。也就是说,消除社会排斥有助于残疾人免受贫穷、歧视的困扰。即便消除社会排斥并不能完全达到这些目的,也是有意义的。因为对残疾人来说,能够免受排斥而有机会参与到正常的经济、政治与主流文化生活中本身就满足了他们的社会心理需要。同理,作为教育领域反对社会排斥的实践,融合教育的"零拒绝"安置方式本身就具有伦理上的正当性。其次,社会排斥的概念为我们解决残疾问题起到了汇聚伦理认同的作用。对绝大多数人来说,"社会排斥就意味着不平等"是易于理解与接受的价值观念。社会排斥的现象是普遍存在的,每个人都会由于自己的性别、年龄、种族、工作、社会地位等原因遭受不同程度的歧视与排斥。从社会排斥的视角出发,人们看待残疾人不再是作为局外人给予适当的同情,而是作为局内人一样感同身受。因此,融合教育并不仅仅是一种安置方式,实

---

① Oliver, M. (1986). Social Policy and Disability: Some Theoretical Issues[J]. *Disability, Handicap & Society*, 1(1), 5—17.

② Sleeter, C. E. Learning Disabilities: The Social Construction of a Special Education Category. *Exceptional Children*, 1986(53): 46—54.

③ 周彩姣,李湘. 论残疾人的政治参与[J]. 湖北社会科学,2009(9):31—35.

④ Duvdevany, I., Benzur, H., Ambar, A. Self-determination and Mental Retardation: Is There an Association with Living Arrangement and Lifestyle Satisfaction? [J] *Mental Retardation*, 2002, 40(5):379—389.

施融合教育同时也意味着关注之前被教育体制排斥的边缘人(少数民族、女童、外来人等),也意味着关注之前被忽视的每个学生身上的特殊教育需要。

(四)融合教育应以心理学为基础

心理学作为特殊教育的基础已有很长的历史。当特殊学生表现出差异的学习能力、行为或情绪的时候,人们往往倾向于寻找这些学生与众不同的心理特征。例如,聋生倔强,智力落后儿童情绪不稳定,肢体残疾学生不合群等。这些心理特征总是与特殊学生的生理特征紧密相连,他们的一切个性特征因此就被打上了"不正常"的病理标签。我们需要提出这样的疑问:这些所谓的心理特征是否真的存在,即便这些学生普遍存在这样的心理特征,那么是否就可以归因为他们的生理缺陷呢?社会心理学为我们认识这些所谓"异常"提供了新的理论视角,社会心理学倾向于寻找这些心理现象的社会因素,而不是个体因素。如果残疾学生表现出不合群或者心理阴郁,那很有可能是由周围的社会人际环境造成的。一个正常学生每天遭受别人的歧视与排斥,每天都无法与他人顺利交流,也会有类似的心理问题。社会心理学中的符号互动理论认为,人们是在具体的社会环境中,在与他人交往的过程之中获得自我概念的。一个人对于自我有一种明确的想象涌现在自己心中,他所具有的这种自我感觉取决于别人对自己的态度和看法。人们一旦获知了他人对自己的评价,便会不由自主地按照他人的看法对自己做出反应,从而形成了自我概念,可以称之为"反射的自我"或"镜中我"。[①] 例如,如果主流社会认为残疾人是悲惨、无用、懒惰、心理阴暗、依赖的,就会影响到残疾人对自我的认知,让他们对自身形成消极评价,让他们感到自己不再有能力,自己不再有价值。相对于生理上的缺陷,残疾更意味着承担着一种难以摆脱的社会角色。对一个在某一方面有残疾的人来说,他要学习的行为必须是社会可接受的行为。[②](Stone)以盲人为例,阐明了失明是一种社会角色的观点。"盲人所特有的生活态度和行为模式并非失明这种残疾所固有的,而是通过再普通不过的社会学习过程所获得的。因此,失明本身不会使盲人变得依赖、忧郁和无助,这种残疾本身也不会使盲人变得独立和

---

① 袁钰,陈亚平,许继红等. 现代社会理解论[M]. 北京:中国时代经济出版社,2010:44.
② J. C. Rothman. 残疾人社会工作[M]. 上海:华东理工大学出版社,2008:96—97.

自信。盲人是由我们所有人都要经历的社会化过程所塑造的。"①总之,融合教育的心理学基础应该是社会心理学,以前的强调个人归因的心理学无法与融合教育理念相适应。

第三节　融合教育的微观理论基础

目前有很多成熟的具体理论与融合教育理念相契合,可以直接用来指导融合教育实践。举例来说,与发现学生特殊教育需要相关的理论有:多元智能理论、学习风格理论、气质类型理论等;与融合教育中的行为管理相关的理论有:认知归因理论、行为干预理论、生态理论、积极行为支持理论等;与融合教育教学实施相关的理论有:建构学习理论、最近发展区理论、大脑本位教学理论、活动教学理论、合作学习理论等。本节主要选取比较常用的三种理论进行介绍:多元智能理论、建构学习理论、合作学习理论。

一、多元智能理论

多元智能理论(Multiple Intelligences)又称"多元智力理论"。传统的智能理论认为人类的认知是一元的、个体的智能是单一的、可量化的,而美国教育家、心理学家霍华德·加德纳(Howard Gardener)在1983年出版的《智能的结构》一书中提出"智能是在某种社会或文化环境或文化环境的价值标准下,个体用以解决自己遇到的真正的难题或生产及创造出有效产品所需要的能力"。加德纳认为,智能是一种计算能力,即处理特定信息的能力,这种能力源自人类生物的和心理的本能。人类具有的智能,是一种解决问题或创造产品的能力。这些问题的解决和产品的创造,为特定文化背景下的社会团体所需要。解决问题的能力,就是能够针对某一特定的目标,找到通向并实现这一目标的正确路线的能力。文化产品的创造,则需要获取知识、传播知识,并表达自己的结论、信仰或感情。② 多元智能理论本身就是按照生物在解决每一个问题时本能的技巧构建而成的。需要注意的是,实际解决某种特定形式的问题的时候,生物的本能还必须与这个领域的文化

---

① Stone, K. G. Awakening to Disability Nothing about Us without Us [M]. *Volcano*, *CA*: *Volcano press*, 1997:14.
② [美]霍华德·加德纳编著. 多元智能新视野[M]. 北京:中国人民大学出版社,2008:7.

教育相结合。如语言是人类共同拥有的技能,但在一种文化背景下可能以写作的方式出现,在另一种文化中可能以演讲的形式出现,在第三种文化背景下说不定就是颠倒字母的文字游戏。① 因此,在加德纳看来,智能与一定社会和文化环境下人们的价值标准有关,这使得不同社会和文化环境下的人们对智能的理解不尽相同,对智能表现形式的要求也不尽相同。另一方面,智能既是解决实际问题的能力,又是生产及创造出社会需要的产品的能力。②

通过以上阐述的"多元智能理论"的基本内涵,我们会发现大众对这一理论的理解停留在一个表面化的、望文生义的层次上。通常多元智能理论仅仅被理解成反对基于智商测试的简单一元论智能理论。多元智能就是智能有好多种类,每个人都至少具备语言智能、数理逻辑智能、音乐智能、空间智能、身体运动智能、人际交往智能和自我认知智能,后来,加德纳又添加了自然主义智能和存在主义智能(见 4-3 图)。基于这种理解,那些所谓智力落后学生可能数学不是很好,但是却在音乐上有一定的天赋,因此要发掘他们的音乐潜能。这样的理解往往将实践引向歧途,多元智能理论变成了发掘特殊儿童在某一方面的特殊才能的理论基础。然而,实际上这些"多元"的智能是加德纳在研究基础上的一种筛选,他发现这些智能在解决实际问题中扮演重要的角色,而不是一定表明每个人的智能就是这些多元智能不同高低的组合形式。

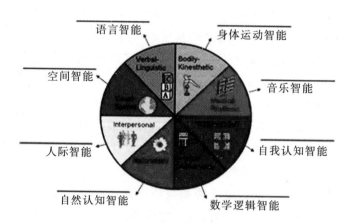

图 4-3 多元智能的结构

---

① [美]霍华德·加德纳编著. 多元智能新视野[M]. 北京:中国人民大学出版社,2008:7—8.
② 王学,刘春梅主编. 外国教育思想发展史[M]. 北京:中国物价出版社,2003:516—517.

多元智能理论之于融合教育的意义是:我们在主流学校中的教育应该考虑到我们的文化背景和每一个儿童解决实际生活问题的能力。融合教育提供一个具体的情景让特殊儿童和普通儿童学会彼此相处,让教师重新理解智能的意义。多元智能理论在实践中是与"生活化"教育相关的。当然这里的生活化教育并不仅仅指具体的生活技能,而是在生活的情景中解决问题的能力。在整个教育的过程中,人们不应该以成绩的好坏和智商的高低作为评判标准,更为可靠的标准是一个儿童在面临自己遇到的障碍之时,如何来应对与解决,并在这样的过程中逐步提高自己的"智能"。在这里,智能的文化含义发生了变化,智能不再是固着在一个人身上不可变化的标签,而成为一个可以不断变化的因素。因此,多元智能理论就打破了传统隔离教育所宣称的"特殊儿童由于智能不足,不能在普通学校接受教育"的陈词滥调,而是作为一种文化概念的智能内涵的变更与解决实际问题能力的培养。

二、建构主义学习理论

在社会科学领域,尤其是在教育界,建构主义成为20世纪90年代以来一种非常有影响的学术思想,被誉为"当代教育心理学中的一场革命"。[①] 建构主义学习理论是继行为主义、认知心理学之后学习理论的进一步发展,强调知识学习的内在生成及主动建构活动,寻求学习知识的新路径。[②] 建构主义学习理论关注如何以原有的知识经验来构建知识以及知识构建过程中的主动性、创造性等问题。[③]

建构主义对知识的理解坚持两个观点:第一,知识是相对的。建构主义者认为知识并不是对现实世界的客观反映和准确表征,它只不过是人们借助于符号系统对客观现实作出的一种解释、一种假设,它并不是问题的"最终答案",知识不是一劳永逸的、静止不变的,知识有其发展性、演化性,人类只能逼近而永远不可能得到最终答案,因此,知识并不是绝对的真理,而是一种相对的解释、临时性的答案。第二,知识具有主观性。虽然建构主义者不否认世界的客观性,但知识不可能以实体的形式存在于具体个体之外,而总是内在于主体,每一个学习者都会对知识有不同的理解,事实上人们都在

---

① 陈琦,刘儒德主编.《当代教育心理学》[M].北京:北京师范大学出版社,1997.97.
② 王振宏,李彩娜主编.教育心理学[M].北京:高等教育出版社,2011:162.
③ 鲁忠义,白晋荣主编.学习心理与教学[M].石家庄:河北人民出版社,2004:99.

以自己的方式认识和解释世界,因为每个人的主观世界不同,结果每一个具体的个体对世界的解读实际上也是不一样的。①

正是由于知识是相对的,那么学习就不是接受代表真理的绝对知识的过程;正是由于知识具有主观性,那么学习就不是促使所有学生用同样的方式认识和解释世界的过程。因此,建构主义者认为学习的过程包括两方面的内容:第一,学习者的已有的知识背景是理解新知识的"桥梁"。建构主义者都重视学生脑海中已有的认知结构在学习新知识过程中的作用。他们认为学生脑海中已有的认知结构在同化新知识的过程中主要是起到一种"桥梁"作用,用奥苏贝尔(Ausubel)的话说,主要是起到一种"先行组织者"的作用,以便将新知识准确而有效地放入已有的认知结构中,以提升原有的认知结构。简言之,学习的过程要考虑到每一个学习者不同的知识背景和认知结构。第二,学习是一个意义建构的过程。学习不是被动地接收信息刺激,而是主动地建构意义,是根据自己的经验背景,对外部信息进行主动的选择、加工和处理,从而获得自己的意义。外部信息本身没有什么意义,意义是学习者通过新旧知识经验间的反复的、双向的相互作用过程而建构出来的。因此,学生脑海中已有的知识背景在学习新知识时不但能起"桥梁"作用,而且会深深影响到学生建构什么样的新意义。换言之,在建构主义者看来,正是由于不同学生脑海中原有的知识背景不同,才导致他们即便在同一课堂中同时接受同一个教师的教学,不同学生也会建构出不完全相同甚至完全不同的意义。② 综上所述,建构主义之于传统学习理论的核心区别在于:建构主义学习理论强调学生对知识的主动探索、主动发现和对所学知识意义的主动建构,可以说,建构主义重新发现了"学习者",将学习的权利交还学生的手中。

建构主义学习理论为融合教育提供了基础:如果每一个人的学习过程都是根据自身已有的知识经验主动地建构意义的过程,那么,在主流教室中教育所有的儿童就是理所应当的。这里的基本逻辑是,无论是智力落后、自闭症或是聋人,他们都有独特的知识经验和认知结构,这些并不是他们在主流学校学习的障碍,而与其他学生一样是他们学习的基础。虽然由于这些知识经验与认知结构的不同,他们可能并不会获得完全一样的认识与解释

---

① 汪凤炎,燕良轼主编. 教育心理学新编[M]第3版. 广州:暨南大学出版社,2006:261.
② 同上书,2006:261-262.

世界的方式,但这是无可厚非的,因为没有两个人会获得同样的认知结构。只要根据自己的知识经验获得的意义是可以应对世界的,是可以与他人交流的,那么就达到了学习的目的。如果做一个比喻,主流教室的学生就是花圃里不一样的植物,教师作为园丁只是负责照料它们按照自己的方式生长,而不是期待它们长成一个模样。教师在这里需要学会的是,了解每一个孩子的认知基础,关注每一个孩子学习成长的方式,鼓励他们主动积极地探究世界,建构意义。

三、合作学习理论

应对普通教室中日益多样化的学生是实现融合教育的巨大挑战。有一种观点认为我们应该将多样性看成是一种"资源"而不是"问题":"始终存在的学生多样性在大多数时候仍被视为一个'问题',而全纳教育则要求我们从一开始就必须主动接受学生的多样性,将它视为是一种资源而不是学校和班级发挥其'良好'功能的阻力。"[1]如果在实际中真的可以将学生的多样性转化成资源的话,那么融合教育的可行性就大大提高了。合作学习理论为我们提供了将问题转化成资源的理论视角。

合作学习的思想源远流长,在中西方都能找到源头。《诗经·卫风》中提出"有匪君子,如切如磋,如琢如磨";《学记》中提出"相观而善谓之摩","独学而无友,则孤陋而寡闻"的思想。亚里士多德认为营造一种合作式的宽松的学校气氛,能激发人求知的本性,有利于人潜能的发挥。文艺复兴时期的教育家夸美纽斯也提出,学生不仅可以从教师的教学中获得知识,还可以通过别的学生获取知识。现代合作学习(cooperative learning)是20世纪70年代初兴起于美国,并在70年代中期至80年代中期取得实质性进展的一种富有创意和实效的教学理论与策略。由于它在改善课堂内的社会心理气氛、大面积提高学生的学业成绩、促进学生形成良好非认知品质等方面实效显著,很快引起了世界各国的关注,并成为当代主流教学理论与策略之一,被人们誉为"近十几年来最重要和最成功的教学改革"。[2] 合作学习的代

---

[1] UNESCO IBE (2008). General presentation at the 48th session of the international conference on education, "Inclusive Education: The Way of the Future". Geneva, November 25—28, 2008. [R/OL]http://unesco.org.pk/education/icfe/resources/res8.pdf

[2] 王坦.论合作学习的基本理念[J].教育研究,2002(2):69—72.

表人物约翰逊(D. W. Johnson)曾指出合作学习的重要性:"教师的一切课堂行为,都是发生在学生—同伴群体关系的环境之中的。在课堂上,学生之间的关系比任何其他因素对学生学习的成绩、社会化和发展的影响都更强有力。但课堂上同伴相互作用的重要性往往被忽视。学生之间的关系是儿童健康的认知发展和社会化所必须具备的条件。事实上,与同伴的社会相互作用是儿童身心发展和社会化赖以实现的基本关系。"[1]

合作学习理论建立在以下五个理论基础之上[2](见表4-1)。

表 4-1 合作学习理论的理论基础

社会互赖理论	积极合作产生促进性互动,群体成员会彼此鼓励和促进学习上的努力。
选择理论	学校的失败不在学术成绩方面,而在培育温暖、建设性的关系方面,这些关系对于成功是绝对必要的。
发展理论	儿童间的合作活动之所以能够促进成长,是因为年龄相近的儿童可能在彼此的最近发展区内操作,表现出较单独活动时更高级的行为。
精制理论	精制的最有效方式之一是向他人解释材料。在学业成绩方面,教者与被教者均能从中受益。
接触理论	人际间的合作能提高小组的向心力及友谊。合作性的关系,能促进学习,增强学习效果。

从合作学习的内涵与理念上来看,合作学习是将融合教育中学生多样性转化为资源的有效教学形式,同时也是促进特殊儿童社会融合,消除他们融入主流学校过程中遭遇文化观念阻碍的有效方式。在以往的教育中,合作学习并未受到应有的重视。由于教育工作者认为,学生之间的相互作用是没有什么好处的,所以没有人主张对这种关系加以建设性的利用,也就不去系统地训练学生们相互交往所必备的基本社会技能。毫无疑问,成人与儿童双边活动的教和学观点,低估了课堂上学生与学生相互作用和关系的重要作用。[3] 对融合教育而言,这些以往被忽视的学生与学生之间互动的作

---

[1] 詹姆斯·H.麦克米伦.学生学习的社会心理学[M].北京:人民教育出版社,1989.142.
[2] 王坦.合作学习简论[J].中国教育学刊,2002(2):32—35.
[3] 詹姆斯·H.麦克米伦.学生学习的社会心理学[M].北京:人民教育出版社,1989:142.

用,在面对融合班级中学生多样性之时是必然的选择。在某一方面学习较好的学生通过给其他学生讲解,自身知识也得到了精致化,学生之间合作产生的亲密关系使得学生们能在更为温暖的环境中学习,同时也促进了不同学生之间的交流与融合。合作学习在融合教育领域必将成为最为核心的教学方式。

本章小结

本章从三个方面讨论了融合教育的理论基础。第一节讨论了融合教育的哲学基础。融合教育作为一种哲学社会思潮,首先发端于人文主义哲学,主张人与人之间的平等,强调每个人拥有同样的权利,尊重每一个人的价值。后现代主义是人文主义的新发展,它不仅看到人的价值,而且看到差异是普遍存在并且是有价值的。社会建构主义属于后现代主义的一部分,认为残疾不是病理缺陷,而是一种社会建构。融合教育正是建立在这三个层层递进的社会哲学基础上。第二节讨论了融合教育的学科基础。从历史上看,特殊教育的学科基础随着人类知识的更新而不断地发生变化,发展到融合教育阶段表现出多学科基础的特征。虽然,学科之间的综合是现代科学的发展趋势,但融合教育的多学科基础特征更为明显,其范围横跨自然科学、社会科学、人文科学领域中的大量学科。其中,教育学、社会学、医学、心理学等学科是融合教育最为重要的理论基础。第三节讨论了对于融合教育有直接指导意义的具体理论。目前有很多成熟的微观理论并不是产生于融合教育实践,却与融合教育理念相契合,可以直接用来指导融合教育实践。多元智能理论、建构主义学习理论、合作学习理论都在融合教育实践中有广泛的应用。

思考题

1. 社会建构主义认为残疾是一种社会建构的产物,你是如何理解这一观点的?请举出具体的例子来说明。

2. 为什么要站在教育的立场上来看待特殊儿童的融合教育?从医学的观点来看待残疾并实施融合教育会有什么样的后果?

3. 请大家简单概括第三节提出的三种具体理论的核心观点。除此之外,请查阅文献寻找还有哪些成熟的理论可以用来指导融合教育实践。

推荐阅读

1. [法]米歇尔·福柯著.刘北成,杨远婴译.疯癫与文明[M].北京:三联书店,2010.

2. 朱宗顺主编.特殊教育史[M].北京:北京大学出版社,2011:12.

3. 叶澜.立场[M].南宁:广西师范大学出版社,2008:82.

4. [美]霍华德·加德纳编著.多元智能新视野[M].北京:中国人民大学出版社,2008.

5. 詹姆斯·H.麦克米伦.学生学习的社会心理学[M].北京:人民教育出版社,1989.

6. 邓猛,肖非.特殊教育学科体系探析[J].中国特殊教育,2009(6):25—30.

7. 邓猛,颜廷睿.融合教育理论反思与本土化探索[M].北京:北京大学出版社,2014.

第五章 融合教育与学校改革

本章导言

作为北京市朝阳区素质教育示范校,新源西里小学是幸福村学区一所非常特殊的学校,在北京市乃至全国都有一定的影响。学校一校两制,既有普通教育,也有特殊教育;既有中国的孩子就读,也有外国的孩子慕名前来。在多年的办学实践中,学校以融合教育理念为指导,先后经历了三个不同的发展阶段,通过优化育人环境、优化学校管理、优化师资队伍、优化办学条件,以创新特色课程为载体,以申办示范校为契机,推进了普教与特教的融合发展,"普教出精品,特教出特色,师生共发展,学校成典范",实现了教育优质化发展,成为融合教育这一新的办学模式的典范。这就是北京市朝阳区新源西里小学模式。

北京市朝阳区新源西里小学是一所"特殊"的学校,也是一所具有标志意义的学校。走近新源西里小学,可以清晰地看到,镶嵌在学校大门中间部分的校徽别具匠心,两片绿色的花瓣是两个把手,象征新源西里小学普特并存的办学模式,打开大门寓意着老师们张开双臂拥抱所有的孩子。

走进校门,以"同享蓝天"主题文化墙为背景、以凉亭和养殖园为主体的"生态园",给人耳目一新的感觉,寓意普、特教学生在这里同享生命、共享蓝天的美好愿望和共同成长的教育理念;在教学楼内,四个楼层的教育主题围绕"融合"教育的理念进行设计,每层楼道都有自己的主题;操场东侧的运动走廊具有很深的文化内涵,蓝色波浪代表普、特教教师海一样的胸怀,一群群白鸽代表奋发向上的孩子们,在老师的精心呵护培养下,将展翅飞向美好的明天。

自1983年建校以来,新源西里小学先后经历了三个发展阶段,即"特教特办,普教特教并行并重——普教出精品,特教出特色——开拓普特融合教育之路,师生共发展,学校成典范"三个阶段,融合的环境、融合的氛围、融合的课程,使正常儿童与特殊儿童共同生活,共同学习,和谐发展;使教职工的思想、理论和科研能力得到发展和提高;使学校成为融合教育的办学模式的典范,成为关爱弱势群体、构建和谐社会的典范。

在新源西里小学,教师们对课程设置进行试探性改革,尊重学生生理年龄、心理年龄特点和个性差异,注意改善学生不良的行为和习惯,重视培养技能。在研究过程中,学校引进先进的理论和方法,以资源教室为统领,创造性地开设了三个类别的特色课程,即情趣培养课程、功能训练课程和学业补救课程。情趣培养课程包含纸模服装制作课程、传统空竹课程、奥尔夫音乐课程和美术治疗课程等具体科目。功能训练课程涵盖运动康复课程、动物探访课程、言语训练课程、生活技能课程等不同的训练内容。学业补救课程,主要针对学生课堂上出现的学习问题,用特殊教学方法,通过再教、再学、再练,进行查缺补漏,使其达到学习目标。

一位学生家长这样深情地说道:"作为一名孤独症孩子的家长,我是不幸的,我曾经是那样的痛苦,那样的没有希望;但是,我却又是幸运的,因为知道了新源西里小学这样的学校,遇到了这里这么好的校长与老师。"[①]

作为一所普通学校,新源西里小学以自己突出的办学成果展示了融合教育的办学理念,探索出自己独有的普特融合的办学模式,展现了教师在融合教育中的师德和师能。那么什么是融合学校?融合学校应该如何发展?融合教育背景之下的特殊学校又该如何应对?这些都是本章所要回答的问题。

第一节 什么是融合学校

1994年联合国教科文组织在西班牙召开世界特殊教育大会,大会通过了《萨拉曼卡宣言》,确定了融合教育的基本理念与原则:每一个儿童都有受教育的基本权利;每一个儿童都有独一无二的个人特点、兴趣、能力和学习需要;有特殊教育需要者必须有机会进入普通学校……不难发现,这些语言用"每一个""必须""都有"等具有完美主义特色的措词表达了对平等主义的

[①] 节选自人民网 http://edu.people.com.cn/GB/8216/10744231.html。

道德诉求,体现了理想主义的特殊教育目标。① 融合教育目标若想实现,必须落实到具体的普通学校之中。学校是教育的主要场所,只有学校接受融合教育理念,并将之付诸实践,融合教育理念才可能实现,融合教育的最终目标才能达成。② 融合教育既需要美好的理念来支撑,更需要通过创建融合学校来具体落实。

一、融合学校的概念

(一)从普通学校到融合学校

融合学校的发展建立在人们对传统教育理念反思的基础之上。在传统教育中,人们普遍认为,学生之所以出现学业失败主要是因为学生自身的问题,要么是他们自身存在病理性缺陷,要么是心理发展异常或智力不足。20世纪80年代以后,教育公平的理想广为大众所接受,大众要求学校作出变革以适应新的社会要求。特殊教育从重视学生的缺陷转向重视学校的能力,希望通过学校中人与物的优化组合,改进管理,提高学校的教育教学质量。③ 特殊教育研究者更多地从学校组织与变革的角度来考虑残疾儿童所面临的问题。组织学范式认为,学生之所以出现学习问题不是学生本人内在能力的问题,而是由于"学校与课堂组织的缺陷"所导致的。斯凯德莫(Skidmore)指出,当前随着融合教育的发展,学校中学生的多样化已经超过了历史上的任何时期,但学校组织与教师的课堂教学却并没有随形势做出相应的调整。④ 学校统一的管理方式、障碍重重的校园环境以及僵化的课程教学都会使学生面临严重的学习问题。对此,特殊教育组织学范式提出的解决方式就是重构学校组织和班级课堂教学以消除这些不利的组织缺陷和漏洞,将学生在学业发展中失败的问题最小化,即进行全校性的融合性教育改革(见图5-1)。

---

① 邓猛,肖非.全纳教育的哲学基础:批判与反思[J].教育研究与实验,2008(5):18-22.
② 徐玉珍,黄志成.全纳教育的具体落实:全纳学校[J].外国中小学教育,2005(4):21-24.
③ 邓猛,肖非.中国特殊教育[J].华中师范大学学报(人文社会科学版).2009(4):134-140.
④ Skidmore D. Towards an Integrated Theoretical Framework for Research into Special Educational Needs[J]. *European Journal of Special Needs Education*,1996,11(1),33-47.

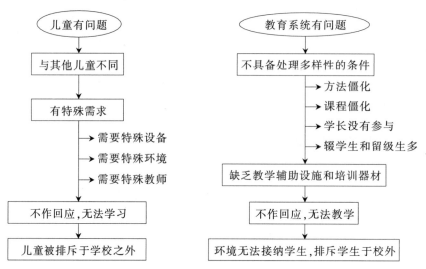

图 5-1　传统学校的缺陷

(二) 融合学校的定义

1994 年联合国教科文组织在西班牙召开的全球特殊教育会议上呼吁各国在平等的基础上发展融合学校并通过家长、学校和社区的共同努力以保障特殊儿童接受高质量的教育。宣言中提出,融合学校"是反对歧视、创造欢迎残疾人的社区、建立融合社会和实现人人受教育的最有效途径;进而言之,他们为绝大多数的儿童提供了一种有效的教育,提高了整个教育体系的效益,并从根本上改善了教育的成本—效益比"。

一些学者也就融合学校的定义提出了自己的看法。斯坦巴克(S. Stainback)和斯坦巴克(W. Stainback)指出:"融合学校是一个每个学生都有归属感、每个学生都被接受认可、每个学生的教育需要都被了解而且都能尽可能得到满足的地方。在融合学校中每个人都在为别人提供支持并且也能得到别人的支持。"[①]麦克里斯奇(McLeskey)指出,融合学校是残疾儿童能够成为积极参与者,并且能够为他们提供所需支持以在学业、社会性发展和课外活动中获得成功的地方。Pearpoint 和 Forest 把融合学校的价值观总结为 ABC 和 3Rs。A 指接纳(acceptance);B 指归属(belonging);C 指共同体(community);3Rs 指的是阅读、写作和人际交往关系(reading, writing, relationships)。

---

① 杜晓萍.全纳学校特征探析[J].外国教育研究,2008(10):6-9.

根据以上定义,可以将融合学校的特性归纳为四个方面:(1)物理环境上的接纳。融合学校针对的是所有儿童,而不只是残疾儿童和学习困难儿童,它还包括少数民族学生及其他弱势群体儿童等。从对象这一范畴来讲,融合学校的理念与全民教育的理念是相互贯通的。融合学校必须能够对所有儿童做到"零拒绝",无条件地接受所有学生,而不能拒绝某些残疾学生,或是规定学生必要掌握或具备哪些特定的技能或能力作为他们融合的必要条件。[1] (2)文化上的包容。融合学校要充满尊重、合作、互助的情感氛围,在学校中,每一个人都感到自己是受欢迎的,并且能获得作为学校一员而应有的归属感。(3)资源的共享。融合学校要为所有学生提供必要的支持和资源以促进学生的发展,并且要保证这些资源能够为所有学生所共享,而不是为某些学生所独有。(4)教学的有效。残疾儿童在融合学校中能够获得所需要的支持与服务,从而保证他们在学业、社会性和课外活动中取得实质性的进步和成功。[2] 简而言之,残疾儿童不仅能够进得去融合学校,更要能学得好。

总之,在融合学校中,融合教育不只是一种教育理念、态度和价值观,它同样是能够保证残疾儿童取得教育成功的教育实践方式,达到融合性与有效性的有机统一。

(三)融合学校与传统学校的比较

在融合学校中,残疾儿童、少数民族学生、弱势群体学生等都只是学生多样化的表现,这种多样性让学校更加丰富;每个学生都能学习并且取得成功。学校需要为一些有特殊教育需要的学生提供一系列与其需要相匹配的项目、支持与服务;在这些支持与服务下,所有的学生,不管他们的能力如何、是否有残疾,都能从学校融合性的实践中获益。

融合学校与回归主流时代的学校有着明显的不同。波特(Porter)指出,传统学校(回归主流时代下的学校)与融合学校之间的一个主要差别就在于传统学校往往将残疾学生和有学习困难的学生转交给"专家"来进行教育,其暗含的意思就是普通教师不具备资格或没有能力为他们提供教育,这种

---

[1] Falvey M A, Givner C C. What is an Inclusive School?. In Villa R A, Thousand J S. Creating an Inclusive School(2 nded). 2005.

[2] McLeskey James, Waldron Nancy L., Spooner Fred, Algozzine Bob. *Handbook of Effective Inclusive Schools:Research and Practice* [M]. London:Routledge,2014:3-4.

"专家主义"(Expertism)或"专业主义"(Professionalism)大量存在于特殊教育之中。[①] 在这种理念下,只有这些具有特殊资格的人员才能评估、教育残疾儿童和学习困难儿童以及参与对他们做决策的过程之中(见表5-1)。

表5-1 回归主流与融合教育下学校的对比

回归主流下的普通学校	融合教育理念下的融合学校
关注残疾学生的需求	关注所有学生的权利
采取调整改变的或补救性的学科	以全校参与的方式改变整个学校组织与文化氛围
让普通学校中的特殊儿童受益	让学校中所有学生从教育中受益
专业人员、专家的专业知识和正式的支持与服务	正式的支持和普通教师的知识
技术性的干预	对所有学生而言的最佳实践方式

二、融合学校的特征

融合学校主要包括四个基本要素。(1)以社区为基础(community based):融合学校面向整个社区,人人都是受欢迎的、积极的、不同的,不存在筛选、排斥或拒绝;(2)无障碍的(barrier-free):包括物理环境和教学环境的无障碍设计,所有学生不仅能够顺畅地进入学校中,也能一起学习课程;(3)促进合作(promote collaboration):融合学校不仅注重学校内部教职员工及与家长、专业人员之间的合作,也注重与其他学校和周围社区的合作;(4)促进平等(promote equality):融合学校是一个民主的场所,在这里,所有的成员都有权利和责任,都有同等的机会从教育中受益并且能够参与到教育活动中去。[②]

从以上融合学校的基本要素可以看出,融合学校最核心的要素就是接

---

① Porter, G. 'Organization of Schooling: Achieving Access and Quality Through Inclusion[J]. Prospects, 1995, 25(2): 299—309.
② Thomas Gary, Walker David, Webb Julie. *The Making of Inclusive School* [M]. London: Routledge, 1998: 15—16.

纳、平等、合作。这些要素具体体现在融合学校的六个基本特征之中。①②

（一）共享愿景

愿景指向未来的计划和蓝图，它指明了通往未来的路径，描绘了未来所欲达到的状态；愿景标明了通向所描述目的地的具体线路。融合学校的一个突出特点就是全校能够达成共同愿景。融合学校形成的共同愿景就好像一份契约，把学校的领导和教职员工捆绑在一起，使他们从道德、智力和情感诸方面做出同样的奉献和努力，有助于促进融合教育领导团队的合作，优化做决策的过程。在融合学校的愿景中，融合学校力图接纳支持各种背景的学生，包括不同语言、文化、种族以及有残疾的学生；学校能够对所有学生持有高期待，期望所有学生取得成功；教职员工、专家、家庭和社区共同致力于融合学校的创建与发展。因此，每个以融合教育为发展目标的学校都要问自己这样的根本问题：我们学校的愿景是什么？如何达成这些愿景？

尽管形成共同的愿景是建立有效的融合学校的关键因素，但研究也显示，对融合学校的改进与发展而言，这只能算是一个必要而不充分的条件。有大量研究显示，融合学校中愿景的改变并不必然会引起学校中融合措施的成功实施或持续推行。

（二）强有力的领导

学校校长和地区行政官员的支持对成功实施和维持有效的融合教育十分关键，特别是校长在塑造融合学校中的校园文化、统筹学校中的改革路线等方面发挥着多重作用。对于校长而言，他们不仅要促进学校教职员工与家庭以及当地社区之间的积极关系，还要与教职员工和当地社区共同努力来确定融合学校建设的愿景和规划，对全体教职员工提出高期待，明确任务。校长通过向教师提供支持与鼓励以提高教师的能力，与教师一起将这种愿景转化为有效的学校政策和实践。

（三）高标准

在融合学校中，所有的学生都有权利接受高质量的、具有挑战性的课程。父母和教师只有对学生保持高期待，学生才会取得更高的学习成就。

---

① 2 PRINCIPLES FOR SUCCESSFUL INCLUSIVE SCHOOLS. http://www.emstac.org/registered/topics/inclusion/instruction.htm

② McLeskey James, Waldron Nancy L., Spooner Fred, Algozzine Bob. *Handbook of Effective Inclusive Schools*, 2014:20.

具体而言,所有的学生都应该被期望去学习同样的、高质量的课程内容,而不是打折扣的(watered-down)内容。对于小部分残疾程度比较严重的学生而言,对他们的标准要求可能会有些不同,对他们的教学可能会更多地集中于功能性技巧和有价值的生活经验。对这些学生而言,评估的方法和标准可能会随之变化,教学内容和方法也会有所调整。但即使这样,对残疾学生保持高期待也会促进他们的发展,只是进步的程度会有所不同。

(四)支持、资源与服务

有效的融合学校能够有意识地灵活运用学校中的资源来实现班级的教学愿景,并满足所有学生的需要。需要明确的是,特殊教育是一种服务,而不是一种安置方式。在融合学校中,有特殊需要的学生能够获得一系列的服务,包括外部支持、班级内支持和特别化的支持。其中外部的支持包括学业监控和课程与教学调整;班级内支持包括在普通教室中特殊教师对学生的辅助以及合作教学;特别化的支持包括资源教室和自足式特殊班的安置环境。

为了在融合学校中更好地向学生提供资源与服务,普通教师与特殊教师都需要转变角色和责任,强调责任的共同承担与分享。普通教师能够与特殊教师合作以满足学生的多样化需求,学校要根据学生的需要形成灵活的任务计划,通过这种方式能够确保对资源的有效利用,并且能够让专家和准专业人员(例如,志愿人员、实习教师等)为学生提供系统化的支持。在这些学校中,准专业人员并不是被指定服务于某个学生,而是在不同的班级中履行教学职责;类似的,特殊教师也不再局限于传统学校中的特殊班或资源教室的活动范围,而是与普通教师一起进入普通课堂,负责特定领域的教学内容。为了有效和灵活地运用资源,教师应该将每日和每周合作教学计划建立在总体任务计划中。

(五)高质量的教学

融合学校对班级中所有的学生保持高期待,而这种高期待则主要是通过高质量的教学来实现的。在融合课堂的实践中,融合教育已经形成了一系列已经被证明有效的教学策略,即融合教育的最佳实践方式:(1)"个别化"(Individualization)。主要包括"个别化教学""个别化教育计划"(IEP),以及"个别化转衔计划"(ITP)三种教学方式。个别化教学关注学生的个别差异,IEP关注学校教育,ITP则将家庭、学校、社会连接在一起,为残疾儿童提供系统的、整合的教学与服务。(2)"合作"(collaboration)。主要包括教师间的合作教学(co-teaching)与学生间的合作学习(cooperative learning)。合作教学主要指特殊教师或者专业人员与普通教师共同承担教育普通班级具有异质的、多样化学习需要的学生的责任。这种合作教学的形式使普通教育与特殊教育相互渗透、融合,改变了传统的特殊教育模式以及普通教育的形式与发展方向。① 合作学习是指学生组成异质、多样的学习小组共同努力达成小组学习目标,在完成任务的过程中提升学生的学业成就、促进其社会交往能力发展。② 合作学习主要包括伙伴学习(peer learning)、小组学习(group learning)、同伴辅导(peer tutoring)、同伴协助(peer-assisted learning)、结对子(pair learning)等方式。考夫曼(Kauffman)认为:合作教学与合作学习的广泛使用改变了传统的教学范式。教学不再是一个单向的传递与给予的过程,而是一个师生平等参与、共同经历、自主探索、思想碰撞的知识生成与发现的过程。③ (3)"分层"(differentiation)。主要包括课程分层(curriculum differentiation)、教学分层(differentiated teaching)、评估分层(differentiated evaluation)三个方面。"分层"是融合教育所要求的课程与教学变革中最为重要的组成部分,它根据学生能力与需要的不同确定适当的课程内容与形式、教学策略,以及评价方式,为学生提供从完全同样到完全不同的课程选择范围以及弹性化的课堂教学与评价。④

融合课堂中有各种最佳实践方式,但提供高质量教学的核心归根结底是教师每天深思熟虑地制订教学计划,尽量使目标清晰、活动多样,并将这些建立在学生的意愿、学习偏好和兴趣之上。

(六)高质量的教师专业发展

好的融合学校的另一个特点就是专注于为教师提供高质量的、以学习者为中心的专业发展机会来培养他们支持融合教育的能力。这种高质量的

---

① Cook, L., Friend, M.. Co-teaching: Guidelines for Creating Effective practice [J]. *Focus on Exceptional Children*, 1995, 28(3):1—16.

② Murphy, E., Grey, I. M., Honan, R.. Co-operative Learning for Students with Difficulties in Learning: a Description of Models and Guidelines for Implementation [J]. *British Journal of Special Education*, 2005, 32(3):157—164.

③ Kauffman, J. M.. Commentary: Today's Special Education and Its Messages for Tomorrow [J]. *The Journal of Special Education*, 1999, 32(4):244—254.

④ 邓猛. 关于融合教育学校课程调整的思考[J]. 中国特殊教育,2004(3):1—7.

专业发展是持续性的、渐进提升的,并且涉及学校不同教职工作人员的合作。这种专业发展应该集中于帮助教师使用基于研究证据所获得的技术方法来解决问题。

上述融合学校的各种不同的特征之间是相互联系的,研究显示,在融合学校发展的过程中,这些特征没有一个能单独存在。相反,正是所有这些特征一起引起了学校中的实质性改变,将学校和班级转变为动态的学习组织,能够融入更多的学生,提高所有学生的成就。

第二节 融合学校的创建

普通学校通往融合的变革中,成功的学校变革不仅能改变与学校相关的组织结构和政策,而且还能改变教师的角色和责任、班级中使用的课程、教学中分组的方法、教师的态度和信念等。融合学校的创建要求全校教职工转变传统的教育观念,树立融合教育的理念,加强与学生家长的合作;学校领导者要重构学校的体制结构,制定学校融合教育发展政策,鼓励所有教职员工参与到融合教育中并共同承担教育有特殊教育需要的学生的责任。因此,在很大程度上可以认为融合学校的创建意味着对传统普通学校的重构。

一、融合学校的创建——全校参与的方式

融合教育的实施是一个系统工程,它能否成功实施受到多方面因素的影响(见图5-2)。萨伦德(Salend)指出融合教育的成功依赖于沟通与协作的质量以及教师、家庭和社会资源能否有效整合。① 郎格(Lang)和巴布里奇(Berberich)指出融合教育只有在学校与教师得到足够的人力与物质资源的情况下才有可能获得成功。他们认为态度与信念是融合教育的核心要素,它作用于所有其他要素。② 因此,融合教育的成功实施并不依靠于某个人或某个部门的力量,它需要全校人员共同参与来推动其实施。

---

① Salend, S. J. *Effective Mainstreaming: Creating Inclusive Classrooms* [M]. 3rd ed. New Jersey: Prentice-Hall, Inc, 1998: 114.
② Lang, G. and Berberich, C. *All children are Special: Creating an Inclusive Classroom* [M]. York, Me.: StenhousePublisher, 1995: 24—25.

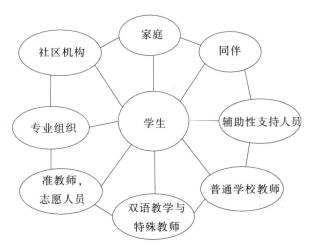

图 5-2 影响融合教育实施的因素

"全校参与"融合教育模式是在校长的领导下,订立融合教育政策,建立包容和谐的学习环境,推动教职员工协力帮助有特殊教育需要的学生。具体来说,就是要推行协作教学,全员参与及同班辅导,根据学生的个体差异与身心特点,因材施教;根据学生的不同需求,提供支援;邀请家长参与"个别化计划小组"会议,共同制定及检讨学生的学习目标和进度。[1] "全校参与"融合教育模式所要达到的目标是:(1)充分发展残疾学生的潜能;(2)建立互帮互助的校园文化,促进学校员工、学生和家长接纳有特殊需求的学生;(3)提升教职员工支援有特殊需要学生的能力;(4)促进家长与教师的合作。明兰对香港的全校参与模式总结如下。[2]

(1) 全校参与。在校长的领导下,学校统整校内资源及社区资源,就教学需要作出灵活而具弹性的调配;订立融合教育政策与措施,照顾学生的不同学习需要;成立由校长及资深主任、科目教师、课程发展主任、学生辅导人员、家长、专业人士等组成的学生支援小组,全校上下一心,建立包容的学习环境;透过课程和评估的调整,有系统地策划教师的培训;推行有效的教学策略,引进适当的科技辅具设备,组织同伴互助,鼓励家长参与,使学生达到预期的学习目标。

---

[1] 雷江华,连明刚. 香港"全校参与"的融合教育模式[J]. 现代特殊教育,2006(12):37-38.
[2] 明兰. 香港"全校参与"的融合教育模式及启示[J]. 云南财经大学学报(社会科学版),2012(3):148-151.

(2)因材施教。香港将有特殊教育需要的学生分为三个层次：第一层为有短暂或轻微学习困难的学生，第二层为有持续学习困难的学生，第三层为个别问题较严重的学生。学校采用相应的三层支持模式：第一层优化教学，避免问题恶化；第二层加强支援，提供额外支援；第三层个别加强支援，针对问题严重的学生，教师不再用同一种教学方法来教导全班学生，而是因应学生能力差异设计个别化教育计划，调整课程，采用多元化教学方法，帮助学生发展多元智能。

(3)协作教学。由两位或多位教师组成教学小组，通过共同授课施教及评估，以提高教学综合效益，全面照顾学生的不同需要。学校有责任使教师认识协作教学的理念并运用于实践，有策略地选择协作教师，善用教师专长，在实际行动上给予支持和配合。教师也以自身具备的知识技能为基础，灵活调整教学工作，增加教学的弹性和空间，促进相互间的专业交流，尽力协调良好默契配合，群策群力，团结协作，相互分享，以提高教学的有效性。

(4)同辈互助。学校策略性组织协作学习小组，推广"大哥哥大姐姐"计划，鼓励指派年龄较大的非残障儿童担任爱心大使，帮助有特殊需要儿童提高学业成绩，帮助他们建立伙伴关系，获得社交技能，培养自尊自信同辈互助，使全体学生受惠，促进学生的学习和共融。这不仅造福于有特殊需要的儿童，而且也给予正常儿童了解残障儿童需要的机会，增强学生的专注力和成功感，彼此更加互相包容。学校善用科技支援，提升教与学的效能；特殊教育资源中心设有特殊教育资料库及网站，方便教师分享特殊教育资讯及教学资源；提供电脑设备及多媒体器材，帮助教师备课及制作教具，不仅支持教师运用资讯科技进行课程和教学的改革及营造利用信息科技学习的环境，而且通过科技设施增加学生运用信息科技及互联网的机会，使学生能更积极有效地学习。此外，为残障学生提供的辅助科技，还能帮助他们参与有效学习、动作控制、生活自理等。

(5)家校合作。学校和家长应了解彼此在推行融合教育中的角色和责任，积极加强家校沟通和合作。学校应让家长和学生参与支持计划的整个过程，包括参与个别学习计划小组会议，订立个别学习目标，讨论有关学校事宜，参与评估特殊教育需要和年终学业检讨等。就学校政策提出意见，发挥家长潜力，协助校政建设。通过家校合作，让有特殊需要的学生的家长感受到学校是包容接纳及充满温情的，建立互信互谅的合作基础。

值得注意的是,在全校参与的融合教育模式中,学校校长是融合学校创建过程中最具有影响力的领导者。如果校长不实质性地参与到融合学校的创建中,融合工作是很难顺利开展的。校长在帮助学生、教职员工和家长推动融合的过程中发挥着独特的作用。具体来说主要有如下四个作用:(1)为教师提供支持以促进他们的学习和成长;(2)努力与学生和教职员工建立关爱的关系;(3)协调学校内部涉及融合学校建设的不同部门的分工;(4)在学校中提供大量的支持,同时为特殊学生、教师和家长提供资源。

二、融合学校创建的基本内容

融合学校是以全校参与的方式进行的。布思(Booth)和艾因斯克(Ainscow)认为,有效的融合学校建设主要有三个方面,即融合性文化、融合性政策和融合性实践。①

(一)融合性文化

建设融合学校的文化就是要建立一个充满尊重、合作、互助的情感氛围和学习与教学氛围的学校,使学校中的每一个人都感到自己是受欢迎、受尊重的,是学校与班级里平等的一员,对学校和班级有归属感和身份认同。布思(Booth)和艾因斯克(Ainscow)将融合学校文化描述为接纳、欢迎并且尊重每一个学生的学习社区;在融合学校中所形成的融合文化能够为所有的教职员工、学生及其家长、管理者所接受;融合文化所包含的价值观能够成为学校制定政策和实施各种教育实践的指导准则,这种融合文化能够为成人和孩子正确的身份认同奠定基础,并传递给学校的每个学生(见表5-2)。②

表5-2 融合学校文化

1. 建立融合性校园环境
(1) 每一个人都感到自己在学校中是受欢迎的;
(2) 学生之间相互帮助;
(3) 教职工之间相互合作;

---

① Booth T, Ainscow M. Index for Inclusion: Developing Learning and Participation in Schools. Centre for studies on inclusive education(CSIE), 2002:7.

② Booth T, Ainscow M. Index for Inclusion: Developing Learning and Participation in Schools. Centre for studies on inclusive education(CSIE), 2002:7.

续表

(4) 教职工与学生之间相互尊重;
(5) 教师与家长之间形成合作伙伴关系;
(6) 学校教职工与管理者之间配合良好;
(7) 教师能够将学生的学校活动与学生的家庭生活联系起来;
(8) 当地社区能够积极参与配合学校的融合活动。
2. 确立融合价值观
(1) 学校中的每一个人都具有融合教育理念;
(2) 对所有学生保持高期待;
(3) 所有的学生都被平等相待;
(4) 学校能够帮助学生充分认识自己,并且自我感觉良好;
(5) 学校能够帮助教师充分认识自己,并且自我感觉良好。

(二)融合性政策

在融合性学校中,学校的各项规章制度、发展规划等政策性文件都要体现融合的精神。在制定学校规章时,学校要考虑什么政策能够促进融合,而什么政策不利于融合。目前,在政策层面存在哪些障碍会成为影响融合实践的因素?如何解决这个问题?如何制定并遵循适当的指导方针来处理和促进融合等一系列问题?[①] 具体而言,融合教育政策要体现下列要求(如表5-3所示)。

表 5-3 融合性政策

1. 创建全民学校
(1) 学校中的教职工得到公平的聘任和晋升机会;
(2) 帮助新手教师迅速融入学校环境;
(3) 所有的学生都被鼓励参加学校中的各项活动;
(4) 学校物理环境对所有人都是无障碍的;
(5) 学校帮助所有的新生融入学校生活;
(6) 教师为学生的转衔做好充分的准备。

---

① 联合国教科文组织.全纳教育指导方针——确保全民接受教育.2005.

续表

2. 组织多样化的支持
(1) 学校统筹协调各种各样的支持服务；
(2) 开展专业发展活动帮助教师应对学生的日益多样化；
(3) 学校对特殊学生的"特殊需要政策"就是融合教育政策；
(4) 学校采用积极行为干预来引导所有学生的积极行为；
(5) 降低惩罚性排斥的压力；
(6) 学生参与的障碍减少；
(7) 欺侮行为减少。

（三）融合性实践

融合课堂中的教与学是融合教育发展的核心。融合教育的发展归根结底是为了促进包括残疾儿童在内所有学生的发展，包括学生的学业和社会性发展，这些发展要通过课堂中的教学来实现。融合教育在长期的教学实践中形成了一系列卓有成效的实践方式，包括合作教学、差异教学、合作学习等，反映到融合学校的创建中，其具体体现如表 5-4 所示。

表 5-4 融合性实践

1. 差异化的教学
(1) 学校和班级日程灵活，能够满足学生的学习需要和偏好；
(2) 课堂教学是建立在差异化原则基础上的教学；
(3) 教学计划满足班级内所有学生的学习需要；
(4) 教师有机会与其他教师共同制订教学计划并协同教学；
(5) 教师了解学生的个人优势、弱势、需要、兴趣，并且能够利用这些信息来使教学更具有针对性；
(6) 教师提供多样化的方式来评估学生对新的知识与概念的掌握。
2. 合作性的学习
(1) 学生有机会相互学习；
(2) 学生能够获得适合不同阅读水平的、各种格式版本的学习资源；
(3) 学生有机会通过合作学习和同伴互动进行合作性的学习；
(4) 学生通过多种方式展示个人的学习和成长经历；
(5) 所有的学生都有机会参与课内与课外活动；

续表

(6) 学生有丰富的学习经历来进一步发展个人的优势和兴趣；

(7) 课堂评估促进所有学生的参与和成功。

三、融合学校的创建策略

麦克里斯奇(McLeskey)和瓦尔德龙(Waldron)认为,普通学校的融合教育改革应该遵守以下原则:(1)学校应该有权力来实施自己的改革;(2)改革应该获得当地相关行政官员、校长和教师的支持;(3)学校在融合方面的改革应该能够促进所有学生的发展,让所有学生受益,而不只是残疾儿童;(4)改革要能适应学生的特定需要,并且学校中的教师要具备相应的专业知识;(5)改革必须建立在被证明行之有效的实践基础之上。[①]

具体来说,作为一个系统的变革过程,融合学校的创建可以分为以下几步:

1. 讨论创建计划,成立创建小组

在决定创建融合学校之始,我们需要鼓励学校中的教师和行政人员对创建"接纳所有学生"的融合教育进行充分的讨论,以确保在开始就获得他们对融合学校的支持。讨论主要围绕两个方面来进行,一方面,讨论应该要能够确保所有教师理解和认可这样一个事实,即所有的学生都是重要的(包括不同残疾程度的学生),为了使学生更好地学习并且能获得必要的支持与服务,对学校进行重大改革是十分必要的。另一方面,讨论要鼓励教师和学校的行政人员对融合学校的创建形成初步的设想,进一步确定创建融合学校的具体努力方向,最终达成共识,以此作为指导他们日后行动的纲领。需要注意的是,这种涉及学校融合教育相关人员的集体性讨论并不是一次性的,它需要经常举行,贯穿于整个变革过程中,以便促进后续步骤的进行。

从广义的角度看,学校中的每位教师和行政人员都应不同程度地参与到融合学校的创建中来。然而,由于时间、条件和制度等各方面的限制,学校往往需要组建融合学校创建小组,由那些有经验的教师和相关部门的行政人员、相关专业人士及社区人员组成。由融合学校创建核心小组具体组

---

① McLeskey, J. & Waldron, N. L. Comprehensive School Reform and Inclusive Schools. *Theory into Practice*, 2006, 45(3):269—278.

织实施融合教育的各项活动。

2. 学校自我评估，参观融合教育示范学校

融合教育领导小组的第一项活动就是对自己的学校进行评估。一般而言，学校中的任何教师和行政人员都不可能完全了解学校学科发展中所面临的所有问题。通过领导小组对学校情况的认真审查，可以将这些问题带到人们的注意视线之内，引起关注，并解决问题。在自我评估过程中，融合教育领导小组要明确本校目前哪些做法与融合教育理念不符、实施融合教育缺乏哪些资源、需要何种支持等。融合教育领导小组要客观评价自己学校与融合学校之间的差距，为下一步的实施计划和行动提供信息基础。

在自评学校的基础上，融合教育领导小组需要组织学校员工参观融合教育示范学校。通过参观与考察以及与融合教育示范学校的教职员工进行沟通，能够使本校的教师和行政人员感知和了解融合学校，探究融合学校的内核，认识到本校与示范学校之间的差距，学习和借鉴融合学校建设过程中的成功经验。通过这种实地参观与考察，能够让本校教师在头脑中形成自己所在学校的未来形象，使他们认识到创建融合学校是可能的。此外，这种参观也能让融合教育领导小组成员学习到融合学校创建的宝贵经验，并考虑如何在自己的学校中正式实施。

3. 制订与讨论创建计划

经过学校自我评估和实地考察融合教育示范学校，本校融合教育领导小组开始准备制订自己学校走向融合的计划。融合教育实施计划应该具有综合性和具体性，既要包括应对和处理学校中的组织管理、课程与教学、教师角色和责任等方面的问题，也要包括为教师提供的实践教学策略，并且还要明确教师专业发展和相关支持的需要，从而使他们有足够的知识、较高的技能和正向的情感来成功地教学，以推动融合学校的发展。

在制订融合教育实施计划初稿之后，计划小组所面临的任务就是要将学校中的其他成员引导到融合教育的创建活动中。为了确保全校能够对所制订的计划达成共识，很重要的做法就是广泛征集学校其他教职员工对于创建融合学校的建议，最终再形成统一的书面计划文件。这样才能确保学校中所有的声音都能被听到，并且能最大限度地使所有教职工对融合学校的创建形成共识。

融合学校创建计划的制订与讨论所需时间的长短取决于整个学校对计

划的认同程度。计划的改变与调整主要考虑两个因素:首先,学校内部可能一直存在对创建融合学校的担忧与反对之声。计划小组和学校校长必须及早决定何时推进计划的实施,并对担忧和反对的人们进行适当的宣传、培训、说明和动员。另一个需要考虑的因素是,此项计划不能解决所有的问题,也不能确保一定是完美的,它本身应该不断根据实施过程中的反馈意见而进行必要的修改。

4. 实施计划

很多学校都是在每年的下半年即学年之初来制订实施融合教育的计划,而在下一年才开始正式实施计划。这就为第二学期教师和行政人员的专业发展和额外的计划提供了时间,为将要发生的改变做好准备。专业发展可能包括团队建设、合作教学、多样化学生的班级适应、课程调整、行为管理策略的制度等方面。此外,教师还要计划拨出一定的时间来与同事一起讨论和制订关于应对多样化学生所需要的课程与教学方面的调整与改变。实施计划中很重要的一点就是教师之间要相互合作来支持新实施的计划,合力解决所出现的问题。

5. 监控、评估和改变计划

教师和行政人员必须确保参与融合学校建设的教职员工能够持续地实施计划,因此需要监控、评估和根据需要改变计划。他们需要确保融合项目的实施在提高学生成就方面的有效性。国际通行的做法是制定专业的融合教育评估指标体系对学校融合教育发展作出定量与定性的评价。例如,英国"融合教育研究中心"的托尼·布斯(Tony Booth)和梅尔·爱因斯克(Mel Ainscow)制定的"融合教育指标索引"就是对融合教育进行综合评价的指标体系,已经在全球范围内 30 多个国家和地区得到运用。[①]

第三节 特殊学校职能的转变

融合教育的发展需要对宏观的教育体系进行变革以适应日益多样化的教育需求,也需要学校改革来推动融合教育的实践和融合理念的实现。这里的学校既包括普通教育学校也包括特殊教育学校。普通学校所需要的是

---

① Booth T, Ainscow M. Index for Inclusion: Developing Learning and Participation in Schools. Centre for studies on inclusive education(CSIE), 2002:7.

进行全校性的改革以促进特殊学生参与与融入,而特殊学校面临的则是角色的重新定位与职能转型。

一、融合教育中的特殊学校

融合教育背景下特殊学校的走向

20世纪五六十年代以来,伴随着民权运动的兴起,民权主义者高呼"隔离就是不平等的",对隔离式特殊教育展开了激烈批判。从回归主流到融合教育,特殊教育的发展经历了从隔离的寄宿制学校、特殊班,到瀑布式教育服务体系,再到普通学校的转变。尽管转变过程历经曲折,但特殊教育却在融合的道路上不断前进。自从20世纪90年代融合教育理论正式确立以来,融合教育已经成为全球特殊教育发展的主要趋势。然而,尽管融合教育的迅速发展已经导致传统的隔离式特殊教育学校体系基本崩溃,但特殊学校却没有在人们的视野中完全消失。[1] 当前研究者对融合教育效果的研究并没有达成一致的结论。融合教育为人们描绘了一幅充满诱惑力的美好蓝图,但许多国家并没有因此忽视本国特殊教育发展的实际情况而盲目地废除一切隔离性特殊教育机构。显然,随着残疾儿童越来越多地进入普通学校中就读,特殊学校无论是在数量还是在规模上都在日渐缩小,特殊学校已经不能如过去那样专以教育残疾学生为主要任务。当前西方各国的特殊学校都在对自身进行调整,使其既能适应融合教育的趋势,又能在融合的大潮中保持自身的独特性。

在英国,融合教育的发展已经导致特殊学校的数量急剧减少。如伦敦市的纽汉姆区,由于大踏步地开展融合教育,该区仅保留了一所特殊教育学校。但伦敦北区则仍然存在一定数量的特殊学校,并成为英国隔离式特殊教育程度最高的十个地区之一。[2] 尽管英国融合教育取得了巨大成就,特殊学校却仍然继续存在,没有消失。沃诺克(Warnock)甚至认为十分有必要为有特殊需要的儿童设立特殊化的学习机构。[3] 对于融合教育发展中特殊学校的定位,英国的特殊教育研究者存在不同的观点。有研究者认为,特殊教

---

[1] 全纳教育与特教学校变革的文献综述. http://wenku.baidu.com/view/495d49c06137ee06eff9185d
[2] 王俊. 英国全纳教育研究[D]. 华东师范大学,2002:12.
[3] Terzi L. Special Educational Needs: A New Look.

育是一种服务而不是一种安置方式,特殊学校有可能成为地方资源中心以支持主流学校(即普通学校)的发展。然而,这个观点也受到一些质疑,因为在特殊学校中已经开发出很多教学方法,如:一对一教学、日常进步督导等,主流学校却往往不喜欢这样的教学方法,并且在实践中也很难将这些方法从特殊学校移植到主流学校中去。另外,特殊学校的教师几乎没有在主流学校教学或作为课程咨询者的经验。从整体来看,英国仍然是在向融合的方向继续发展,但特殊学校却没有消失。

美国融合教育的基本原则是为障碍儿童提供受限制最少的教育环境(least restrictive environment),加强教育的适当性,尽可能使障碍儿童与普通儿童一起接受教育,减少对障碍儿童接受普通教育的限制,创造使其回归主流的环境。障碍儿童只有在普通班级中无法完成既定的教育目标或者感到不满意时,才被安置在特殊班级或特殊学校中。在这一原则的指导下,20多年来,普通班级的安置人数从20%提升到近50%,但主要为言语障碍、肢体障碍、特定学习能力缺陷等学生群体。而对于严重智力障碍和重度感官障碍的学生群体而言,安置在普通班级的比例只有11%左右,近年来还有下降的趋势。这是因为,许多实证研究表明普通班级对于学习能力有轻度缺陷的学生是有益的,不仅能促进他们的社会学习,也能促进他们的认知发展并提高学业成绩;但是对于严重智力障碍和重度感官障碍的学生来说,有关研究并没有一致支持普通班级的安置方式。因此,特殊班级或特殊学校在美国仍然具有存在价值,具体做法是通过逐步转变特殊教育学校的职能,使之成为融合教育实施的资源中心,加强特殊学校与普通学校之间的合作与融合。

在澳大利亚,实施融合教育时,首先要确定有特殊教育需求的对象。为此,澳大利亚设置了以特殊教育学校为支持单位的教育服务中心,为日益增多的从特殊学校转入普通学校的有特殊教育需求的学生提供必要的教育支持。其次,澳大利亚在教育安置方面进行了大胆的尝试。例如,在南澳大利亚州,所有的学生最初都在附近的地区学校就读;在维多利亚州,早在1993年,在特殊教育学校接受教育的学生的比例已经至少降低了50%,半数以上的障碍学生已进入了普通学校。

韩国的特殊教育学校处处体现着对残疾儿童的周到考虑和关怀。相对充足的经费保障了学校设施的先进性,其与社区普通学校相比往往更胜一筹。教育资源的开放性,成为吸引社区和普通学校支持特殊教育的因素,为实现残健融合、学校与社区融合创造了条件。

值得注意是,尽管当前许多国家仍然还有特殊学校存在,但这并不意味着特殊教育体系还存在。在融合教育背景下,特殊学校的存在更多的是作为一种补充,而不是与普通学校平行发展,更不是残疾儿童接受教育的主导场所。

二、我国特殊学校的职能拓展

（一）随班就读:特殊学校转型的背景

在随班就读的实践过程中,我国逐渐形成了以大量特教班和随班就读为主体、以一定数量的特殊教育学校为骨干的特殊教育发展格局。全国义务教育阶段随班就读的特殊学生如今已达25万多人,占这个学段在校特殊学生总数的2/3。面对特殊教育发展的新形势、新格局,有人开始疑惑:在随班就读不断深入开展的今天,我们还有必要建设和发展特殊教育学校吗?在融合教育的国际背景下,特殊教育学校是否还有存在的必要?从现实状况来看,特殊学校的发展也不容乐观,由于绝大部分特殊孩子家长愿意让孩子和健全孩子在一起学习,而不愿意把孩子送进特殊教育学校集中学习,因此进入普通学校随班就读的特殊孩子越来越多。直接结果是目前特教学校学生人数萎缩,越来越多的特殊教育学校开始面临生源危机。在这种大背景下,特教学校的转型势在必行。[1]

另外,随班就读体系无法发挥其支持的作用,难以促进残疾学生成功完成学业以成功实施融合教育。当前我国的随班就读政策并不完善,多美好的口号与标语,少实际的执行策略,导致政策目标与实际执行之间存在矛盾与冲突。[2][3] 导致的结果是,在教师方面,随班就读教师接受的培训较少,与特教相关的知识缺乏,专业化发展水平较低。负责为随班就读残疾学生提供服务的巡回指导教师和相关的包括语言治疗师、物理治疗师在内的服务

---

[1] 全纳教育与特教学校变革的文献综述. http://wenku.baidu.com/view/495d49c06137ee06eff9185d

[2] 邓猛.特殊教育管理者眼中的全纳教育:中国随班就读政策的执行研究[J].教育研究与实验,2004(4):41—47.

[3] 王洙,杨希洁,张冲.残疾儿童随班就读质量影响因素的调查[J].中国特殊教育,2006(5):3—13.

人员严重缺乏,残疾学生所需要的特殊教育和相关服务都得不到充分的满足。在经费问题上,当前只有少数省市设有常规性的随班就读经费,绝大多数地区没有制度性的随班就读拨款项目。大多数学校缺乏落实随班就读工作方面的经费,经费缺乏导致教师培训活动、科研活动难以开展和资源教室建设得不到保障。

在特殊学校面临生源不足、随班就读面临资源不足的背景下,如何协调二者之间的合作关系成为特殊教育所面临的关键问题。为此,北京市在《北京市残疾儿童少年随班就读工作管理办法》(试行)中规定"区县教育行政部门要设立具有单独编制和管理人员的特殊教育中心,可建立在当地特殊教育学校内"。北京市充分发挥区县特殊教育中心对随班就读工作的管理、培训、研究、指导与服务功能。特殊教育中心的具体职能包括:(1)负责对辖区内随班就读对象进行审核并备案;(2)对随班就读教育教学工作进行研究指导;(3)指导学校资源教室的建设和资源教师的培训;(4)对康复训练进行指导;(5)组织开展随班就读教师专业培训;(6)对社区及家长提供咨询服务等。

总的来说,在融合教育发展的趋势之下,要求特殊教育学校应成为特殊教育的资源中心、指导中心、研究中心、咨询中心。[①] 作为资源中心,特殊学校应注意收集和提供丰富的特殊教育资料,为所服务区域的特殊学校和普通学校服务(如盲校提供点字以及录音书籍、教科书、趣味性故事书、课外读物等)。作为研究中心,特殊学校应利用自身的有利条件,召集特殊教育教师从事课题研究,开展相应的教研活动与科研工作。作为咨询中心,特殊学校应为所服务的组织提供教学咨询、科研咨询、信息咨询等。作为指导中心,特殊学校应定期派教师为相关组织提供特殊教育教学方面的指导,并组织相关专业培训工作。

(二)融合教育背景下特殊学校的角色定位

在新形势下,特殊学校应该重新进行角色定位,即由传统的教育残疾儿童的主要场所转变为融合教育的服务者、合作者与领导者。[②] 早在1994年我国颁布的《特殊教育学校暂行规程》中就已经明确要求"特殊教育学校要

[①] 雷江华.学习型社会条件下特殊学校职能的转变[J].中国特殊教育,2004(8):63—67.
[②] 苏慧,雷江华.国外全纳教育背景下特殊学校的角色定位及其启示[J].现代特殊教育,2011(7—8):87—89.

在当地教育行政部门领导下,指导普通学校特殊教育班和残疾儿童、少年随班就读工作,培训普通学校特殊教育师资,组织教育教学研究活动,提出本地特殊教育改革与发展的建议"。① 当然,《特殊教育学校暂行规程》虽然强调的是特殊学校对普通学校的"指导"功能,但已经认识到融合教育的发展与特殊学校是不可分割的。联合国教科文组织发布的《为了每个学生的发展:满足儿童的特殊教育的需要》中也指出,"我们的目标是提高融合性学校的融合教育的质量和水平,同时保障和发展特殊学校和机构,我们对特殊学校的角色定位是发挥自身的优势,和融合学校一起支持融合教育"。对于特殊学校的服务角色,约翰·贝克(John Baker)指出,未来特殊学校的发展主要是在两个方面:一是作为专业的教育中心为极重度和多重障碍的学生提供教育和支持;二是与融合学校共享他们的专业知识与技能,为融合学校提供相关服务。

特殊学校和融合性学校合作的具体方式多种多样:特殊学校的教师可以作为资源教师到融合学校中为有特殊需要的学生开展训练与辅导,融合学校的特殊学生可以有部分时间在特殊学校接受教育。特殊学校也可以作为资源中心为普通学校教师提供有关特殊教育的评估、计划制订、分层课程设计、教学方法、康复等方面的服务。特殊学校的教师作为融合学校的协调员,协调教师、治疗师、管理者、普通学生的家长和特殊学生的家长等人员之间的关系。

近年来我国很多地方的特殊学校都在竭力谋求与普通学校进行合作来推动残健儿童的融合。2013 年北京市颁布《北京市中小学融合教育行动计划》,明确提出了双学籍制度。北京市听力、肢体、言语、视力、智力及精神等7 类残疾学生,可享受双学籍制度,即除了可就读特殊教育学校外,还将接受能力评估,符合条件者可就近进普通学校就读。这样,学生可具有特殊教育学校学籍和户籍所在地就近入学的普通学校学籍。②

(三) 特殊学校的职能转变

1. 特殊学校的评估职能

从特殊儿童的发现和确诊,到个别化教育计划的制订与修订,再到对计

---

① 特殊教育学校暂行规程. http://www.moe.edu.cn/publicfiles/business/htmlfiles/moe/moe_621/201001/81870.html

② 7 类残疾学生可享双学籍. http://news.sina.com.cn/o/2013—05—16/034927135690.shtml

划实施过程的评估,直到对儿童教育状况的追踪,都离不开科学的评估。①学校为残疾儿童所开展的评估属于教育评估范畴,教育评估主要包括三个方面:残疾儿童的智力、学业成就、社会与行为技能。这三方面的教育评估需要多方面的教育人员来共同实施和操作,包括特殊教师、普通教师、相关服务人员(如言语治疗师、学校咨询师、社会工作者、听力和视觉方面的医生等专业人员)。在评估过程中,评估人员需要收集特殊儿童的全面信息,包括特殊学生的优势、需要和所存在的问题等。教育评估的重要意义在于为残疾学生制订行之有效的教育计划提供有用的数据。

在我国的特殊教育发展实际中,虽然有大量特殊儿童在普通学校中随班就读,但多数普通学校中并没有配备相应的特殊教育专业人员,普通学校自身缺乏评估特殊儿童所需要的专业团队。因此,在目前特殊教育发展阶段,特殊学校仍然要发挥对随班就读学生的教育评估职能,特殊教育学校负责对特殊儿童进行评估和鉴定是目前我国特殊教育融合教育发展的现实诉求。首先,特殊教育学校可以作为评估体系的中心协调员角色,为评估收集资料和做准备,联络专业人员(如医生、心理学专家、特殊教育专业人员、教师)、家长和儿童,联系专业机构和准备评估工具,联络特殊教育学校和普通学校相关机构等。其次,特殊教育学校可以作为评估结果的执行者,向特殊儿童及其家长告知评估结果,提供特殊儿童教育安置建议,为特殊儿童与学校的沟通建立桥梁。最后,特殊教育学校可以作为随班就读儿童教育效果的监控者,为随班就读的特殊儿童提供教育发展评估和规划。②

2. 特殊学校的资源教室功能

资源教室是学校安排残疾学生在普通教室中学习之外的一种支持性服务环境。资源教室是回归主流的残疾学生接受教育辅导的主要形式,也是被研究证明有效的教育安置形式。③ 在资源教室中,资源教师评估学生的发展优势和不足,持续评估学生的特殊教育需求和教师所需的支持与指导,进行个别化的或以小组为单位的学习指导。近年来普通学校中的资源教室已经有了一定的发展,特别是在北京、上海等发达地区,资源教室数量已经有了很大增长。例如到 2012 年,北京市的资源教室数量已达到 148 个;在上

---

① 刘明,邓赐平.美英特殊儿童评估现状及启示[J].中国特殊教育,2009(9):14—18.
② 朱楠,王雁.融合教育背景下特殊教育学校职能的转变[J].中国特殊教育,2011(12):3—8.
③ 颜廷睿,邓猛.西方全纳教育效果的研究分析与启示[J].中国特殊教育,2013(3):3—7.

海,大部分学校已经制订了建设资源教室的实施方案。然而这还远远不能满足我国普通学校中的残疾学生的需求。统计数据显示,即使是在北京这样的发达城市,2011—2012 学年,在北京市开展随班就读工作的 1071 所普通中小学中,仅有 102 个资源教室,服务于全市 5647 名随班就读特殊儿童,平均 10 个学校共用 1 个资源教室。除了普通学校资源教室数量不足外,就现在已经建立的资源教室而言,其质量也存在诸多问题。例如,资源教室在运作过程中存在缺乏管理、服务对象单一、硬件资源不足等问题;资源教师的特殊教育专业知识和学科教学的基本技能不足,专业素养不高。[①]

相比而言,当前我国的特殊学校则拥有更丰富的资源,包括语言康复室、动作训练室以及其他各种康复设备和器材。特殊学校有经验丰富的特殊教育教师,能够针对残疾儿童的身心特点予以个别化的、支持性的教育。因此,在当前我国随班就读资源教室发展不完善的情况下,特殊学校能够很好地承担资源中心的职能。

3. 特殊学校的培训中心职能

随班就读学生的教育责任落在每一位教师身上,具有融合教育素养的教师是成功实施随班就读的关键所在。然而目前我国在融合教育专业的建设方面相对滞后,目前除了北京师范大学、华中师范大学、华东师范大学等高校开设特殊教育(融合教育方向)研究生层次、南京特殊教育职业技术学院开办初等教育专业(随班就读教育方向)专科层次之外,尚无其他高等师范院校开办融合教育专业。大部分开设特殊教育专业的院校仅在课程设置中加入了融合教育理论等介绍性质的选修课程,尚未形成系统的专业及课程体系。在普通师范院校中,大部分师范类专业的培养方案没有涉及特殊教育课程,在一项关于我国普通师范院校特殊教育课程设置的调查中,所调查的 137 所普通师范院校中,开设(包括曾经开设和偶尔开设)特教课程的仅有 19 所,绝大多数院校(118 所)因师资等多种原因从未开设过特教课程(包括必修课或选修课)。对在职教师的调查情况同样并不乐观。研究显示,当前随班就读教师的专业化水平较低,职前和职后培训缺乏,教师接受培训的愿望也不高。[②③]

[①] 孙颖.北京市资源教室建设现状与发展对策[J].中国特殊教育,2013(1):20—24.
[②] 华国栋.残疾儿童随班就读现状及发展趋势[J].教育研究,2003(2):65—69.
[③] 李泽慧.近二十年我国随班就读教师培养研究与反思[J].中国特殊教育,2010(6):8—12.

因此,在普通教师职前教育与在职培训都严重缺乏特殊教育课程的情况下,发挥特殊学校的培训中心职能尤为必要。特殊教育学校拥有一批具有丰富实践教学经验的特殊教育骨干教师,他们能为随班就读教师提供鲜活的教学、训练实例,为随班就读教师培训提供重要的案例学习资源。① 从北京、上海等地区的随班就读教师培训经验来看,发挥特殊教育资源中心的培训职能,是提高随班就读教师素质最有利的途径。

4. 特殊学校的巡回指导功能

巡回指导是组织专家队伍,从一个学校到另一个学校开展评估、提供咨询、材料,甚至开展一些直接教学的活动。② 特殊教育教师需要为特殊学生和普通教师提供巡回服务。巡回教师有一个连贯的时间表,在不同的学校工作,到教室里通过个别化或小组的方式指导学生。巡回教师为普通教育教师提供材料和教学建议,帮助他们解决问题并与其磋商教育问题。③ 巡回指导人员包括语言病理学家、学校心理学家、社会工作者、特殊教师等。特殊学校的巡回指导一般有两种形式,一是特殊学校设立专职辅导教师定期到学区内的随班就读学校巡回听课,指导普通学校教师改进教学方法、为他们答疑解难,并且直接辅导随班就读的学生。二是定点辅导,特殊学校与普通学校或特殊班建立定点对口支援关系;不仅教师相互交流学生在某些时间段也可以根据课程与学习需要与老师和同事交流。④

本章小结

作为一项系统性的教育变革,融合教育的发展不仅关涉传统教育体制的改革,还需要普通学校与特殊学校的整体性调整与变革。总的来说,融合教育需要确立宏观的融合教育体制,微观层面融合学校的创建,以及特殊学校的成功转型。

融合教育要得以发展,首要的就是要建立融合性的教育体制,变革传统的特殊教育与普通教育相互隔离的双轨制,将普通教育与特殊教育体系

---

① 朱楠,王雁.融合教育背景下特殊教育学校职能的转变[J].中国特殊教育,2011(12):3—8.
② 刘春玲,江琴娣.特殊教育概论[M].上海:华东师范大学出版社,2008.28.
③ 阿拉汉,考夫曼,普伦.肖非等译.特殊教育导论(第十一版).中国人民大学出版社,2011:11.
④ 顾定倩.特殊教育导论[M].大连:辽宁师范大学出版社,2001:270.

合到一起。这既是融合教育本身发展的需要，也是教育体制改革体现公平正义理念的要求，更是世界上教育发展的主要趋势。对于我国的教育体制而言，尽管目前在教育行政管理、教育安置形式等方面还有浓厚的双轨制色彩，但融合教育的发展还是对我国的特殊教育产生了一定的影响。我国也已经将融合教育作为特殊教育发展的主要方向。但是要实现真正的融合教育，我国还需要改革当前的教育行政管理体制，推动融合学校的创建和特殊学校的转型。

融合教育主要是通过融合学校的创建来实现的。融合学校强调接纳、归属和社区感，与传统学校相比有很大的差别。融合教育的基本特征主要体现在六个方面，即形成统一的愿景、强有力的领导、高标准、支持资源与服务、高质量教学和高质量的专业发展。融合学校的创建要求全校教职工转变传统的教育观念，树立融合教育的理念，加强与学生家长的合作；学校领导者要重构学校的体制结构，制定学校融合教育发展政策，鼓励所有教职员工参与教育并共同承担教育有特殊教育需要的学生的责任。融合学校的创建主要包括三个方面：融合性文化、融合性政策和融合性实践。为了实现这三个方面的融合，融合学校需要通过十个步骤来实现。

在融合教育的背景下，传统特殊学校面临着两条道路：或者消亡，或者进行职能转变。当前西方国家中，尽管特殊教育体系已经不复存在，但特殊学校并没有完全消失，特殊学校通过转型发挥着更加综合化的功能。在我国，特殊学校将发挥更重要的作用。在新形势下，特殊学校需要进行角色转变，成为普通学校的合作者与服务者，共同推进中国融合教育的发展。为此，特殊学校需要进行职能转变，发挥特殊学校的评估职能、资源教室职能、培训中心职能和巡回指导功能。

思考题

1. 融合教育与教育体制改革之间的关系是什么？
2. 融合学校的基本特征是什么？
3. 融合教育背景下特殊学校应该如何转变？

推荐阅读

1. Richard A. Villa and Jacqueline S. Thousand. Creating an

Inclusive School [M]. 2nd Edition. 2005.

2. ThomasGary, WalkerDavid, Webb Julie. The Making of Inclusive Education [M]. London and New York: Routledge, 1998.

3. 黄志成等. 全纳教育——关注所有学生的学习和参与 [M]. 上海: 上海教育出版社, 2004.

4. 杜晓萍. 全纳学校特征探析[J]. 外国教育研究, 2008, 10.

5. 罗建河, 谭新斌. 认识全纳学校[J]. 外国教育研究, 2009, 1.

6. 卢乃桂. 融合教育在香港的持续发展——兼论特殊学校的角色转变[J]. 中国特殊教育, 2004, 11.

7. 邓猛, 彭兴蓬. 国外特殊教育基本文献讲读[M]. 北京: 北京大学出版社, 2015.

第六章 融合教育的课程与教学理论

本章导言

小鑫,女,12岁,轻度智力障碍。由于智力障碍,思维能力差,对于那些逻辑思维强的知识难以掌握,简单的知识也容易遗忘;学习缺乏主动性,更有畏难情绪,遇到新问题时便会等待帮助或放弃,不能主动尝试解决,特别是六年级进入青春期后,性格更加内向、不自信,理解和概括能力差。

人教版小学数学六年级下册《数学思考》一课难度较大,要求学生学会总结规律。小鑫虽然在之前的学习中也有了握手问题和植树问题的相关知识基础,有一些感性经验,能够动手摆一摆画一画,但不能完整地表述问题或自己的想法,不能进行较符合逻辑的推理、判断,抽象思维能力差。因此对于数学的思考她既没有兴趣,也无法完成。[1]

那么,小鑫的老师应该如何激发她的学习兴趣,改变其在课堂上配角的地位呢?

第一节 融合教育课程

一、融合教育课程的概念

课程作为学校教育的主要内容载体,是一定时期主流教育思想和教育观念的集中体现。融合教育课程是反映融合教育思想精髓的课程。联合国教科文组织2009年明确指出,融合教育课程作为实现融合教育的一个重要途径,其核心意义就在于,将"融合"的原则在教育系统中诉诸行动。[2] 因而,

---

[1] 案例由北京市延庆县第一小学吴会芬等老师提供。
[2] United Nations Educational, Scientific and Cultural Organization Guidelines for Inclusion: Ensuring Access to Education for All (2009) [C], Paris: UNESCO, 2008.

融合教育课程是一种普通学校为满足所有学生不同学习需求、学习风格以及文化背景等多方面的差异而设计的,弹性的(flexible)、相关的(relevant)和可调整的(adjustable)的综合课程体系。它以实现教育公平与提升教育质量为目标,改变了传统课程标准化的、封闭式的、不考虑学生异质性特征的课程设计方式。可见,融合教育课程是融合教育由抽象理念转变为具体实践的渠道和工具,其不同于传统课程(包括传统普通学校课程和传统特殊学校课程)的地方在于,课程中渗透了融合教育的基本精神和原则。

具体而言,融合教育课程的要点可以概括如下:

（一）融合教育课程面向所有学生

课程的准入是一项基本的人权诉求。融合课程既是面向所有学生的共同课程,又是适应学生个别差异的具有弹性的课程;共同课程是重新设计、调整以适应学生多样需要的起点。[①] 融合教育课程应接纳所辖学区内的所有适龄学生,不能以学生的性别、年龄、残疾、种族、文化、语言等为理由而不予接受。第48届国际教育大会(International Conference of Education,简称ICE)会议报告指出,融合教育课程应该能够反映促进社会融合的一些因素,例如:更加公平的机会获得、消除贫困和歧视等。[②] 所有儿童都有权利参与到课程中来,并成为课程的实质性贡献者。同时,儿童的权利应该融入课程的设计当中,避免出现有可能会对有特殊需要的学生带来障碍的课程设计,实现课程的"零拒绝"(Zero Reject)。融合课程反对传统的牺牲大多数能力一般或较差学生的发展需求、只注重极少数优秀学生发展的精英主义教育模式。它与近现代以来西方追求教育的大众化(平民)的教育价值取向保持一致,以儿童一般身心发展规律为基础,不仅注重儿童学业的发展,还注重儿童人格、社会交往、情感等多方面的发展,以追求教育公平、实现社会公正为终极目标。

（二）融合教育课程体现学生的差异性

融合教育课程反对课程内容和呈现方式的"主流中心论",关注的是学生的差异性、个性,而非统一性、共性,是以满足不同学习能力与需要为目的

[①] 邓猛. 关于全纳教育学校课程调整的思考. 中国特殊教育,2004(3):1—7.
[②] R. Opertti, J. Brady and L. Duncombe, Interregional discussions around a conceptualisation of an inclusive curriculum in light of the 48th International Conference on Education1 Capacity building Programme,2008[C]. UNESCO-IBE,2008.

的具有弹性的课程。弗拉里(Florian)指出,融合教育得以确立的一个很重要的标志就在于,它把学生间的差异性当作人类发展过程中的一个具有普遍意义的特征去对待和接纳。① 正如人类毛发有黄、棕、黑、白诸色之分,谋生技能有农耕、畜牧、经商之别一样,残疾、语言、肤色等也是一般意义上的人类差异性和多样性的呈现形式。课程的设计、实施和评价必须考虑到学生的多样化需求以确保"所有人都能使用"。② 因而,学习通用设计(Universal Design for Learning,以下简称 UDL)成为融合教育中迅速流行的一种实践方式(详细论述见本章第四节)。UDL 是试图根据建筑学中通用设计的理念来设计全纳教育课程,满足学生多样化需求的一种努力和尝试。它将数字媒体技术渗透于课程的各要素设计之中,通过提供多样化的内容呈现、表达与参与方式,从教和学两个方面出发增强课程的灵活性和适应性,向学生提供适宜的符合其需要的支持,克服在传统的"一刀切式"的僵化课程之下学生所遇到的障碍和困难,使所有有特殊需要的学生,特别是残疾学生能够像普通学生一样获得知识、技能和学习的热情。迪达性构成了学习通用设计的核心,保证了包括残疾学生在内的所有学生都有机会享受高质量的普通教育,体现了全纳教育背景下课程设计的核心精神。作为将全纳教育理想付诸实践的一种方式,学习通用设计体现了西方个人本位论的教育目的,追求"以儿童为中心"的民主教育,承认所有的儿童,无论残疾与否,都有着同等的融入课堂教学的权利,每个儿童是独立自主的个体,每个个体都有学习的潜力,教育要适应每个儿童的学习特点。③ 多样性的学生结构是一种资源和财富而非问题,应该乐见这种差异性的存在。④

(三)融合教育课程强调学习活动中每个学习者的充分参与

"参与"与"合作"是融合教育最基本的原则与实践方式,也是社会融合与公正目标实现的重要指标。融合教育反对现代社会知识的权威与社会文化的等级制度,主张一种开放性的、公平的对话,不赞成对歧视和压制对话

---

① Florian, L. Special or Inclusive Education: Future Trends. British Journal of Special Education, 2008(4):202—208.
② United Nations Educational, Scientific and Cultural Organization . Policy Guidelines on Inclusion In Education[R], UNESCO,2009.
③ 颜廷睿,邓猛. 全纳课堂中的学习通用设计及其反思. 中国特殊教育,2014(1):17—23.
④ Inclusive Curriculum, North Central Regional Educational Laborator[EB/OL]. http://www.ncrel.org/sdrs/areas/issues/students/earlycld/ea4lk46.htm

中的对立面。① 学校应确保每个学生都能全面、平等地参与学校课堂内外的各种教学与活动，不能因为学生具有残疾或相关服务的需求而将他们拒绝于某项教学活动之外。学校应该提供各种资源、设备与服务，改进教学策略，使全纳课程真正成为所有学生都能够学习的、高质量的课程。在现实生活中，残疾学生往往因为社会歧视与环境的限制，参与能力不足、参与机会缺乏。因此，学校应创造公平的环境与氛围，保证每个学生能实质性与平等地参与学校活动。由于学生差异性的存在，要求课程必须是灵活、可调整的，每个学生都能够从课程中体验到参与感与存在感。《融合教育共享手册》指出，融合教育课程必须具有足够的灵活性，以适应不同学生、社区、宗教、语言、种族的需要。同时，课程要能够根据个人需求进行调整，这就需要教师采取一系列本土化、个性化的支持策略，如：替代性目标、课程分层、延长课堂作业时间等，因此融合教育课程不能受到国家或中央的严格限制，教师要有充分的课程调整权限，做到统一性与灵活性的有机结合。②

（四）融合教育课程为每个学生提供成功的机会

学校应达成所有的儿童都有学习能力与获得成功的权利的共识，学校应成为每一个儿童获得成功的地方。融合课程除了要能够充分适应每个学生的需求之外，更要求课程评价机制的彻底革新。"成就"不再局限于学业考试或测验的结果，而是与课程相关的所有过程与结果。融合教育课程绝不仅仅只是把学生纳入(including)就万事大吉了，更重要的是让学生有被纳入的体验(experience of being included)，让学生在课程中体验到成就，这种成就应该与学生自身的经验相关，并体现在课程的学习结果当中。课程评价本身也不再是简单地估量学生能够做到什么程度，而是衡量学生的整体价值和潜能。③ 这样，评价作为课程实施的一个重要环节，就不再是惩罚和督促学生的工具，而是作为一种资源来支持学生学习，尤其是支持处境不利

---

① 邓猛，肖非. 隔离与融合：特殊教育范式的变迁. 华中师范大学学报（人文社会科学版），2009(4)：134—140.

② United Nations Educational, Scientific and Cultural Organization. Open File on Inclusive Education"[R], UNESCO, 2004.

③ R. Opertti, J. Brady and L. Duncombe, Interregional discussions around a conceptualisation of an inclusive curriculum in light of the 48th International Conference on Education1 Capacity building Programme, 2008[C]. UNESCO-IBE, 2008.

的学生。①② 目前我国的考试体制应该更具弹性与包容性,应将所有学生以及他们多方面发展的内容包含进来;不仅注重儿童学业的发展,还爱关注儿童人格、社会交往、情感等多方面的发展要求;不仅关注儿童现有的发展水平,更关注学生的未来发展潜能;以追求教育公平、实现社会公正为终极目标,使考试成为对学生发展的肯定而非刁难、支持而非抛弃。考试体制的改革是教学理论与方法改革的前提,否则,只能是纸上谈兵。只有在评价体制多样化的背景下,具有多样化学习需要的儿童才有发挥他们才智的空间,传统的一考定终身的单一评价模式对他们来说是一种扼杀而非鼓励。考试体制的改革不仅需要教育体制的变革与精心设计的实施步骤,更需要社会文化与体制的改变。③

二、融合教育课程的内容

融合教育课程必须在国家政策框架下运行。同时,融合教育课程的有效性是课程内容设置必须考虑的因素,也是融合教育得以开展的重要依据。在融合教育背景下,国家课程与学校课程有着怎样的关系,融合教育课程又包含哪些具体内容呢?

(一)融合课程以国家课程为基本前提

国家课程(National Curriculum)也称"国家统一课程",是指中央政府自上而下负责编制的,为确保全国范围内的学校在教育内容与标准上相一致而设计的一种课程。国家课程的实施具有权威性和强制性,其权威性和强制性来自政府的认可和相应的法律保障。同时,国家课程与地方、学校课程协调互补。④ 学校课程(School Curriculum)是由学校教师作为开发主体,旨在满足具体学校及其教师、学生的独特性和差异性需求的一种课程。⑤ 在融合教育背景下,课程要面向更为多样化的学生并要求所有学生都能取得相

---

① Black, P., & Wiliam, D. Lessons from around the World: How policies, politics and Cultures Constrain and Afford Assessment practices. *Curriculum Journal*, 2005,16(2),:249－261.
② Wiliam, D.. The Meanings and Consequences of Educational Assessments. *Critical Quarterly*, 2000,42(1), 105.
③ 邓猛,郭玲. 教育公平与特殊教育发展[J]. 教师博览,2007(11):34－36.
④ National Curriculum and Textbook Board, Banglapedia . The national encyclopedia of Bangladesh, Asiatic Society of Bangladesh,2007[C]Retrieved,2007－12－10.
⑤ 冯建军主编. 现代教育学基础[M]. 南京:南京师范大学出版社,2007:177－178.

应成就,要求国家课程在目标定位、内容要求以及评价机制上有所调整,以适应融合教育课程灵活性、相关性和本土化的需求。

美国 2001 年颁布的《不让一个孩子掉队法案》(*No Child Left Behind*,简称 NCLB)规定应"加强地方教育当局的控制权和自由度",这被视为该法案的四大基本支柱之一。联邦教育局给予各州的学校董事会以极大的决策权,这其中就包括课程实施的决策权。在美国,把这种学校拥有包括课程实施决策权在内的诸多权力的管理模式叫做"地方管理模式"(Site-based Management)或"校本管理模式"(School-Based Management)。[1] 多数学校都会有自己的课程委员会(Curriculum Committee),委员会成员包括:校董、学校管理者、教师、家长代表、学生代表以及社区居民代表。课程委员会制定的本地课程框架(Curriculum Framework at the Local Level),在课程目标上必须能够反映学校教师、管理者以及家长和社区成员的意志,在课程内容上必须能够适应当地的具体情境,这都需要在原有的联邦或州一级的课程标准基础上做一些调整或修改来实现。[2]《英国国家课程框架》也明确指出,国家课程是学校教育当中的基本要素,国家课程的目的在于为教师提供一个需要教授的核心知识概要,给学生提供最基本的教育内容;在结构上,国家课程会指定各个关键学段(key stage)学校必须教授的知识(matters)、技能(skills)和教学过程(processes);至于如何组织实施课程以达到国家课程的内容要求,则完全是学校的自由。[3] 瑞典的态度与英国类似,财政资源和优先权都掌握在地方当局手中,国家课程也只是规定最基本的价值目标和一些基础性指导。[4]

学校拥有高度的自由去组织和调整学校课程,并不意味着国家课程的重要性下降了。相反,学校更灵活地发挥自身的创造性,结合当地的社会文化特征进行本土化的课程开发与实施,正是为了更好地实现国家课程所规

---

[1] U. S. Department of Education. Education And Inclusion In The United States: An Overview[R]. Spellings:U. S. Department of Education,2008.

[2] Pattison ,C., Berkas, N., Critical Issue:Integrating Standards into the Curriculum, program associates with the North Central Mathematics and Science Consortium at North Central Regional Educational Laboratory[M]. Date posted:2000.

[3] Department of Education. The national curriculum in England: Frame document [R]. Department of Education. 2013.

[4] Engdahl I., Implementing a National Curriculum in Swedish Preschools. *International Journal of Early Childhood Education*. 2004,10(2),53—78.

定的目标,并且国家课程所要求的规范和目标往往被放在学校课程的首位。

国家课程必须明确规定学校教育应该体现的核心知识、目标及价值,在此基础上给予地方和学校充分的权限和自由,让其根据自身的具体需求来进行课程开发与实施,这已经成为西方国家课程制定的一个基本思路。同时,融合教育课程要满足每个学生的学习需要,要求课程中直接相关人员的有效参与,这些人员一般是学校校长、教师和学生家长,而这种有效参与,必定是在一个相对宽松的环境当中才能实现。正如哥温达(Govinda)所言,学校管理者、教师和家长能够有效参与到学校课程中来,对提升学校的融合水平至关重要。[1]

(二) 学业课程、社会发展课程与补充课程

融合教育饱受质疑的一个重要地方就是课程的有效性问题,西方学者关于融合教育有效性的研究主要集中在学生在融合教育环境下的学业发展、社会性发展及特殊儿童家长和普通教师的态度三个方面。[2] 融合教育课程作为融合教育理念的实行措施,课程内容对融合教育的实施效果有着决定性作用,其划分应基于融合教育的有效性维度来进行。

学业课程、社会发展课程与补充课程共同组成了融合教育课程的基本内容。三类课程中,既有国家课程规定的目标和内容,也有学校根据自身情况而开发的校本课程目标和内容。

1. 学业课程。该课程以学生的学业成就为目标导向,也是融合教育课程的核心内容。学业成就课程主要表现为具体的学科课程,英国国家课程标准明确规定了在不同关键学段学校必须开设的学科科目,如在整个义务教育阶段都必须开设英语、数学和科学课程,7~11 年级必须开设公民课程。[3] 学业课程中既有国家规定的部分,也有学校自己开设的部分,在澳大利亚,除了国家课程规定的核心内容之外,很多学校往往要开设双语教育和

---

[1] United Nations Educational, Scientific and Cultural Orgnizition Towards Inclusive Schools and Enhance Learning, A Synthesis of Case Study Findings from Different Countries, 2009[C]. Paris:UNESCO,2009.
[2] 颜廷睿,邓猛. 西方全纳教育效果的研究分析与启示[J]. 中国特殊教育,2013(3):3—7.
[3] Department of Education. The national curriculum in England: Frame document[R]. Department of Education. 2013.

双重文化方面的课程,以满足当地土著学生的需要。①

2. 社会发展课程。该课程以学生的社会适应能力与发展性能力为目标导向。社会性发展能力是儿童建立良好人际关系和融入社会的基础,同时对儿童个性、人格的形成有着重要影响,对于有特殊教育需要的儿童来说,社会性发展能力对提高他们的独立性、增强对学校与社区的参与能力以及形成积极的个人体验至关重要。② 重视提高儿童的社会适应与发展能力与融合教育的理念是一致的③,在融合教育课程中必须体现相关内容。同样,社会发展课程也包含了国家规定的部分与学校自己开设的部分,英国国家课程标准规定,在中等教育阶段(11~16年级),学校必须开设性教育与人际关系课程。④ 美国国家教育部教育统计中心的数据显示,公立高中毕业生的毕业条件必须包含的课程中,除了有英语、历史与社会学、数学等学业课程外,还列出了职业技能、商务理财及计算机操作等社会适应方面的课程。⑤ 学校课程中针对学生差异性的社会发展课程要考虑更多具体化的问题,如怎样通过课程营造一个互相尊重的、无歧视的校园环境,怎样让有残疾的儿童和普通儿童一样平等、有效地参与到学习活动中来。社会发展课程并不总是以一门单独的课程形式呈现,更多时候是通过学业课程来体现的,如通过小组学习来体现互助,通过艺术类课程学会欣赏他人,通过体验学习的成就来培养自信心等。

3. 补充课程。该课程以生活技能培养和社会转衔任务完成为主要内容,有特殊需要的学生往往需要学习普通儿童在校外通过自我探索、模仿、非系统的口耳相传就能获得的一些知识,如基本的卫生习惯、生活自理能力、性别角色等。⑥ 同时,有残疾的学生到高年级以后,面临社会转衔的问

---

① 郭宁.澳大利亚全纳教育的实践研究[D].上海:华东师范大学教育科学学院课程与教学系. 2007.

② American Association on Mental Retardation. Mental Retardation: Definition, Classification, and Systems of Supports. Washington,DC[R]. AAMR, 2002.

③ 邓猛,雷江华. 培智学校课程改革与社会适应目标探析[J]. 中国特殊教育,2006(8):17—20.

④ Department of Education. The National Curriculum in England: Key Stage 3 and 4 Frame document[R]. Department of Education. 2013.

⑤ U. S. Department of Education, National Centre for Education Statistics[R], *Digest*, Table, 2003.

⑥ Ashman & Elkins. *Educating Children with Special Needs*[M] 2nd ed.. Australia: Prentice Hall. 1994.

题,学校课程中必须提供相应的过渡课程与服务来支持他们适应以后的成人生活,发展相关的职业能力与独立生活技能。澳大利亚很多学校的校本课程中专门开设针对有特殊需要的学生的生活技能课程,如劳动技术课程,覆盖日常生活中的基本劳动技能[①];美国内布拉斯州的拉尔斯顿高中通过合作教学,为高年级的所有学生(包括残疾学生和普通学生)制订了详细的转衔课程计划,包括找工作、生活理财、社会礼仪等内容。[②] 补充课程要求的课程目标很多都是国家课程要求的目标,如良好的卫生习惯、待人友善、合作意识等,补充课程不是将特殊儿童的个别化特征个别化对待,而是融合背景下教育服务多样化的一种体现。

三、融合教育课程的特点

因为要面向所有学生,并使所有学生都成为课程的有效参与者和贡献者,融合教育课程与传统的学校课程是有区别的,主要表现在课程的灵活性与可调整性。国际教育委员会提出,融合教育课程必须是弹性化的、相关的和可调整的,以满足终身学习者的不同特征与需求。[③] 基于每个儿童都能充分参与到课堂活动中并都能有所成就的前提,弹性化原则主要体现在课程传授方法、课程材料和课程评估上。

(一) 课程传授方法的弹性化

课程传授方法的设计要能够适应不同背景、不同学习偏好的学习者,但并不降低学业标准。正如格莱夫斯托克(Gravestock)所言,融合教育绝非降低标准以让所有学生都能达到,而在于改变教师工作过程中的重点。[④] 融合教育下教师更多关注的应该是学生的差异性而非同一性,因而运用弹性的教学方法可以更好地去应对课堂中特征和需求各异的学生。依据具体的课堂情境,可以采用一对一辅导、小组协作、问题导向的学习(Problem Based

---

[①] 郭宁.澳大利亚全纳教育的实践研究[D].上海:华东师范大学教育科学学院课程与教学系.2007.

[②] Ellen F., Coteaching: An inclusive curriculum for transition. Teaching Exceptional Children. 2001.33(6):60—66.

[③] R. Opertti, J. Brady and L. Duncombe, Interregional discussions around a conceptualisation of an inclusive curriculum in light of the 48th International Conference on Education1 Capacity building Programme,2008[C]. UNESCO-IBE,2008.

[④] Gravestock P. Inclusive Curriculum Practice[EB/OL]. [2013-12-14] http://jisctechdis. ac. uk/assets/Documents/inclusion/ebulletin_3InclusiveCurriculum. pdf

Learning,PBL)、仿真情景教学等不同的教学方法。

（二）课程材料的弹性化

课程材料不局限于传统的、固定的形式,凡是有助于学生从课程中获益的材料形式都是可以采用的,例如大字课本、音频播放器、视频播录设备、触摸板等。这些材料可以让学生以不同的方式参与进课程中并在课程中表达自己。

（三）课程评估方式的弹性化

传统的、标准化的评估方式不再适合融合背景下的课堂,融合教育强调能力模式的评估方式而非传统的结果模式评估。评估的方式可以是论文写作、工作陈述、旅行记录、小组项目等。很多残疾学生通过小组合作学习,可以成为出色的小组成员并成为项目成果的重要贡献者,而一些学生只要给予充足的时间保证,完全可以取得与其能力相当的学业成就。

与此同时,融合教育课程具有较强的灵活性与可调整性,强调因材施教。并不是所有的课程都需要做调整,有的课程完全不用做调整,有特殊教育需要的学生也能很好地掌握。例如,对大多数肢体残疾的学生来说,课程基本不需要做任何的调整。有的课程只需要做很小的调整,对低视力的学生,只要为他提供大字课本和视力辅助设备,他就可以很好地看书、做笔记和看到黑板上的信息了。有的课程则需要做很大的调整,才能满足学生的特殊教育需要,例如对于一名同时具有听力、智力和肢体多重障碍的学生来说,课程就需要以尽量多的视觉信息来呈现,同时教师需要为他制定IEP,进行课后辅导,在教室中铺设无障碍通道等。很多普通学校的课程经过适当的修改或调整之后就可以满足所有学生的需求,这种修改和调整的出发点不是刻意针对班级中的特殊需要学生,而是基于"班级中每个学生都不同"的信念。有研究已经表明,对特殊需要学生有帮助的支持性策略对普通学生同样有帮助[1],如学生可以选择用更多元的方式来汇报作业,对于有语言和言语障碍的学生来说,完全可以用视频、图片演示等形式来替代口头形式的作业汇报。多样化的呈现方式无疑会让班级中的所有学生受益,因为他们会发现,同一种事物是可以用如此丰富多彩的形式来呈现的。这样,针对学生的差异性而采取的策略反过来又促进了学生对差异性的认识和理解,而这正是融合教育愿意看到的良性循环。

---

[1] Florian. L. *The Concept of Inclusive Pedagogy*[M]. Buckingham:Open University Press,2010.

第二节 融合教育课程调整

一、融合教育课程调整的类型

随着融合教育的发展,人们对融合教育的关注也逐渐从形式走向了质量。特别是随着我国随班就读工作的开展,在越来越多的特殊儿童进入普通学校后,如何实现融合、如何让他们获得有质量的教育已经成为更为突出的问题。不管以何种形式进行融合教育,最终都要回归到课程和教学的问题上来,课程调整是否合理是融合教育成功与否的重要指标之一。柯特、格拉赫、阿兰斯泰梭(Kirt、Gallagher 和 Anastasiow)认为,要真正使特殊学生从隔离的环境中脱离,并非只是靠单纯更换环境,而需要辅以适应新环境的相关服务,其相关服务可能涉及课程设计的改变、不同教学方式的调整。[1] 可见,普通教育想要实现让所有的儿童都在普通教室里接受高质量的、适合他们独特学习需要的教育目标,就必须重视调整普通教室里的课程形式、内容与实施策略,使有特殊教育需要的学生能和他们的同伴一起充分、平等地参与学校课程活动。

融合教育由于其教育对象的特殊性,其对课程的要求也有别于普通教育或特殊教育课程。自融合教育运动以来,人们一直在探讨一个问题:应该为教室内的儿童提供怎样的课程?是完全相同的课程还是不同的课程?不同的课程又该如何不同?根据本章第一节关于融合教育课程内容的介绍,不难看出融合教育的课程调整正是将普通教育和特殊教育的课程理念相容的过程,是一种既兼顾学生的学业发展,又兼顾其功能发展的弹性处理方式。只有如此,才能满足不同学生的学习需要,体现多样化的教育理念。当前国际上关于融合教育课程调整的观点较多,较为一致的看法是课程调整需要有层次性,调整的程度从少到多,循序渐进。一般而言,融合教育课程调整的类型根据学生的障碍程度和需求不同而不同,障碍程度越严重、特殊教育需求越多的学生在课程调整类型的选择上就越偏离普通教育课程的方向,调整的程度也就越大。现根据课程调整对象的不同,依次介绍以下四种

---

[1] 邓泽兴.试论融合教育推动下的课程调整[J].重庆文理学院学报(社会科学版),2012(6):148.

课程调整类型以供参考。

（一）完全相同的普通教育课程

所有学生学习同样的课程，不对课程做出任何的调整，教学目标和要求也相同。这类课程最大的特点就是对原有的课程框架不做出任何改动，如果特殊学生能够适应该课程的话，那么普通课程就将成为该生的课程，如果不能适应的话，则考虑通过调整让学生全部或部分参与普通课程的学习。因此，这类课程只适合于障碍程度非常轻的学生，如肢体残疾、感官障碍、轻度发展性障碍等学生。

（二）补充课程

对于一部分特殊学生来说，虽然有能力学习普通教育课程，但由于各种原因无法保证学习的进度和顺畅性。补充课程是以某些方式对普通课程内容进行强化或扩展，它针对的不仅仅是普通课程的内容，同时也包括能够促进学生更好地参与普通课程学习所必需的技能。扩展包含两个方面：一是对学生的优势强项进行拓展，如对于超常学生（或有特殊才能的学生），在学习原有课程的基础上通过调整课程内容的难度、层次、广度等来满足其学习需求。二是对有助于学生更好地学习普通课程的特殊需要进行补充，如针对学习障碍、严重情绪行为障碍学生所开设的辅导性质的课程。这些学生必须学习一些沟通交往的技能，才能更好地投入普通课程的学习活动。因此，为了保证学生顺利地、有意义地参与学习，最好的方法是教给学生一些行为技巧，教导他们管理调控自己的行为，教育者需要在原有普通课程的基础上，增设"行为管理"等额外的教学目标，让学生能更好地参与普通课程学习。一些重度或多重障碍的学生可能有其他特殊的教育需要必须优先解决，诸如生活自理、社会交往、职业技能等。

（三）层次性课程

分层是融合教育所要求的课程与教学变革中最为重要的组成部分，它根据学生能力与需要的不同确定适当的课程内容与形式、教学策略以及评价方式，为学生提供从完全同样到完全不同的课程选择范围以及弹性化的课堂教学与评价。① 分层主要包括课程分层、教学分层和评估分层三个方面。本节中的分层主要讨论课程分层，即教什么的问题，主要是指课程内容

---

① 邓猛,景时.特殊教育最佳实践方式及教学有效性的思考[J].中国特殊教育,2012(9):5.

的分层。

1. 多重课程

所有学生学习的课程内容、目标和主题相同,但是要求掌握的水平不同。教师可以采用不同的教学方法、设计不同的学习作业和评估方式、让学生学习不同层次的内容,并以不同的方式展现学习成果,[①]即主要通过教学的调整以实现课程目标的不同层次。按照布鲁姆的目标分类学,思维可以分为认识、领会、应用、分析、综合和评价六个层次,这可以作为多层次课程设计的理论基础。这要求教师在教学前需要先了解学生的能力,然后才能采用合适的教学方式来呈现教学内容。课程的分层,即对超常学生提供更多更复杂的内容,且经常要求他们单独完成;对于有特殊教育需要的学生则学习较少较简单的内容,且经常在别人的帮助下利用更多的教学辅助工具(如卡片、大字课本等)完成。[②] 如果学生具有理解能力,那么教师就可以要求学生理解课文内容。以表 6-1 为例,教师可根据布鲁姆对教育目标的分层以及学生认知发展的阶段特点来设计出不同层次的课程。教师可参考普通班级课程的目标找出普通学生应该学习的内容,并以此作为基点来为特殊学生设计课程内容和目标。

表 6-1 课程层次一览表[③]

最低层次	低层次	基础层次	高层次	最高层次
内容非常浅,适合智力障碍者学习	内容浅些,适合学习障碍者学习	适合大多数人学习的内容	内容难些,适合程度佳者学习	内容非常难,适合超常者学习

教师根据学生的认知发展阶段设计出不同层次的课程目标,充分体现了在课程中融入所有学生教育需求的宗旨。由此可见,多层次课程不但不会影响普通学生学习,反而会让普通学生学得更加扎实,特殊学生也可以获得适合其能力的教学,既符合融合教育因材施教的宗旨,又能减少教学的时间。但需要注意的是,一个班级中人数越多或学生之间的个别差异越大,为

---

① King-Sears, M. E. Best Academic practices for Inclusive Classroom[J]. *Focus on Exceptional Children*,1997,29(7):1—24.
② 邓猛.融合教育与随班就读:理想与现实之间[M].武汉:华中师范大学出版社,2009:268.
③ 吴淑美.融合班的理念与实务[M].台北:心理出版社,2007:153.

学生设定的课程目标就应该越多样化；教师需要的人员及技术支持也越多。

2. 重叠课程

课程主题相同,但是课程的目标和内容与其他同学不同。准确地说该课程是多层次课程的一种变化形式,即当学生在学习某个内容时不适合或者存在困难时,应考虑从这一课程主题中选择一个或多个其他内容供学生学习,在这个过程中同样要注意教学的调整。例如当六个学生做化学实验时,可安排特殊学生负责发放每个人的考卷及工作单。[①] 再如,上数学课时老师在黑板上出了一道应用题：小明折了两架纸飞机,再折三架的话,一共有几架？普通学生就按照一般的方式来学习,而对于特殊学生,老师则需要拿出两架纸飞机给学生看,然后要求特殊学生学习认识飞机,或实际地数一数有几架飞机。[②] 同样是认识形状为主题的课程,对于普通学生可能是要求认识不同形状的区别和计算它们的面积,而对于特殊学生则要求他们通过实际动手的过程来训练手眼协调、抓握技能或对基本形状的认知。因此,这种课程适用于个体能力差异较大的学生,可以为他们提供多一些参与普通课程的机会。

（四）替代性课程

即由于普通学校的传统课程不能满足某些学生的需要,教师小组需要重新为他们设计单独的课程内容与教学活动。这些课程可以根据需要在普通教室、学校或社区内进行,并吸纳有兴趣的正常同伴一起进行。[③] 替代性课程从课程主题到课程目标以及内容,都与普通学生完全不同。这种课程主要是针对重度或多重障碍的学生,旨在为他们提供更具功能性和实用性的课程,以符合其需要。从调整的程度来看,替代属于100%的调整,也就是最大限度的调整,选择使用另一种适合学生学习的课程主题、目标和内容,以及调整教学方式。当对课程进行了各种调整后学生仍然无法适应时,必须采用替代性课程,或者说是围绕生活实用技能设定替代性的教育目标和具体教学内容。例如,对分币的识别和加减代替抽象的计算,或利用计算器的使用代替复杂的运算等。需要注意的是,虽然替代性课程是对原有课程的最大改变,但仍然要以普通教育课程框架为基础,在此之上来进行改变。

[①] 杨雅瑱.融合教育下的课程发展[J].屏师特殊教育,2004(9):59.
[②] 吴淑美.融合班的理念与实务[M].台北:心理出版社,2007:175.
[③] 邓猛.关于全纳学校课程调整的思考[J].中国特殊教育,2004(3):4.

替代性课程可能要把一些学科性的课程内容替换为功能性的课程,以便支持特殊学生有效地参与普通课程的学习活动并获得相应的发展。

根据以上关于融合教育课程调整类型的分析可以发现:事实上,只有极少数学生需要单独设计的、完全不同的替代性课程。大多数有特殊教育需要的学生采用经过很小修改的、甚至是完全相同的课程即可满足需要。[①] 调整只有在需要时才有意义,过度的调整反而会适得其反。表6-2对上述四种课程类型进行了一个简单的总结:从调整幅度来看,"完全相同的普通教育课程"基本不需要做出任何调整,在使用对象上也偏重于认知障碍轻微的学生;其他三种课程或多或少需要作出调整,其中替代性课程的调整幅度最大,在适用对象上偏重于中重度或极重度的残疾学生。

表 6-2　融合教育课程调整类型比较

课程调整类型	调整内容
完全相同的普通教育课程	无须调整
补充课程	增加部分内容如学习策略、社会技能
层次性课程	改变课程内容的难度或减少部分课程内容
替代性课程	更换课程内容,提供更具实用性和功能性的内容

二、融合教育课程调整的原则

(一)选择符合学生需求的调整策略

只有能够满足不同学生学习需求的课程才是真正的融合教育课程,这样的课程调整才有意义。正如世界上没有两片完全相同的树叶一样,世界上也没有两个需求完全相同的人。每个学生无论有无身心障碍或学习困难,在不同时期和不同的情境中,都会产生不同的教育需求。就如比尔纳斯(Byrnes)所言:不是所有身心障碍的学生都需要调整,也不是一直都需要调整或是在所有的课程中都需要相同的调整。[②] 所以对于每个学生来说,都需要接受有意义且能发挥其优势和专长的课程,这也是融合教育的目的所在。

---

① 邓猛.融合教育与随班就读:理想与现实之间[M].武汉:华中师范大学出版社,2009:270.
② Byrnes,M. Taking sides:Clashing Views on Controversial issues in Special Education[C]. Chicago:Irwin Press. 2005.

因此,在调整策略的选择上,一定要做到从学生实际出发,并注意在不同的情境中关注个体的需求变化并做出相应的调整。

1. 与学生的年龄相符合

大多数教师在做课程调整的时候,都会更多地考虑学生心理年龄的发展程度尤其是智力水平,而忽略生理年龄的特点。与学生的年龄相符合,有两层含义:

第一,课程调整与学生的年龄表现相符合。在超常学生和障碍类学生的教育中都出现了与年龄表现不相符合的问题,例如,神童严永明8岁上中学,13岁便以高分考进大学,17岁又考取中科院高能物理研究所硕博连读,20岁却肄业回家,生活自理能力为零;[1]中科大少年班首批学员中出现"神童"宁铂出家为僧、干政"自我封闭"、谢彦波"有心理问题"等现象。[2] 这些现象说明课程的调整仅注意深度的扩展,一味追求知识的难度,而忽略了针对由于生理年龄而产生的心理特点进行课程的补充,这是不可取的。再如,对于认知程度较低的智障学生来说,教师往往会选择与其智力年龄相符合的课程。这就出现了一个十几岁中学年龄段的学生还在大量学习幼儿或小学阶段内容的现象,这显然与学生本身年龄段的发展是不相符合的,也使得学生更容易受到他人的嘲笑。所以作为教师,在选择课程内容的时候一定要兼顾学生心理年龄和生理年龄的特点,可考虑适当降低难度与改变教学的呈现方式,将课程内容改编成适合学生生活状态及身心发展水平的主题内容。

第二,课程调整与学生的年龄需求相符合。不同年龄段的学生有不同的需求,如学前教育阶段需要学习的是生活自理技能,基础教育阶段需要学习的是社交技能和知识,中等教育阶段和大学阶段则需要学习职业技能等。因此,在课程调整时需要考虑每个年龄段的学生应该具备的基本技能。特别是对于发展迟缓的学生来说,学习与其日常生活密切相关的技能是非常必要的。如对于一个12岁的智障学生来说,学会使用金钱购物、乘车等都是很重要的技能。

---

[1] 生活自理能力"弱智",天才少年辍学中科院[EB/OL]. http://www.people.com.cn/GB/jiaoyu/1054/2642402.html. 2004—07—15

[2] 中科大少年班不必停办. http://news.sohu.com/20050831/n226828775.shtml. 2005—08—31.

2. 与学生的能力相符合

课程的调整首先要对学生的能力进行评估,通过评估了解学生的教育需求从而制定课程和服务内容。但是在现实生活中,教师常常容易出现两种问题:一个是过于依赖评估结果,而导致对学生的能力认识不足甚至错误。由于评估时间的有限和工具的特殊性,有时评估的结果与学生的真实情况差距较大。例如罗丝(Ross)和柯纳斯(Cress)发现:对于重度障碍学生的表达性需求,接受性沟通量表的效果胜于标准化测验的结果。[1] 再如有的学生某一个测试项目上评估失败,但对评估的过分依赖会导致教师无法真正了解学生失败的原因。到底是学生本身能力有限不能达到要求,还是缺乏动机,或是其他原因所致。教师的工作不仅仅是教会学生不懂的问题,还需要了解学生不懂的原因,并以此作为课程调整的依据。另外,教师在评估时常常容易聚焦于学生的缺陷和弱势,尤其当这个学生是重度且多重障碍时。所以教师看到的是学生不能做什么,而不是能做什么。这使得教师对学生的期望不高,在进行课程调整时常常将内容调整得过于简单,使学生缺乏进一步的学习。所以,只有了解了学生的能力,教师才能选择合适的课程内容、教学顺序,以及教学方法等。

因此,课程调整要与学生的能力相符合,需要做到以下几点:第一,全面、动态地了解学生的能力。不仅仅依赖于评估表,还需要从其家庭收集信息。因为家庭是信息的最主要来源,是评估是否有意义的关键所在。此外,一个人的能力是不断变化的,这与其所处的环境以及前期的教学效果有着密切的关系。第二,为学生设计最近发展区内的课程目标和内容。维果茨基认为学生有两种能力水平,一种是现有水平,一种是可能的发展水平,也就是潜能。教学应着眼于学生的最近发展区,为学生提供带有难度的内容,调动学生的积极性,并提供支持,使其能够发挥潜能,进而向下一阶段发展。以表 6-3 为例,小冉为脑瘫儿童,具体表现为肢体运动不协调,力量、速度、柔韧性、灵敏性差。教师通过设计开发辅具教具、降低教学难度和变通方法制定了符合该生最近发展区的学期教学目标。教师制定的教学目标既考虑了该生的实际能力,又允分地给予了发展的空间。且制定的目标具体可测,使

---

[1] Ross,B.,&Cress,C.J. Comparison of Standardized Assessments for Cognitive and Receptive Communication Skills in Young Children with Complex Communicaiton Needs[J]. *Augmentative and Alternative Communication*,2006,22:100—110.

后期教师的教学评价也更加明确、更具操作性。

表6-3 智障儿童最近发展区目标设计[①]

学科学习水平现状分析	（基础知识水平、基本技能掌握的程度、学习态度与习惯、学科学习的特殊需要等） 由于疾病所致,右侧肢体基本丧失运动能力,左侧肢体也受到影响。在运动中右侧肢体主要依附于左侧肢体做伴随性动作。因为长期坚持康复训练,所以可独立完成简单的跑动、跳跃、投掷等动作,但表现出极不协调的状态。经过前一学期的个别训练,左侧下肢可轻松完成单脚独立跳跃等活动,右侧下肢在搀扶下也能向前跳出七八厘米远的距离,尤其在跑动中的耐久力和速度方面进步显著。由于眼斜视纠正手术在前一学期刚刚完成,因此对篮球项目的规范学习在上学期只是初步接触,上肢力量和精细化动作及抓握能力,特别是手眼协调配合能力有待提高。
学期目标	根据季节特点和自身发展的需要,重点在身体的灵巧性和协调性特别是上肢力量、精细化动作及抓握能力方面进行训练。 1. 全面发展身体素质。重点发展下肢轻巧灵敏的跑动、跳跃能力,上肢大肌肉力量和前臂小肌肉力量及指关节的精细化动作和抓握能力。 2. 初步掌握跑动中变速、变向;单双脚跳格子、跳台阶;向不同方向的单双手投掷;小篮球拍球、运球、传球、投篮的基本动作方法。 3. 增强体育运动的兴趣,养成锻炼身体的良好习惯;进一步培养意志品质,坚定战胜病魔康复身体的信心。

3. 与学生的兴趣相符合

学习必须引起学生的学习动机,才能有效。这就对课程的内容提出了要求,只有符合学生兴趣的课程才能调动他们学习的积极性,使其主动学习。教师要通过评估、搜集资料等途径了解学生喜欢做什么,喜欢以何种形式来完成学习任务等,这些是提高课程调整效率的必备条件。此外,教师还要注意多使用活动性教学,用游戏、讲故事等形式来创设教学情境,调动学生学习的兴趣。例如在语文教学中让学生通过角色扮演来体会课文的内容,既有利于学生的参与,又有利于学生之间的互动。

[①] 案例由东城区西总布小学李鹏老师提供。

4. 与学生的生活环境相符合

生活环境包括家庭环境、校园环境和社会环境,它会直接影响学生的学习需求、个性特点、兴趣等。与生活环境相符合,意味着课程调整能够得到家长的支持,能够锻炼学生发展所需的生活技能。只有课程调整与学生的生活环境相符合,才能最大限度地促进学生的发展,也才能真正做到从学生出发。因为处于不同生活环境的学生,对课程的需求可能是不同的。例如课程内容的选择需要考虑到不同地区的经济、文化差异,让课程充分体现出功能性和实用性。再如,对于一个每天都需要乘公交车上下学的学生来说,教会他如何乘车是首要的事情。

(二) 最少干预和最大融合

珍妮(Janney)和斯耐尔(Snell)认为在进行融合教育课程调整时,应按照从少到多的顺序调整,先调整教学,再调整课程,如果课程调整以后仍无法满足学生的需求,则考虑使用替代性活动。[①] 课程调整的目的是要促进特殊学生融入普通班级,而不是让他们被隔离或被特殊化;所以采取的调整策略应该是不易被察觉的,同时又是最大融合的。课程调整的幅度越小,意味着学生与现行课程的匹配度越高,也就意味着学生参与到普通教育中的程度越高;相反,课程调整的幅度越大,说明学生与现行课程的匹配度越低,个体与普通学生的差异就越大,学生参与到普通教育中的程度就越低。要让学生能够最大限度地融入普通班级,就要尽量选择最少干预的调整策略。例如,在普通教育课堂中,如果教师将特殊学生抽离出来放在教室后面进行与主题相关但不相同的活动,实际上是将该生和班级同学隔离开来,这是一种干预较多的调整策略;而如果让特殊学生坐在班级中读简化的教材,则是一种干预较少的调整策略。[②] 再如,做操时如果教师让肢体障碍的学生坐在教室中做其他事情而不参与班级活动,这是一种最少融合的干预策略;其实,教师可以让该生到操场上帮助喊口令,这样使其可以最大限度地参与到班级活动中去。

---

① Janney, R. E., & Snell, M. E. Modifying School Work[J]. Baltimore:Paul H. *Brookes*. 2000:26.
② 钮文英.拥抱个别差异的新典范——融合教育[M].台北:心理出版社,2009:425.

三、融合教育课程调整的趋势

融合教育课程的发展历程实质上正是特殊教育和普通教育相互博弈的过程,是一个从合到分,再从分到合的演变过程。在这个过程中,学生的主体地位日益凸显,因此面向所有学生的教育既是当前融合教育的宗旨所在,也是个体权利的体现。融合教育课程是在普通教育课程的基础上形成的,所以其与普通教育有很多的共同之处。但随着教育对象的多元化和复杂化,融合教育课程已经不能只是简单地复制普通教育或特殊教育课程,或是将二者凑成拼盘,而是需要形成自己的特点。

(一)从分科课程走向综合课程

分化指的是课程内容"在形式上主要表现为以学科知识传授为主的分科课程",这体现了发展性的课程取向。课程的统合性指的是课程内容"在形式上主要表现为以经验活动为主的综合课程"或功能性学科内容"体现了功能性的要求"。功能性课程更多地表现为把各种知识、技能及适应性的行为训练整合在一起,置于某个主题的教学中。① 融合教育自20世纪60年代登上历史舞台至今,已经对人们固有的特殊教育观念产生了强烈的冲击,也对整个教育界带来了巨大的变革。这其中之一就是对传统课程模式提出了挑战,要求对普通教育的分科课程进行统整,以主题形式来统合知识。

之所以出现这种趋势,原因有二:首先,分化课程已经不能满足教育对象的教育需求。众所周知,普通教育分科课程是以学科知识的传授为主要目标,以普通学生为教育对象的。但是这已经不能满足特殊学生的教育需要,在强调素质教育的今天,也不能完全满足普通学生的教育需要了。从分化课程走向统合课程,是当今教育发展的必然趋势。当然,这对教师提出了更高的要求。教师不仅需要具有一定的学科背景,更需要具有处理好学科分科与统合之间关系的能力,以及将课程进行适度分化、有效统合,以课程标准为基础充分利用课程资源实现教育目标的能力。

其次,统合课程能够更好地调动学生学习的积极性。长久以来,人们对于教育都有这样的疑惑:学不能致用,学习与实际生活相脱节。之所以如此,是因为我们日常生活中的事物不可能像学校学习的科目那样单一地出

---

① 盛永进.当代特殊教育课程范式的转型[J].外国教育研究,2012(1):103.

现,而常常需要学生采用系统的知识来解决问题。如一个关于春节的主题,可能就会涉及历史、语文、数学、地理等科目的内容。同时这一主题又和学生的生活非常接近,既解决了单一科目学习的枯燥,又同时将各种科目的知识糅合在一起,通过一种学生能够接受、有条理的形式呈现。由此可见,从分化课程走向统合课程,是提高融合教育效率的途径之一。

（二）从同质课程走向异质课程

所谓同质,即完全相同没有差异,在课程上是指从教材、教法到教学内容、教学评价完全相同的课程;而异质则是与同质相对应的一个概念,着重于差异性,在课程上具体是指根据学生的差异采取不同的课程。在传统的教育观念中,人们更多关注的是学生之间的共性,而忽略他们的差异性。这种观念不仅仅是对特殊学生的忽略,对普通学生中的个体差异性也是一种忽视。一直以来的普通教育课程正是这样一种同质课程,即一种课程适用于所有的学生(one size for all)。在这种同中无异的课程中,个体个性化的教育需求是无法得到满足的。对于那些有特殊教育需求的学生来说很难参与到传统的普通教育之中,更无法从中获得成功。随着世界范围内对融合教育的推进以及国际社会对人权的倡导,人们越来越开始意识到那些和普通学生有明显差异的特殊学生属于普通班级的一分子,不应该受到隔离和排斥。作为教育者,应该尊重个体差异性的存在,并为之做出相应的调整。

对于那些回到普通班级中来的特殊学生而言,异质课程的存在有如下两个重要的意义:第一,个体差异性得到尊重。异质课程的出现,首先是对人们观念的一种更新。异质课程对同质课程的挑战,不仅仅是对课程本身的挑战,更是对人们教育观的一种挑战。即每个人都是不同的,不管在外貌、行为、特质、思考还是学习和反应方式上。所以异质课程的存在,是对个体多样性的认可,是对人的本质的进一步认识。第二,学生参与度提高。异质课程为特殊学生进入普通班级提供了机会和可能性,使他们能够和同伴一起参与很多活动。通过这些活动可以增强特殊学生和普通学生之间互动的能力,进而提高其社会交流能力、运动能力和沟通的技巧。例如在学习"认识水果"的主题时,特殊学生虽然可能并不理解"水果"这个抽象概念,但是他们可以通过帮忙展示具体的水果、贴图片等逐步形成"水果"的概念。这种和他人合作或协助他人的技能,正是在团体活动中学习和获得的。

（三）从标准课程走向弹性课程

所谓的标准是衡量事物的准则，是可供同类事物进行比较核对的规则。[①] 普通教育的同质化理念直接导致了标准课程的出现，这是一种面向大众的、确保大多数学生甚至所有学生都能接受的、强调普适性的课程。这种课程很难满足全国不同地区、不同学校、不同学生的需要，也很难适应不同地区的实际，带有很强的统一性和强制性。它只是便于领导者的管理和考核，可以在一定程度上减少教师的工作量。但是统一化的标准也极大地剥夺了每个学生获得成功的机会。对于那些无法达到标准的特殊学生来说，他们大多是普通班级中的失败者。"弹性"一词则是指事物的伸缩性和变化性，是与标准相对的一个概念。用在课程上，弹性课程就是对标准课程的调整以弥补标准课程的不足。通过弹性调整使每一个学生都可能获得适合自己的教育内容，并且能够从中体验到成功，这对于他们今后健全人格的发展有着极大的促进作用；同时弹性课程也给予了教师更多的课程选择权利，对于调动他们的积极性和主动性也是很有帮助的。

第三节　融合教育教学调整

一、融合教育教学调整的内容

教学是由教师的教和学生的学所组成的一种人类特有的人才培养活动。通过教学，课程的设计与构想得以实现。因此，教学实质上是课程实施的一种手段，是对课程的目标、内容进行传达的一个过程。因此，课程解决的是"教什么"，而教学解决的是"怎么教"的问题。课程和教学两者之间既有交叉和重叠，又有各自独立的部分。课程对教学进行指引，也会受到教学的影响，二者之间是相互作用的关系。因此，教学的调整既是对课程调整理念的实现，同时也是对课程调整理念有效性的验证。如前所述，当前越来越多的普通学校已经接受特殊儿童，班级学生的多元化是今后学校发展必将面对的一种现象，传统的教学已经很难适应多元化课堂的需求。普通学校要让所有儿童都在普通教室里接受高质量的、适合他们独特学习需要的教育，就必须重视调整普通教

---

① 标准．http://baike.baidu.com/view/8079.htm．2014—12—08

室里教学的形式、内容与具体策略,以使有特殊教育需要的学生能够和正常学生一起充分、平等地参与学校的教学活动。[①] 鉴于课程与教学之间的密切关系,融合教育教学的调整重在介绍课程实现过程中与教学相关的各因素。

(一)教学环境的调整

教学环境是学生学习活动赖以进行的主要环境,它由学校内部有形的物质环境和无形的心理环境两部分构成,前者如校园校舍、教学设施、教学场所以及教室的色彩、光线、温度、空气、声音和气味,后者如学校中的人际关系、校风班风、群体规范、社会信息、教师期望、课堂教学气氛、课堂座位编排方式和班级规模等。[②] 教学环境安排得当,就能够保证、支持和促进教学活动的顺利进行;如果教学环境不良,如噪音太大、不合理的座位安排等,就可能会对教学活动产生抑制甚至消退的影响。在融合教育中,教学环境的影响尤为突出。这是因为班级里特殊学生的到来以及由此产生的多元化需求,使得过去单一、标准的教学环境无法有效地促进教学。所以教学环境的调整是融合教育能够成功的基本要素,教学改变从改变环境开始。多样化的环境意味着多样化的教学,杂乱无章的环境则意味着低质量的课堂管理。环境在教学中暗示了教师的教学方法和教学意图,教学环境的不同布置反映不同的教学理念。当教师有意识地去改变教学环境时也就意味着他们在有意识地改变自己的教学方法。

1. 物理环境的调整

物理环境主要是指现有的外在硬件条件,主要分为室内和室外环境,包括教室的建筑风格、设计、布置等。普通学校现有的物理环境主要是针对普通学生设计的,因此需要做出较大的调整,才能适合不同学生的需求。融合教育中的物理教学环境的调整,旨在确保所有学生都能够平等参与所有的学校活动,教学环境的参与程度在一定程度上反映出教育公平的实现程度。在进行物理环境设计时,可注意以下几点原则:

第一,无障碍。特殊学生能够像普通学生一样自由、顺畅地在学校中活动是融合教育开始的第一步,因此环境设计上的无障碍也就显得非常重要。学校需要为学生提供便于在校园中活动的设施,如盲道、方便轮椅进出的出入口、电梯、改装厕所等,力求为学生提供生活化、舒适、宽敞的环境。

[①] 邓猛.普通小学随班就读教师教学调整策略的城乡比较研究[J].中国特殊教育,2005(4):66.
[②] 田惠生.论教学环境对学生学习活动的潜在影响[J].课程·教材·教法,1993(10):29.

第二,适合学生的特点和需要。首先,要保证环境的安全性。在任何一个物理环境中,潜在危险来自于:(1)尖角、边;(2)突出物、凹凸不平;(3)钩角、夹缝;(4)障碍物以及悬浮物等。它们可能给儿童带来潜在的危险、威胁及伤害。[①] 环境的改变其实并不复杂,例如将实验用的玻璃杯改成塑料杯,在插座上安装外饰以防学生触电、教室过道划分线以避免学生因拥挤发生碰撞或踩踏等。其次,环境设计要符合学生身心发展特点。例如对于弱视的学生,充足而柔和的光线非常重要。因此教师需要通过增加窗帘、调节灯光等方法将教室的光线调整到最适合学生视力的程度。再者,教学环境要有弹性、富于变化,符合学生的兴趣,让他们在这个环境中感到快乐。教室的布置可随教学内容、学生需求和年龄增长做出调整。例如,针对不同的上课要求来调整座位摆放顺序。如果是讨论课,可按分组形式来组合座位;如果是自主学习,则可将每个人的座位分开,以保证互不干扰。也可根据教学内容和学生的需要,在教室内使用图片、指示语等视觉提示,让学生在潜移默化中学习。研究发现,智障学生教学中适当增加使用天蓝、鲜绿等颜色以及曲线、旋涡线等线条,可以提高其注意力。[②] 如图 6-1 所示,教师为了能够更好地关注这名轻度智障学生,将其安排在了教室里较为靠前的地方,并且在他的身边安排了多名助学伙伴以便随时能够对他提供支持。

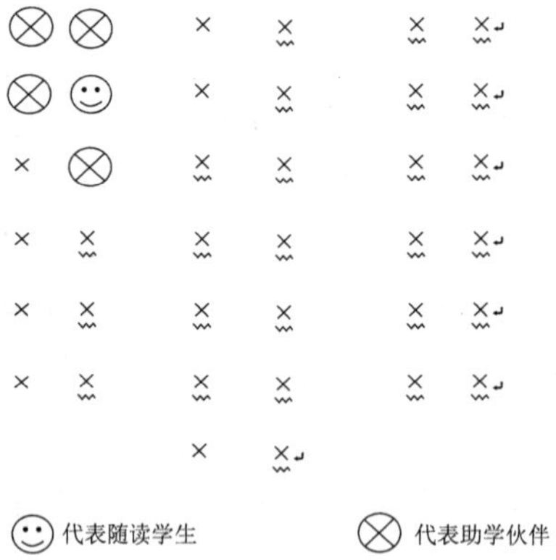

☺ 代表随读学生　　⊗ 代表助学伙伴

图 6-1　特殊学生座次表[③]

[①] 学前融合教学中的环境设置研究综述[EB/OL]. http://www.crn.net.cn/research/201207107856398.html. 2012-07-10.
[②] 孙圣涛,蔡璐. 智力落后学生对于颜色与线条爱好的研究[J]. 教育生物学杂志,2013(4):255.
[③] 该座次表由北京市延庆县第一小学吴会芬等老师提供。

第三,结构化的环境。结构化环境就是用清晰的界限为学生划定不同的活动和学习空间,以便儿童了解活动、学习与环境的关系,理解环境对他们的要求。结构化的环境,首先改变了过去单一的教室环境,使教室通过分区的形式具备了多种功能,如读书学习区、游戏活动区、休息区、生活区等。同时这种分区,也使教室功能呈现出层次化,使教师可以在教学时针对不同的课程内容和教学方法将学生安排在不同的区域来完成教学目标。

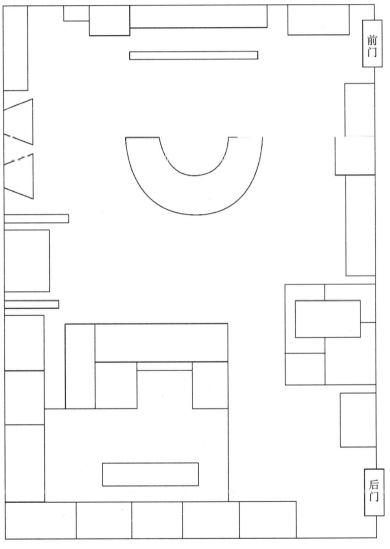

图 6-2 结构化教学教室配置图

以自闭症学生为例,结构化的环境有利于他们养成良好的习惯,能够在很大程度上提高教学效率,减少教师维持秩序和管理的时间,有利于学生的参与(见图6-2所示的案例)。教室的布局、用品的排列、区域的合理划分,可以直接帮助自闭症儿童尽快熟悉教室环境与规则,适应课堂教学。因为自闭症儿童不能恰当地分辨环境,他们不知道应在哪里游戏、在哪里学习。教学环境的安排给儿童确定了一个范围,再通过视觉提示让他们明白其中的活动及与活动内容有关的要求,帮助他们在进行这一活动时表现出符合这一要求的恰当行为。环境安排还能让儿童将注意力集中在环境中有意义的部分,忽略其他无关刺激。[①]

2. 心理环境的调整

融合教育中的心理环境调整,主要在于建立一种融合的文化,使个体在其中获得充分的尊重和心理支持。心理环境的调整需注意以下三个原则:

第一,接纳。特殊学生进入普通班级的第一件事就是要被普通学生了解、认可和接纳。接纳的心理环境才能让特殊学生获得安全感,让他们可以和同伴分享快乐与悲伤,而不用担心被嘲笑和排斥。

第二,归属感。根据马斯洛的需求层次理论可知,归属感是人类最重要的基本需求之一。对于与普通学生具有较大差异的特殊学生来说,是否能够在班级中获得归属感,会直接影响其人格能否健全发展。由此可见,在普通班级中的归属感对于特殊学生来说是非常重要的。而要让学生有归属感,就必须让学生参与班级中所有的活动,让他们感受到自己是班级中不可或缺的一分子,而不是可有可无的人。当然要做到这一点,需要通过课程和教学的调整来共同实现。

第三,合作。融合教育对普通教育带来的巨大改变之一就是对合作的强调。这种合作不仅局限于学生与学生之间,也指教师与教师之间、学校与学校之间等。合作对于学生来说,意味着参与和成功。对于那些特殊学生来说,他们在生活和学习中大多是缺乏参与的,他们要么能力不足要么机会被剥夺。所以,"参与"不仅意味着平等,还意味着快乐、互动和成功。对于教师来说,合作减轻了单个学校和教师的压力,让融合教育成为所有人的共同责任。因此合作也是打破隔离、促进融合的有效途径。

[①] 自闭症儿童康复训练:结构化教学[EB/OL]. http://blog.sina.com.cn/s/blog_9e0bfae50101df3p.html. 2012-11-13

（二）教学内容的调整

教学内容是落实教育理念和课程目标的重要载体,是教师完成教学目标的必要工作,同时也是连接教师"教"和学生"学"的重要纽带。[①] 所谓教学,是在教学计划中根据教学目标的需要有针对性地选取教学内容和材料的综合。[②] 在融合班级中教学内容的调整首先要与普通班的教学内容相一致,然后才是根据学生的个别需要进行不同幅度的调整。

1. 教学目标的调整

教学目标作为课程目标的具体化,是实现特殊学生参与课程的第一步,也是实施分层教学的前提。教学目标的调整,直接决定了教学材料、教学活动以及教学策略的使用,是整个教学中决定性的步骤。目标的制定要体现出差异性和层次性,教师要正确了解普通生和随读生的最近发展区,制定有效的目标。教师在制定教学目标时,在情感教育上普、特生一般没有或差异很小;而在知识与技能上有差异,对天才儿童的要求更高,对认知有障碍的学生要求要低一些;对某些学生有潜能的课程领域要求更高,对弱势的则要求低一些。目标的差异与层次化设计要以多元智能理论来指导,认识到每个人都拥有不同的智能优势组合,对儿童多元智能的评价,不是为了区分儿童的优劣,而是为了发现每个儿童的智能潜力和特点,识别并培养他们区别于他人的智能和兴趣,为他们提供一条建立自我价值感的有效途径,从而帮助他们去实现富有个性特色的发展。因此,是根据儿童的不同需求进行弹性化的设计,关注学生发展潜能而非不足,重视学生的最近发展区而非其缺陷,因材施教而非简单增加与减少或者高低难易的变化。教师掌握了教学目标,提高了教学的自觉性,才能选择有效的教学方法,促进教学质量的提高。学生了解了学习目标,明确了学习方向和目的,才能提高学习的主动性和自觉性,收到较好的学习效果。[③]

从表 6-4 可以看出,在进行教学活动时随读生有不同的学习目标,但他又可以和普通学生学习在同一个课堂里学习相同的内容。这使得整个教学

---

① 刘超.高中化学课堂中教学内容重要性程度的分布特征及其与教学时间的相关研究[D].东北师范大学硕士学位论文.2013:2.

② 汤鹤.江苏省中小学体育教学内容现状分析及构建研究[D].南京师范大学硕士学位论文.2013:9.

③ 实施个别化教学 提高随读生学习效果[EB/OL]. http://thjhj.blog.163.com/blog/static/1307354812009101875551157/.2011-11-18

既照顾了整体需求,又兼顾了个体差异。教师以学科教学目标为依据,结合特殊学生的认知特点与差异,制定三维目标,确定了教学重难点。比如该生记忆汉字的能力有些弱,但对有特点的汉字记忆较深刻,本课教材中的生字较简单、也有规律,因此设计了"巩固识记'既、嗓'等 6 个生字;会写由生字组成的词语'晃荡'"。该生喜欢上语文课,喜欢读书,虽然独立读书能力偏差,但能在教师和伙伴的帮助下,通过多种形式一遍遍反复地训练,将课文读下来,只是不能读得像普通孩子那样流利。另外,她的理解能力弱,但形象直观的教学手段能激起她的求知欲,因此教师设计了"能正确、比较流利地朗读课文。在教师和同学的启发下,借助多媒体课件、图片,了解课文的大致意思,激发学习的兴趣""通过学习课文,知道要孝敬父母"这两个目标。

表 6-4　智障学生学习《三个儿子》一课的教学目标调整①

普通学生	残疾学生(轻度智障)
1. 会认 6 个生字,会写 9 个字。 2. 分角色朗读课文,能读出适当的语气。再演一演。 3. 了解课文内容,懂得从小事中关心父母、孝敬父母的道理。 4. 练习用"一个(只)……一个(只)……另一个(只)……"的句式说话。	1. 会认 6 个生字,会写 9 个字。 2. 能正确、比较流利地朗读课文。在老师和同学的启发下,借助多媒体课件、图片,了解课文的大致意思,激发学习的兴趣。 3. 通过学习课文,知道要孝敬父母。 4. 模仿用"一个(只)……一个(只)……另一个(只)……"的句式说话。

2. 教学材料的调整

教学材料的调整是指对教学材料的内容、材质、种类的改变。丰富多彩、多种多样的教学材料有助于教学信息的提供与接受。教学材料作为教学内容的表达手段,要尽量采用学生能够学习和接受的方法来呈现。如通过改变字体的大小、用不同颜色来区别部首相似的字等方式来帮助学生接受信息。提示过程的多样化对残疾学生来说是很有必要的。研究发现:教师使用新的教具,如实物、视听辅助媒体,以及教师自制的教具,如定位板等,均能增强学生的学习兴趣,并且能提高学习效率。②

---

① 案例由官园小学白雪老师提供。
② 钮文英.小学普通班认知障碍学生课程与教学调整方案之发展与成效研究[R]."行政院"科学委员会专题研究成果报告.2005:310.

3. 教学活动的调整

首先,尽量运用各种活动、游戏、角色扮演等学生感兴趣的方式来引导学生学习,并适当调整活动内容的难度以切合学生的需求。教学形式的多样化能够引起学生的兴趣和参与热情,此外,活动教学可以同时达到多个不同领域的目标。学习活动性较高的任务,如:竞赛、角色扮演、游戏、口头发表等,较能促进学生主动参与或完成活动;学习活动性较低的任务,如:讲述、答题、笔试、简答等,则较少促进学生的活动参与主动性。针对特殊需求学生,可采用多样化的学习活动以便有利于丰富学生的的学习经验。

其次,教学活动的设计和调整要真实。设计的教学活动应与学生日常生活经验相符,符合度越高则活动真实性越高。针对特殊需求学生的调适而言,高度的活动真实性是基本原则,这样比较能接近学生的日常生活经验,产生强烈的学习动机、兴趣,提高学习成效,同时使学习也更加具有实用性。

4. 教学策略的调整

由于教育对象的需求不同,融合教育在教学策略上也发生了很大的改变。在西方,一系列的教学调整策略,如分层教学、个别化教学、合作教学、弹性课程设置、小步子教学、伙伴学习等被广泛地运用和推广。[1] 长时间固定在教室内学习对所有学生包括有特殊教育需要的学生来说都是一件非常困难的事情。所以教学策略的调整核心是改变过去以教师为中心的传统教育观,而转为以学生为中心,以学习的内容、学生的能力、教学的环境为依据,交替使用不同的教学策略,以促使学生融入课程。

(三)教学评价的调整

教学评价作为教学工作的一个基本环节,是对教学过程与教学效果的价值判断[2],主要是指对学生学习效果的评价和教师教学工作过程的评价。长期以来,以考试为基础的教学评价制度在整个教育体制中占有重要地位。虽然考试尤其是标准化的考试能够在较短的时间内、较大规模地考核学生的学习效果,但是应试教育背离了素质教育的宗旨,它以考试为目的,其教育模式与考试方法限制了学生能力的允分发挥,所培养的学生难以适应工

---

[1] 邓猛. 普通小学随班就读教师教学调整策略的城乡比较研究[J]. 中国特殊教育,2005,4:66.
[2] 刘志军. 走向理解的教学评价初探[J]. 教育理论与实践,2002(5):45.

作要求和社会发展,也不符合融合教育的基本理念。因此,教学评价的调整,是对传统教学评价的形式、标准、内容、步调的修改,以符合特殊学生的教育需要。对教学评价标准的生成性的关注、从对结果的评价转向对过程的评价,以及对评价结果多样化的重视,都是教学评价调整的方向和基本原则。在给学生布置作业、考试或要求学生回答问题时,可通过提供协助、教导学生作答技巧、事先将考试内容做成指引等使特殊学生能够完成考核,如表6-5所示。据一项调查显示,普通教师的作业调整形式可以采用的方式有:调整作业的长度、给予额外的教学协助、同伴互助、同伴读书会、以辅具协助学习、经常检查学生作业情形、允许学生以不同方式(例如口头或书写)完成作业,等等。[1]

表6-5　教学评价的调整

形式的调整	改变呈现形式:以录音、点字形式呈现,放大字体、拉大行距、标示关键字、提供解题线索、调整顺序、简化问题叙述(如加入图片)、给予例题提示
	改变作答形式:以不同于书面的形式作答(如允许使用计算机或辅助器材、口答)
标准的调整	降低难度、减少分量(如减少题量)、延长时间或将考试分成几个部分
内容的调整	简化内容、提供符合学生兴趣和能力的作业、配合实际情形出题(如去便利店购物)、改变题型(如将填空题改为选择题)

以标准的调整为例,如果需要降低难度,则教师可以考虑将作业设计成"套餐型",学生可以根据实际情况选择适合的作业套餐。学生可以选择练习套餐,如生字、词语、背诵等巩固性练习,也可以视情况选择复述课文、理解中心思想等扩展套餐。这样的作业布置能满足不同层次、特别是残疾学生的要求,使他们体会到做作业的乐趣。如果需要延长时间,则教师可以考虑允许一些学生回家而不用在课堂上熟练背诵课文;要求普通生第二天就交的作文作业,少数学生则可以宽限几天;在听写生字、新词时,要求一般的学生在较短的时间内掌握,要求资质优异的学生掌握更多生字、速度更快,

---

[1] 吴淑美.融合班的理念与实务[M].台北:心理出版社,2007:430.

对于学习困难的学生,则可适当延长听写时间,甚至可以分几次来完成。[①]在完成预习课文、把课文读通顺的任务时,要求普通生提前一天去预习,要求智障学生在同伴的帮助下提前2~3天去预习课文。这样就能保证在学习新课程的时候智障学生基本能跟上教学进度。

二、融合教育教学调整的策略

采用有效的教学策略可以使特殊学生和普通学生共同受益,也是教师教学技能提高的重要保证。融合教育教学调整的策略,正是打破特殊教育和普通教育隔离,取二者之长的有效方法,也是教师教育观念改进的体现。本节选取了在融合教育中较被认可,使用频率较高的六种教学调整策略进行简单的介绍。

(一)差异化教学

美国差异教学专家(Diane Heacox)在她的《普通教室中的差异教学》(*Differentiating Instruction in the Regular Classroom*)一书中提出,差异教学是教师对学生的学习需要进行深思熟虑后,针对学生的需要有目的地设计出来的教学活动。实施差异教学需要教师改变教学的速度、水平或类型以适应学习者的需要、学习风格或兴趣。差异教学强调教学要适应学习的整个进程,即学生已经掌握了什么,他们还需要学习什么,教学要与学生的最佳学习方式相契合。[②] 差异教学关注个体间的差异,强调在班集体教学中共性与个性的辩证统一。差异教学从学习内容、过程和成果三个方面为教师提供多元的选择,吸取了集体教学、小组教学、个别化教学等多种教学模式的宝贵经验,围绕最大限度满足学生学习需要的宗旨,灵活地选择和运用教学模式,以使教学达到最优化。[③]

其中,分层教学作为差异教学方法策略中的一种,是教师根据学生现有的知识、能力水平和潜力倾向把学生科学地分成几组各自水平相近的群体并区别对待,这些群体在教师恰当的分层策略和相互作用中得到最好的发

---

① 在小学中高段随读生中开展语文作业新设计的教学初探[EB/OL]. http://www.docin.com/p-597627153.html. 2013-02-08
② [美]戴安娜·荷克丝(Diane Heacox)著,杨希洁译.差异教学——帮助每个学生获得成功[M].北京:中国轻工业出版社,2004:3—7.
③ 姜智,华国栋."差异教学"实质刍议[J].中国教育学刊,2004(4):52—55.

展和提高。① 所谓"分层教学",不仅是把残障生分层,而且是把全体学生"分层"。具体做法是将全体学生根据各自的智力水平、知识水平或者兴趣特点等分成不同的层次(一般分为三到四个层次),对不同层次的学生制定不同的教学目标。对优等生着重培养他们的自学能力,而对学习潜能不足的学生采取直观、演示方法,让他们掌握最基本的内容。进行分层练习时,优等生完成训练发散思维的发展题,中等生完成训练技能、技巧的熟练题,学习有困难的学生完成必须掌握知识的基础题。通过分层教学,优等生形成能力,中等生掌握技能形成技巧,学习有困难的学生则掌握基础知识。② 例如,小张为轻度智障儿童,就读于普校四年级。在学习《触摸春天》这篇课文时,老师要求普通学生默读课文,画出文中的5句"奇迹",但只要求小张在老师的关注下画出文中2~3处"奇迹"。③ 在这个过程中,所有学生都得到了锻炼,实现了面向全体、又兼顾个体差异的教学目标。

(二) 个别化教学

个别化教学是特殊教育中最重要的教学策略之一,也是尽力满足学生不同的、复杂的教育需要的前提。个别化教学是一种以适应并发展学生的差异性和个别性为主导的教学策略与设计。更具体地说,它是指在教学过程中,老师根据学生的能力、兴趣、需要、身体状况等设计不同的教学计划和方案,采用不同的教学资源、不同的教学方法和不同的评价方法进行教学工作,从而使班级中的每一个学生都能得到合适的教育,取得尽可能大的进步。④ 它是适应并注意学生个性发展的教学,是为满足每个学生的需要、兴趣和能力而设计的教学。

个别化教育计划(IEP)是个别化教学中较为常用的一种方法。在美国,个别化教育计划是为某个特殊需要学生制订的旨在满足其独特教育需要、具有授权性的书面指导性教育文件,它清晰而详细地阐明了一名障碍学生所应接受教育的计划和相关服务。⑤ 但在我国,个别化教育计划大多时候是针对某一学科的个别教学计划,主要侧重于学科教学,如表6-6所示。

---

① 分层教学[EB/OL]. http://baike.baidu.com/view/983689.htm? fr=aladdin. 2013-04-22
② 随班就读与课程改革的对接[EB/OL]. http://mredu.org/show.aspx? id=433&cid=7. 2014-07-30
③ 案例由北京市和平街第一中学小学部梁辉老师提供。
④ 肖非,王雁. 智力落后教育通论[M]. 北京:华夏出版社,2000:212.
⑤ 盛永进. 特殊教育学基础[M]. 北京:教育科学出版社,2011:254.

表 6-6　个别教学计划案例①

学生姓名 小奇	学科　数学	实施时间 2011 年 2 月—2011 年 7 月	任课教师　陈静
学科 学习 水平 现状 分析	\multicolumn{3}{l|}{（基础知识水平、基本技能掌握的程度、学习态度与习惯、学科学习的特殊需要等） 1. 基础知识、基本概念都掌握得不好，会计算整数、小数加减法和乘数是一位数的乘法。认识平行四边形、三角形和梯形，会根据统计表制作统计图。 2. 能和同学们一起听讲，不下座位，不乱讲话，课间能在小老师的帮助下完成一些作业。 3. 在数学学习时，小奇需要老师课前进行个别辅导，课上和课下需要小老师的指导。}		
学期 目标	\multicolumn{3}{l|}{由于小奇现在的认知水平和普通同学相比有一定的差距，所以老师给他制订的个别教育计划的目标和普通同学是不同的。在普通学生的基础上有所降低，认识部分、理解部分、掌握部分都是根据小奇的知识基础给他制定的目标。 知识与技能目标如下。 数与代数方面： 1. 理解分数的意义，会比较同分母、同分子分数的大小，认识真分数和假分数。 2. 掌握奇数和偶数的概念，以及 2,3,5 的倍数的特征。 3. 理解分数加、减法的意义，掌握同分母分数加、减法的计算方法，能正确计算同分母分数加减混合运算。 空间与图形方面： 1. 能在方格纸上画出一个图形的轴对称图形，会画出轴对称图形的对称轴。 2. 知道体积和容积的意义，掌握长方体和正方体的特征，掌握正方体的体积和表面积的计算方法。 统计方面： 认识复式折线统计图，能根据统计表绘制统计图；理解众数的意义，会求一组数据的众数。 过程与方法目标： 通过课堂教学、老师的辅导、伙伴的帮助，能达到老师给他制定的教学目标。 情感态度与价值观： 1. 通过开展各种有趣的数学活动，让小奇感受到数学知识的魅力。 2. 通过各种评比，促进小奇良好学习习惯的养成。}		

---

① 案例由北京西城区天宁寺小学陈静老师提供。

续表

学生姓名 小奇	学科　数学	实施时间 2011年2月—2011年7月	任课教师　陈静
实施方法措施	（针对目标，以条目形式表述） 1. 个别辅导： (1)有关数与代数这部分知识，老师上课的前一天对学生进行预习的辅导，空间与图形这部分知识，课前给小奇准备一些实物、学具等材料，把抽象的知识形象化。 (2)课堂上让他回答一些简单的问题，帮助他树立自信心。 (3)对小奇的助学伙伴进行培训，教给她一些辅导小奇的方法。 2. 合作学习：小老师课间进行当天所学知识的辅导。 3. 定期检测：每周进行检测，及时调整学习内容、学习方法、评价标准，老师针对没有掌握的知识，对小奇进行个别辅导。 4. 习惯培养：通过各种评比，促进小奇良好学习习惯的养成。能专心听讲、按时完成作业。			
期终目标评估	（评估标准、方法及结果） 1. 会比较同分母、同分子分数的大小，能正确计算同分母分数加减混合运算。正确率达到80%。评估方法：小测验。 2. 掌握奇数和偶数的概念，以及2,3,5的倍数的特征。评估方法：口试。 3. 能在方格纸上画出一个图形的轴对称图形，会画出轴对称图形的对称轴。正确率达到70%。评估方法：小测验。 4. 掌握正方体的体积和表面积的计算方法。评估方法：口试。 5. 认识复式折线统计图，能根据统计表绘制统计图；会求一组数据的众数。评估方法：小测验。			

　　无论是开展个别化教学，还是差异教学都强调立足于学生的个性差异，促进学生的个性发展，都可以在个别教学、小组教学和班集体教学中实施。[①]两者之间略微的不同在于个别化教学更加强调的是根据学生个体的需要而设计，而差异教学则更加强调教师针对不同学生群体所做的区分与调整。当学生的障碍程度较重，与班级其他学生差异较大时，可考虑采用个别化教学策略；当学生的障碍程度较轻，班级内学生特殊需要的差异相对较小时，

---

① 赵小红，华国栋. 个别化教学与差异教学在特殊教育中的运用[J]. 中国特殊教育，2006(8)：40—45.

可考虑差异教学。但更多的时候在普通班级中是将两种教学策略结合使用,往往是在差异与分层中实现个别化教学的目标。

（三）小步子教学

小步子教学是指根据特殊教育需要儿童身心发展的特点,在必要时把教学内容分解成若干个步骤、若干个小的组成部分或若干个步子,然后按步骤一步一步进行教学的一种方法。它是先将目标教学任务分解成循序渐进的较小单元,接着对学生是否掌握特定的行为、技能或难点加以评价、鉴定,然后针对问题设计教学方法,循序渐进地训练学生完成整个单元的学习任务。[①] 小步子教学,不是简单地减少教学内容,而是教师将一个知识点分解成若干个小点,每一个小点又紧紧地围绕这个知识点,一层一层地进行教学,以便最大限度地贴近学生的认知水平。[②] 但这并不意味着所有的儿童在所有的情况下都需要小步教学。在某方面有特殊才能的儿童,可能需要大步子教学。就某种特殊教育需要儿童来说,在某一方面需要小步子,而在另一方面可能要进行大步子教学。资质超群的天才儿童,在学习文化知识时,需要加速、加深、加宽培养,他们需要跳跃式的大步子教学。肢体残疾的儿童在动作协调、生活自理能力等方面可能需要小步子教学,而在文化课的学习上或许要用大步子教学。步子的大小应该因人而异,同样的内容分解,对一个学生是小步子,对另外一个学生就可能是大步子。适合分解成几个步骤,既要看教学内容的难易,又要根据学生的特点。确定步子的大小,要体现个别化教学的思想。

（四）合作教学

长期以来人们习惯于一个教师负责一个班级教学的组织形式。自20世纪60年代以来,一种新的教学形式"合作教学"（Co-teaching）开始在英美等国成为重组初中教学的基本策略,并随着融合教育的发展成为一种教师在普通班级里满足异质的、多样的学生学习需要的特殊教学策略与技巧。合作教学主要指特殊教师或者专业人员与普通教师共同承担教育普通班级具有异质的、多样化学习需要学生的责任。这种合作教学的形式使普通教育与特殊教育相互渗透、融合,改变了传统的特殊教育模式以及普通教育的形

[①] 盛永进.随班就读合作教学的几种形式[J].现代特殊教育,2013(11):49—50.
[②] 马达良.小步子教学一得[J].现代特殊教育,2001(5):31.

式与发展方向。① 合作教学一般而言指课堂上有两位以上教师共同合作上课,或分担教学,或主辅结合,相互协作完成课堂教学任务的一种形式。② 合作教学是指普通班及特殊教育的合作,在合作教学的教室中,普通班教师及特殊教师合作发展课程、分享计划、进行教学呈现、对学习进行评估及管理,以提供更整体的服务给学生。范尼克(Fennick)提到:在合作教学中,是由普通班教师及特教教师组成合作小组,去调整普通教育教室中的环境、课程及教材或教学法。③ 根据合作教学的定义,库克(Cook)和弗伦德(Friend)对其特定的要素加以分析,归纳出四个重点:①合作教学包括两位或更多位教育者;②普特专业人员都积极参与学生的指导;③教育者是在教导异质群体的学生,包括残疾学生;④合作教学的指导,主要发生在单一教室或物理空间。④

（五）合作学习

合作学习是20世纪70年代初兴起于美国,并在70年代中期至80年代中期取得实质性进展的一种富有创意和实效的教学理论与策略。合作学习又称协作学习,是以现代社会心理学、教育社会学、认知心理学等为基础,以研究与利用课堂教学中的人际关系为基点,以目标设计为先导,以师生、生生、师师合作作为基本动力,以小组活动为基本教学方式,以团体成绩为评价标准,以标准参照评价为基本手段,以大面积提高学生的学习成绩、改善班级内的社会心理气氛、形成学生良好的心理品质和社会技能为根本目标,极富创意与实效的教学理论与策略体系。⑤ 合作学习是指学生组成异质、多样的学习小组共同努力完成小组的学习目标,在完成任务的过程中提升学业成就、促进社会交往能力发展。主要包括伙伴学习(Peer Learning)、小组学习(Group Learning)、同伴辅导(Peer Tutoring)、同伴协助(Peer-Assisted Learning)、结对子(Pair Learning)等方式。

---

① Gately, S. E., Gately, F. J.. Understanding Co-teaching Components [J]. *Teaching Exceptional Children*, 2001, 4:40—47.
② 盛永进.随班就读合作教学的几种形式[J].现代特殊教育.2013,11:49—50.
③ Fennick, E.. Co-teaching: An Inclusive Curriculum for Transition[J]. *Teaching Exceptional Children*, 2001, 6:60—66.
④ Cook, L. & Friend, M.. Co-teaching: Guidelines for Creating Effective practice[J]. *Focus-on-Exceptional*, 1995, 3:1—16.
⑤ 马红亮.合作学习的内涵、要素和意义[J].外国教育研究,2003(5):16.

同伴互助作为合作教学的一种形式,在融合教育教学中有着重要的作用。同伴互助是指通过得到地位平等或匹配的伙伴(即同伴)积极主动的帮助和支援来获得知识和技能的学习活动。① 同伴互助作为合作学习的一种变形模式,通过互助主体之间的主动性互助使个体之间能相互受益。② 这种方式改变了一般教学中教师和学生的单向传递,代之以学生和学生之间的多向交往。普通学生可以通过帮助特殊学生,增加与特殊学生的情感交流并接纳特殊学生,而有特长的特殊学生同样可以尽自己所能来帮助普通学生,使普通学生认识到自己的价值,增强他们与普通学生交往的信心,促进学生之间的相互交流和沟通,打破长期以来形成的隔离状况。③ 使用同伴互助的教学策略时,要特别注意特殊学生同伴的选择,不要将其同伴固定化,在无形中致其二次隔离。例如班级中有一个使用轮椅的同学,那么老师在使用同伴互助时可以轮流让班上不同的同学与其进行同伴互动的活动。这样既有利于团结、互助的班集体的形成,也可以在一定程度上消除助学伙伴父母的顾虑。

(六)结构化教学

结构化教学是"为儿童营造一个具体、清晰的学习环境,利用简单的程序表协助他们建立常规,又利用特意的视觉安排设立合适的工作系统,并以视觉作为教学的主导,使儿童对环境和事物有较好的掌握,减少他们对环境的混淆感,从而减少其行为问题的一种操作思想或方法"。④ 通过结构化教学,可以帮助特殊学生理解环境,适应环境的要求及教导者的要求,有利于特殊学生集中注意力,还能够帮助特殊学生独立完成工作并提高管理自己行为和情绪的能力,是提高特殊儿童学习效率和适应普通班级环境的一种有效策略。

需要注意的是在教学上谈到结构时,可包含两重意义,一种是教学情境的结构,一种是教法上的结构,但两种结构的目的都是要完成教学目标。无论普通班教学或特殊班的教学,都有其教学结构。一般来说,教学情境的结

---

① 试论同伴互助学习的基础、涵义与研究课题[EB/OL]. http://www.pep.com.cn/kcs/d6xy/lj/d6c/lwj/201205/t20120510_1122144.htm. 2012-04-27
② 唐莉.轻度智障生随班就读语文教学设计个案[J].现代特殊教育,2001(5):19.
③ 熊琪.学生参与及全纳教育的实施[J].现代特殊教育.2007(8):29—31.
④ 赖欣怡.个别化工作系统对小学普通班自闭症学生独立完成学习活动行为之研究[D].台湾:屏东教育大学硕士论文,2014:3.

构是为了完成教学目标,对教学情境所作的组织与安排。例如,学校为了在一学期内完成学习的内容,会订出课表、编排进度、定期评量、规划教室空间等。这些课表、进度、评量、教室的规划等皆属于完成目标所用的结构。故在教学情境中(包括时间、空间、教材、教具、教学活动等),凡为达到目标所作的组织及安排,皆可称为教学的"结构"。学生程度差异越小,教学目标越单纯(如普通班),所需结构则越少;学生个别差异越大,且教学目标越多样,所需结构则越多。而教法的结构可视为一种为完成工作所需的帮助。教法上的结构是指为了帮助学生学习而使用的方法。当教师在做有效教学时,要根据学生认知的复杂程度来提供结构。例如,教师要求学生把一袋糖果,分别以5个为单位放入塑料袋中,此任务所要求的技能是"能正确地数出5个物品"。但若学生缺乏此能力,仍可以完成此项工作,只是教师需要提供额外的结构来帮助他完成此项工作,例如提供一个有5个小格子的容器,学生只要会在每个格子内放一粒糖果,同样可以完成该工作。此即提供结构以减少认知复杂度的做法。[1]

三、融合教育教学调整的发展方向

(一) 教学组织形式从传统的大班或集体教学向分组、合作教学转变

传统的大班教学是基于学生之间高度的同质性,但当同一班或同一组中的学生能力不一样时,就需要通过分组、合作教学的方式来改变班级形式、提高教学效率。首先,分组教学按照分组的方式,又包括异质分组、同质分组、同一年级跨班级分组、跨年级混龄分组等方式。如前论述的同伴互助就是一种异质分组的方式。其次,合作教学主要指特殊教师或者专业人员与普通教师共同承担教育普通班级具有异质的、多样化学习需要学生的责任。在融合教育的课堂中,普通教师和特殊教育专业教师的合作,可以充分发挥彼此的优势以便更好地满足所有学生的需要。这种合作教学的形式使普通教育与特殊教育相互渗透、融合,改变了传统的特殊教育模式以及普通教育的形式与发展方向。[2] 因此无论是合作教学还是分组教学,都是着眼于

---

[1] 杨碧桃.结构式教学环境在启智班的实施研究[J].屏东师范学院学报,2001(13):111-136.

[2] Cook L, FriendM. Co-teaching:Guidelines for Creat-ing Effective Practice[J]. *Focus on Exceptional Children*,1995.28(3):1-16.

学生的异质性。尤其是其所体现出的个别化教学思想和融合教育的合作精神,既是对传统大班或集体教学不足的弥补,更是对传统教育观念的突破。

（二）课堂管理从传统的强调纪律走向注重多种积极支持

传统的课堂教学大多靠纪律和教师的权威来维护,这就造成了班级中教师独大的现象。因为无论是纪律还是教师的权威,都带有很强的成人意志,而忽略了学生作为一个独立个体的所思所想。其次,纪律和权威都是以个体遵守环境为前提,而不是以改变环境或建立支持性环境为导向。因此,在传统的纪律和权威笼罩下的课堂,特殊学生遭遇最多的便是惩罚。这对于个体的发展是极为不利的,个体始终是环境中的失败者。而辅助技术的出现,则在很大程度上改变了个体与环境之间的被动关系,使个体能够在环境中获得支持,提高了参与和成功的可能性。因此,运用多种辅助技术等资源教学是融合教育的发展趋势,也是改变个体生活方式、提高个体生活质量的良好方法。

（三）教学方式由单向传递走向平等建构和参与

考夫曼(Kauffman)认为:合作教学与合作学习的广泛使用改变了传统的教学范式。教学不再是一个单向的传递与给予的过程,而是一个师生平等参与、共同经历、自主探索、思想碰撞的知识生成与发现的过程。[①] 首先,对传统单向传递式教学的摒弃,正是对知识形成规律的尊重。因为知识的形成是通过师生双方共同探索和建构而来的,而不是一个被动的、单向的传递与给予的过程。其次,在建构和参与的过程中,师生关系得到改善。从过去的教师中心真正走向了学生中心,师生多为互动的模式。再者,教学范式的转变,其实质是教师观念的转变。当教师真正意识到学生的多元化是一种教学资源而不是负担时,这种异质平等的思想才开始在教师的教学过程中起主导作用。所以,教学范式的转变,是对个体观念的彻底挑战,也是提高教学效率的根本所在。

---

① 邓猛,景时.特殊教育最佳实践方式及教学有效性的思考[J].中国特殊教育,2012(9):5.

第四节　学习通用设计理论

一、学习通用设计的内涵

"通用设计"(Universal Design)的概念最早由美国北卡罗来纳州大学的残疾人建筑师梅斯提出,是建筑学领域的一种设计理念。通用设计理念旨在减少后期的调整或特别设计,使产品或环境的适应性最大化,目的在于让尽可能多的使用者用尽量少的额外支出就能享受到各种产品、公共设施以及生活环境的便利,从而使每个人的生活简单化,其最高目标是使环境适合所有的人。① 学习通用设计(Universal Design for Learning,简称 UDL)就是试图根据建筑学中通用设计的理念来设计融合教育课程、满足学生多样化需求的一种努力和尝试。最早由美国特殊技术应用中心(Center for Applied Special Technology,简称 CAST)提出。

CAST 将学习通用设计定义为一种课程设计模式,并认为,学习通用设计是一种以满足学生多样化需求为基础的课程设计框架,包括课程的目标、方法、材料和评估等方面,它致力于减少课程的障碍,将现代信息技术渗透于课程的各个要素设计之中,通过为学生学习提供丰富多样的支持,使每个学生,特别是有特殊需要的学生都能最大限度地获得知识、技能和学习热情,并维持对他们的高期望值,保持他们的高成就水平。② 学习的通用设计强调课程的灵活性和呈现方式的多样性,以达到对不同背景、不同学习风格和不同能力的学生的适应性和通达性("通达性"也是建筑学用语,表示大多数人能够便捷、有效地进入和使用相关服务③),使他们真正掌握和理解课程。

学习通用设计的通达性体现在三大基本原则之中,④该三大基本原则则建立在现代脑科学研究成果的基础之上。根据脑科学的研究,人的大脑中

---

① 曹阳.通用设计的方法与应用[J].河南社会科学,2004(4):153—154.
② What is Universal Design for Learning[EB/OL]. http:Ilwww. cast. org/UDUfaq/Indexhtml#ql
③ 王建军.个别差异与课程发展中的通用设计[EB/OL]. http://www. ymzz. net/jycg/jxlw/zykjx/201 105/45636. html
④ Center for applied special technology. Universal design for learning(UDL)guideline 2. 0. Wakefield,MA:Author,2011.6.

有不同的功能分区,不同的功能区反映学习的不同方面。① 具体而言,大脑中有三个网络专门负责接收和加工信息,它们分别被称为识别网络、策略网络和情感网络。这三个网络系统分别对应学习通用设计的三个主要组成部分:课程信息的呈现、课程活动参与和学生在课程活动中的表达。以下是学习通用设计的三大基本原则:

(一) 学习通用设计提供多样化的信息呈现方式

多样化的课程信息呈现方式对应大脑中的识别网络,不同的个体对同一事物的识别存在差异,学习通用设计根据普通教育课堂中不同学生感知信息差异的特点,向学生提供多种因人而异的信息呈现方式,包括多样化的听觉信息、视觉信息,解释信息时采取多种可供选择的语言、图表和符号等,例如,课程内容的呈现可以同时以文本、电子文档、图片、视频等方式进行,这样就可以同时满足班级所有学生接受信息的需求与偏好。同时,知识的传授需建立在学生已有的知识背景和学习风格的基础之上,以保证在新信息与学生已有经验及知识结构之间建立联系。

(二) 学习通用设计提供多样化的行为和表达方式

学习通用设计要求课程允许学生通过不同的方式表达自己所学到的知识内容,应该让学生有充分的自主权选择自己习惯的、熟悉的方式来表达和交流他们对课程任务的理解和掌握程度。例如,依据学习的通用设计原则的指导,学生可以采用不同的媒介、通过不同的方式来完成课堂作业或过程性测试。他们可以采用论文写作、工作记录、图画、旅行视频、实物作品等不同的方式。这种多样化的表达方式,使得学生在借助于某一种媒介无法充分实现自己的目标时,可以选择其他更加有效的方式。

(三) 学习通用设计提供多样化的参与方式

多样化的参与方式对应大脑中的情感网络,情感网络解释了学生为什么以特定的方式加工和处理信息,每个个体都有自己偏好的加工信息的方式,学习通用设计考虑到了这些个性特质,并认识到,不同的学生在学习动机、参与水平与质量上是有差异的,因而要求课程提供多种提高学生学习兴趣的方式和多样化的鼓励手段。多样化的参与方式使得学生能够最大限度

---

① Rose D H. Strangman N. Universal Design for Learning: Meeting the Challenge of Individual Learning Differences through a Neurocognitive Perspective[J]. *Universal Access in the Information Society*, 2007, 5(4): 381–391.

地参与到课程活动当中,教师根据学习通用设计原则设计适合的教学环境,针对学生的个性学习需求,提供不同类型和程度的支持,以提高学生的学习动机和参与度。

学习通用设计的这三条原则牢牢建立在脑科学研究基础之上,并贯穿于课程的目标、材料、方法和评估设计之中,以学习通用设计为框架的课程设计可以使学生最大限度地降低学习障碍,实现课程对包括残疾学生在内的所有学生的"通达性"。

二、基于学习通用设计的课程

学习通用设计实质上是特殊教育研究中组织学范式指导下的一种新的课程设计框架,该理念强调,学生之所以出现学习问题是由于学习者与课程之间的互动出现了问题,而不仅是学习者本人内在能力的问题。[①] 因而,学习通用设计强调的是课程要根据学生的特点和需求进行调整和改变,而不是由学生去适应僵化的课程,也就是说,在学习通用设计指导下,改变的重点是课程本身,而不是学生。课程从设计之初就把学生的差异性考虑在内,在教学发生之前就考虑到学生潜在的障碍和困难,因而学习通用设计也要求教师必须具有前瞻意识,在设计课程之前就要了解和评估学生,以减少后续教学过程中的调整和修改,增强课程的连续性。

既然是一种课程设计框架,学习通用设计的基本原则需要贯穿于课程设计的始终,并结合现代数字技术的使用,设计出能够适应学生差异性的灵活的课程。罗素(Rose)和米耶(Meyer)认为,学习通用设计在具体应用阶段,主要涉及课程设计的四个核心要素:课程目标、达到目标的材料、使用的方法以及恰当的评估方式。

(一)学习通用设计课程目标的设定

学习通用设计课程目标强调为所有学生提供适合的挑战和难度,反映的是所有学生都要努力学习的知识与技能,同时又可以激励学生尝试多种方式达成目标。依据脑科学研究,课程目标可以分为认知目标(Recognition

---

[①] Skidmore D. Towards an Integrated Theoretical Framework for Research into Special Educational Needs[J]. *European Journal of Special Needs Education*,1996,11(1):33—47.

goals)、策略目标(Strategic goals)和情感目标(Affective goals)三部分[①],这三部分目标各自对应学习通用设计的三大基本原则。认知目标反映事实性知识,包括"谁、什么、何时、哪里"(who, what, when, and where);策略目标反映做事情的技能和策略;情感目标反映价值观念和情感的培养。

在目标的陈述上,学习通用设计认为应该将目标与达到目标的方法相分离,因为很多时候,目标的表达隐含着一种达到目标的特定方法,而这种方法很多时候限制了目标的达成。[②] 学习通用设计主张向学生提供多种学习方法,学生可以根据个人的学习能力、学习风格和偏好等选择适合自己的方法。这就要求目标的表达和陈述必须是经过精心构思的,以使课程目标的含义与达成目标所用方法的灵活性得到充分体现。一旦学生理解了学习的真正目的,就会使用不同的工具、媒介和辅助手段来达成目标。例如,教师希望学生就我国举办奥运会谈一下自己的想法,一般来说,传统的方法就是"写一篇作文,表达你对奥运会在我国举办的感受或想法",如果教师这样陈述和表达,对有学习障碍和肢体残疾的学生来说,可能就会难以完成,如果教师换成另外一种表达方式,如"选择你擅长的创作方式,创作一件有关你对我国举办奥运会感受的作品",这样一来,学生就可以有充分的选择权利,可以借助于视频拍摄、录音、绘画、摄影、表演等各种方式来达成目标,而不会局限于写作文这一种方式。

(二)学习通用设计实现课程目标达成的材料

学习通用设计要求教师能够灵活使用多种形式的材料、支持媒介和多种内容表征方式间的转换,从而促进课堂上所有学生的学习。现代数字技术的发展为现代化的课程材料呈现方式提供了多元化的选择,以多媒体为代表的数字技术为学生学习打开了更广阔的大门,扩展了学生学习的机会和途径。对于课程中的核心内容、事实、概念及原理等知识都必须通过某种媒介进行传递,这里有一个疑问,哪种媒介是最好的?事实上,没有任何单一媒介能够满足所有学生,媒介的使用要根据学生不同的身心发展特点进行转换和调节,以满足学生的学习需要。学习通用设计为学生提供内置的"替代性"或"多元化"的表征方式。

[①] Rose D H, Meyer A, Hitchcock C. *The Universally Designed Classroom: Accessible Curriculum and Digital Technologies*[M]. Cambridge, MA: Harvard Education Press, 2005. 97.

[②] 胡芬. 通用学习设计在特殊教育领域的应用[J]. 社会福利, 2014(3): 50—52.

传统意义上的印刷材料有一个弊端,即学习材料的内容与其呈现方式是不可分离的,图像和文字镶嵌在页面上,灵活表现的可能性很小。但对于数字多媒体而言,其内容的呈现方式可以独立于内容本身,通过多种多样的方式呈现相同的内容。例如,相同的图表内容,可以以任意大小、任意颜色、多角度对比等方式呈现,而且可以在不同的终端设备上相互传递,如教室的大屏幕上的内容可以实时传递到学生的平板电脑上。这种多样化的呈现方式为班级中有特殊需要的学生提供了便利,因为他们可以自由选择符合他们需求和学习能力的媒介和学习工具,在学习目标不改变的前提下,选择最有效的方式,和普通学生一样完成课程规定的目标。同时,数字多媒体工具的使用,允许学生随时查阅相关资料,这基于互联网技术的使用,使学生可以实时通过网络连接,获取相应的概念解释、百科内容、数据支持等。

(三)学习通用设计课程目标实现的方法

学习通用设计主张教师的教和学生的学两方面都具备足够的灵活性和多样性,这就要求:教师能够根据不同学习任务中学生的学习能力、心理特征、学习风格以及已有经验的情况,选择使用灵活多样的教学方法,为所有学生包括有残疾的学生提供适合的学习指导和支持;教师要能够根据课堂中学生的具体特点,灵活、适当地选择多媒体设备,准确把控课堂中学生学习活动的实际情况,适时调整信息传递媒介的使用。同时,学生也要通过学习通用设计材料的支持,采用多样化的表达方式和参与方式,来展示自己对课程的理解和掌握程度。例如,当印刷文本材料成为某些学生学习的障碍时,这些学生可以运用数字媒体工具来代替,并借助于这些工具的优势,以适合自己特点的方式表达自己,并充分参与到课程中去。

(四)学习通用设计课程目标的评估

传统意义上的课程评估模式由于依赖于单一的媒介(如纸质试卷),在对学生进行测验的同时,也考查了学生对这一媒介的掌握能力(如阅读速度、书写速度等),严格来讲,这种对某一媒介的掌握能力并不是课程本身需要学生达成的目标,而对于残疾学生来说,他们在操作某项特定媒介方面存在困难,因而这种基于单一的、固定的媒介的评估结果并不能反映学生的真实学习水平和能力。

学习通用设计要求课程评估要有足够的灵活性,这种模式可以增加评估的准确性和通达性,使包括残疾学生在内的所有学生都能够积极主动地、充分地参与到评估中,并且能够反映所有学生的真实学习状况,做到"无歧视评估"。[①] 课程的评估依据学习通用设计的三大基本原则,强调评估的呈现方式、学生在评估过程中的表达和参与评估的程度三个方面。在评估呈现方式上,评估者要充分考虑到学生获取信息的特点,对评估的媒介做相应的调整,如使用大字版的试卷或音频形式测验视觉障碍的学生。在学生表达方面,评估者允许学生使用多样化的适合自己的表达方式,既可以通过书写、汇报、制图的方式,也可以通过实物作品、制作视频等其他方式。需要指出的是,在学习通用设计课程模式下,没有哪一种表达方式是最好的,学生只需要选择最适合自己的、最能体现自己学习能力的方式即可。在学生参与评估程度方面,学习通用设计强调过程性评估和动态评估的方式,不再以终结性评估的结果来反映学生的学习水平和能力,学习通用设计下的课程要求所有学生通过使用适合自己的学习媒介、选择适合自己的表达方式,充分参与到课程中来,这意味着课程评估需要对学生学习过程中的信息获取、表达程度以及课程参与程度有尽量准确的反映,对此,终结性评估往往难以做到。同时,动态的、过程性的评估方式能够减少学生对评估的焦虑,以作为下一阶段学习的一项支持性策略的姿态出现,评估不再是针对学生的惩罚性和督促性措施,而是支持性措施,有助于学生积极地参与到评估中去。

三、学习通用设计与辅助技术

学习通用设计的应用与现代信息技术紧密相连,很多教育者对此会有疑问,学习通用设计与辅助技术的使用是怎样的关系?甚至认为,在教学中使用了辅助技术就是在践行学习通用设计了。事实上,尽管辅助技术和学习通用设计都依赖于技术,但二者是有着根本差异的。

辅助技术是指使用能够维持、增强和改善残疾人功能水平,甚至补偿和替代身体某一部分受损功能的用具或设备,帮助残疾人在生活中达到最大限度功能独立的手段。[②] 辅助技术是针对特定学生个体的工具,当学生遇到学习困难时,辅助技术强调的更多是学生方面的调整,如使用助视器、助听器等。辅助技术是独立于课程之外的,针对学生某一课程学习中的障碍而专门设计的。而学习通用设计更强调课程方面的改变,将通用设计的理念

[①] 颜廷睿,邓猛.全纳课堂中的学习通用设计及其反思[J].中国特殊教育.2014(1):17—22.
[②] 郑遥,郑检.将辅助技术引入特殊儿童适应性功能教育中[J].现代特殊教育,2010(2):24.

融入课程设计当中,这样一来,课程在设计之初就与相关技术相结合,考虑到每个学习者的需求和偏好,是一种服务对象更加宽泛的课程体系。可以看出,辅助技术是对学生的一种显性的、专门的支持性设计,而学习通用设计对残疾学生的支持是隐性的、非专门的,这样的设计更能体现对人的尊重,消除了可能会存在的标签作用。①

学习通用设计相比辅助技术有诸多优点,但学习通用设计并不能完全代替辅助技术的使用,只能尽可能地减少使用。② CAST 认为,对于一些肢体障碍和语言障碍的学生来说,轮椅、通用按钮设计、语音合成设备等辅助设备是必需的,辅助技术会在残疾学生的教育过程中持续发挥其作用,学习通用设计并不能完全消除这些辅助技术。在承认辅助技术存在的必要性的同时,要考虑到辅助技术可能带来的一些问题:第一,残疾学生在能够熟练使用相应辅助技术之前,需要一个练习的过程,太多种类的辅助技术练习需要大量的时间和精力,对于残疾学生来说无疑会成为一种负担;第二,长时间的使用容易让残疾学生产生对辅助技术的依赖性,进而会间接剥夺学生练习自身机能的机会,阻碍其发展;第三,辅助设备无法避免地会带来标签作用。

在课堂学习环境中,辅助技术更多地是以消极的、修补式的设计来消除学生学习中的障碍,而学习通用设计是以预防性、包容式的设计,强调多元价值和机会均等,为学生提供更加灵活且适合的课程服务。因此,在课堂学习中,应尽量采取学习通用设计,在课程设计本身、教学环境设置以及教学方法的调整上尽量贯彻学习通用设计的理念,而不是强调依赖辅助技术。同时,辅助技术的功能定位将更多用于增强学生与课程的积极互动,而不是用于克服课程设计中的障碍。

四、学习通用设计带来的启示

学习通用设计的出发点基于每一个学生都享有均等的受教育机会和平等的受教育权,通过"通达性"的课程设计能够充分、有效、高质量地参与课程并有所贡献,这种参与和贡献不受学生文化背景、残疾与否及残疾程度、种族、语言、性别等差异性特征的影响。这与教育公平的价值理念相一致,与融合教育

---

① 秦宗南.关于"学习的通用设计"的研究综述[J].教育实践研究,2012(3):152—154.
② Lessons Learned for Effective Technology Implementation[EB/OL].(2013-1-1)http://www.cited.org/index.aspx? pageid=206.www.cited.org/index.aspx? pageid=206

发展趋势相符合。它强调课程在设计之初就应把学习者的差异性考虑在内，而不是在课程实施过程中学习者遇到困难时再进行相关调整。正如罗素(Rose)[①]指出的，在融合教育背景下，学习通用设计从理论上赋予了残疾儿童接受高质量课程的机会，并在实践中通过与现代技术相结合，尽最大可能地满足了残疾儿童的需求，推动了融合教育的发展。可以说，学习通用设计的推广和普及，必将使融合教育在由理想到现实的转变道路上更进一步。[②]

本章小结

融合教育课程与教学直接关乎融合教育质量的成效，是整个融合教育过程中至关重要的部分，也是最具有实际操作性的部分。本章对融合教育课程的概念、内容和特点进行了简要的概述，并指出四种融合教育课程调整类型：完全相同的普通教育课程、补充的课程、层次性课程和替代性课程，其调整的核心原则为：符合学生需求、最少干预和最大融合，以及未来融合教育课程调整将会从分化走向统合、从同质走向异质、从标准走向弹性。接着介绍了融合教育教学调整的内容和策略以及教学调整的趋势。最后，重点介绍了当今最新、也是最盛行的通用课程设计理念。

思考题

1. 请比较融合教育课程与传统普通课程之间的异同。
2. 请比较融合教育不同课程类型之间的异同以及对特殊学生的意义。
3. 根据融合教育课程的调整原则，讨论下表中所列调整是否恰当，并说明原因。

---

1. 在一节数学课上，全班在练习数学，但是其中一位学生却用积木数数。
2. 班上同学在看影片，但是有位盲生被带到教室，只是因为她看不到。
3. 教室座位的安排是五张桌子拼为一组，但是有一组只有两张桌子，一个是特殊学生的位子，另一个则是协助他的普通学生的位子。
4. 高中某班正在做有关"营养"的报告，其中一个学生却只能对着一盆米和豆子自行探索。
5. 四年级的学生正练习在句子中加上形容词，但是有一位学生没有参与课程，只是因

[①] Rose D H. Meyer A. *A Practical leader in Universal Design for Learning*[M]. Cambridge: Harvard Education Press. 2006:67—162.
[②] 颜廷睿，邓猛. 全纳课堂中的学习通用设计及其反思[J]. 中国特殊教育，2014(1):17—22.

> 为语言治疗师还没有把形容词放在她的沟通板上。
> 6. 在默念时,物理治疗师把一位学生带到教室后面,练习粗大动作。
> 7. 因为一位学生的个别化教育方案中有穿鞋的目标,所以在学生已经准备要上体育课时,还要求她穿脱鞋子两次。
> 8. 因为有位学生还不会读,因此就在老师要学生读课文时,让她听音乐。
> 9. 只在上说话课时,提供特殊学生需要的沟通工具。
> 10. 一个12岁的学生和二年级学生一起上自然课,只因为她的认知发展为二年级的水准。①

4. 请分析学习通用设计在我国随班就读教学中的意义。

推荐阅读

1. 邓猛.融合教育与随班就读:理想与现实之间[M].武汉:华中师范大学出版社,2009.

2. 吴淑美.融合班的理念与实务[M].台北:心理出版社,2007.

3. June. E. Downing 普通班融合重度及多重障碍学生:教师的实务策略[M].李淑玲译.台北:心理出版社.

4. 盛永进.特殊教育学基础[M].北京:教育科学出版社,2011.

5. 颜廷睿,邓猛.全纳课堂中的学习通用设计及其反思[J].中国特殊教育,2014,1.

6. 邓猛,景石.特殊教育最佳实践方式及教学有效性的思考[J].中国特殊教育,2012,(9).

7. 盛永进.当代特殊教育课程范式的转型[J].外国教育研究.2012,(1).

8. 邓猛,颜廷睿.融合教育理论反思与本土化探索.北京:北京大学出版社,2014.

9. 于素红.普通学校随班就读学生的课程建设[J].中国特殊教育,2005,(4).

10. 徐素琼,谭雪莲,向有余.浅析随班就读中课程与教学的调整[J].南京特教学院学报.2008(2).

---

① 吴淑美.融合班的理念与实务[M].台北:心理出版社.2007:315-316.

第七章　融合教育的支持体系

本章导言

　　以社会多元化价值为根基的融合教育,认为儿童不应该由于其智力高低、文化背景的差异、身体残障与否以及社会经济地位的优劣来加以区分,而应该在学校环境内给予所有学生同等的教育机会。同等的教育机会并不是要求所有学生整齐划一,而是在考虑到学生个性发展独特需要的同时尽可能给学生提供成功的机会和目标实现的可能,因此在这个过程中,支持显得尤为重要。支持,是指运用一些资源与策略,增进个体(不论残障与否)的利益,帮助其从整合的工作和生活环境中获得资源、信息和关系,进而使个体的独立性、生产性都得到提高。融合教育的支持体系则是指通过相关的资源和策略的调整,增强融合教育的可行性和可操作性,进而提升融合教育的质量,确保实现有责任的融合。

　　本章主要讨论融合教育的支持体系,将从定义、主要内容和主要实施者三个方面对融合教育的支持体系进行简要的概括。然后对支持体系中的重要个体——社区支持、学校支持和家庭支持分别展开论述。

第一节　融合教育的支持体系概述

　　阿姆斯特(Armstrong)提出:特殊教育正在从"缺陷模式"转化为"发展"模式,强调特殊学生只是部分能力受限制,而不是全面的损伤,如果能够提供其所需要的支持服务,他们是可以成长并发挥其潜能的。[1] 融合教育需要支持,只有在考虑到现实情况的基础上,建构适宜的融合教育支持体系,才能够促进融合教育质量的提升,确保融合学生的健康发展。

---

[1] 钮文英.拥抱个别差异的新典范——融合教育[M].台北:心理出版社,2008:21.

一、融合教育支持体系的内涵和结构

(一) 融合教育支持体系的内涵

将支持作为一个术语进行界定较有代表性的是美国智力落后协会(AAIDD)。AAIDD曾指出,支持就是大量的资源和策略,包括金钱、辅助器械以及环境等,目的是让具有发展障碍的人士在正常的社区环境中生活,并使其功能得到发挥。[1] 社会支持可以被看作是一个包含多维结构的系统,是个体所接受到的来自支持主体的情感支持、工具支持、信息支持和评估支持等的总称,既包括个体实际所接受到的支持,也包括个体主观上所感知的社会支持。

较早将社会支持的概念引入融合教育领域的是美国北卡罗来纳大学的法莫(Farmer)等人,[2]他们将社会支持界定为社会交换的过程,这一过程对个人行为模式、社会认知和自我价值感都会有影响,强调了个人接受到的社会支持对他们价值和信念系统形成的重要性。此后有学者将社会支持理解为在社会关系网络中,成员个体感觉到价值被肯定、被照顾并与其他人相联系的过程,个体主要接受不同支持主体在自尊、信息、工具和陪伴四个方面的支持。由此看来,社会支持与融合教育结合,更加关注社会支持对于个体行为、社会认知和价值信念系统等方面的影响,更加强调残疾学生与社会其他主体相互联系的过程。[3] 融合教育背景下残疾学生的社会支持系统可以被界定为支持主体为融入普通班级的残疾学生提供的各种资源与辅助,包括情感支持、信息支持、工具支持、评估支持和陪伴支持等,既包括残疾学生所接受的,也包括他们所感知的,并对残疾学生的行为模式和价值信念产生影响的交互性网络。

社会支持系统是以残疾学生为核心展开的,囊括了多层面的内容,也即定义中所包含的关键要素,主要包括社会支持的主体、主体为残疾学生所提供的社会支持内容以及残疾学生自身所感知到的社会支持三个方面。社会

---

[1] Supports and SIS [EB/OL]http://aaidd.org/sis/supports-and-sis#.VWE879LbzRF

[2] Farmer T W, Farmer E M Z. Social Relationships of Students with Exceptionalities in Mainstream Classrooms: Social Networks and Homophily[J]. *Exceptional Children*, 1996(62): 431−450.

[3] Pavri S, Monda-Amaya L. Social Support in Inclusive Schools: Student and Teacher perspectives[J]. *Exceptional children*, 2001, 67(3): 391−411.

支持系统中,支持主体主要包括父母、朋友、同学和教师。相比之下,融合教育背景下残疾学生所感知到的社会支持主体则具有较强的情境性。Wenz-Gross对班级中学习障碍学生的社会支持主体进行评估,主要包括三类,即家庭中的成人,家庭之外的成人,以及同伴等。[1] 根据布郎芬布伦纳(Bronfenbrenner)的生态系统理论,主体在提供支持时主要涉及与之联系最为密切的家庭、学校和社区这三个处于微观系统层面的环境。[2] 父母是融合背景下残疾学生最重要的支持来源,是融合教育的最初倡导者,也是将残疾学生安置到普通班级中的决定者。教师被看作是在融合教育实践过程中最重要的角色,对残疾学生的接纳和支持行为对于青少年的社会融合是非常重要的。同伴支持被认为是促进残疾学生完全参与环境和获得成功的重要方法。社区成员支持是学校融合教育的重要补充,社区成员包括社区领导、教育和健康工作者、社会工作者、妇女青年联合会的代表,以及普通学生的父母等。社区成员的参与,促进安全、可靠、接纳、合作、激励的支持性共同体的形成。

残疾学生所感知到的社会支持是衡量社会支持质量的一个很好的指标,是残疾学生对社会支持主体所提供的社会支持内容及程度的感知。[3] 研究表明,残疾学生所感知到的社会支持都要明显低于普通学生所感知到的,尤其是在情感支持和评估支持的维度上,而在信息支持和工具支持上并不存在显著的差别,这可能与不同类型支持的提供形式以及残疾学生自身特点相关。[4] 因为信息支持和工具支持一般而言是比较明显的,甚至是以具体的实物呈现的,而对于情感线索,他们由于自身特点而难以有效而完全地捕捉。学生所感知到的支持类型中工具性支持是最为频繁的。尽管如此,残疾学生从不同的主体那里感知到的支持偏好仍有所不同。父母的工具性支

---

[1] Wenz-Gross M, Siperstein G N. Importance of Social Support in the Adjustment of Children with Learning Problems[J]. *Exceptional Children*, 1997, 63(2):183—193.

[2] Bronfenbrenner U. Ecological Models of Human Development [J]. *Readings on the Development of Children*, 1994, 2:37—43.

[3] Bokhorst C L, Sumter S R, Westenberg P M. Social Support Ffrom Parents, riends, Classmates, and Teachers in Children and Adolescents Aged 9 to 18 Years: Who is Perceived as Most Supportive? [J]. *Social Development*, 2010, 19(2):417—426.

[4] Pisula E, tukowska E. Perception of Social Relationships with Classmates and Social Support in Adolescents with Asperger Syndrome Attending Mainstream Schools in Poland[J]. *School Psychology International*, 2012, 33(2):185—206.

持和信息支持对他们来说是非常必要的,然而也有研究证明残疾学生感知到来自父母的主要是情感支持,同伴的情感支持有利于他们更好地从事日常活动。① 也有研究者指出,残疾学生向同伴寻求的陪伴支持要多于情感支持及其他,教师的情感支持对于缓解悲伤情绪非常有效,此外,他们认为康复中心主要提供了工具性的支持以及相当程度的信息和情感支持。

(二)融合教育背景下残疾学生社会支持系统的结构

融合教育背景下残疾学生的社会支持系统呈现出多层次的网状结构模型,如图7-1所示。其以残疾学生为核心的支持客体,具体而言主要包括:(1)支持的内容,即情感支持、信息支持、工具支持、评估支持和陪伴支持五个维度;(2)支持的性质,即残疾学生客观接受的支持以及主观所感受到的支持,两者并不存在对等关系;(3)支持的主体,该模型中呈现的主要支持者,包括残疾学生的父母、教师、同伴、社区成员等;(4)支持的环境,或称其为支持的情境,尽管整个社会都是为残疾学生提供支持的宏阔背景,但与之联系密切的三个社会单元是最为重要的部分。

在该模型中,残疾学生处于核心地位,在客观上接受来自父母、教师、同伴和社区成员通过不同的形式为他们提供的情感支持、信息支持、工具支持、评估支持和陪伴支持等,当然也会在主观上对这些支持主体所提供的支持内容和程度有不同的感知,前者往往通过支持主体自我报告的形式来衡量,而后者则是残疾学生自己在受到支持之后因自身认知水平、所处环境等多重因素的影响所体验到的支持。以教师所提供的社会支持为例,很多教师都报告他们在促进残疾和普通学生社会性发展上承担重要责任,但是残疾学生自己并不将教师作为重要的支持来源,他们认为教师的支持并没有家长、兄弟姐妹、亲戚、朋友的多。这可能是因为残疾学生不知道如何在学习的环境中向教师寻求帮助,以至于他们认为教师没有为他们提供支持。此外,教师报告为残疾学生提供的自尊心和自我价值感的支持是最好的,但是,在学生看来,教师为他们提供最多的是工具性的支持。②

支持的环境构成了融合教育背景下残疾学生社会支持系统的一个很重

---

① Loreman T. Seven Pillars of Support for Inclusive Education: Moving from "Why?" to "How?"[J]. *International Journal of Whole Schooling*, 2007, 3(2):22—38.

② Pavri S, Monda-Amaya L. Social Support in Inclusive Schools: Student and Teacher perspectives[J]. *Exceptional children*, 2001, 67(3):391—411.

要的方面。正如图 7-1 中所显示的,支持的环境是支持主体在提供支持时所赖以依存的背景。其中有两点值得注意:首先,社会支持主体并非在单一的环境中提供支持,即父母除了在家庭中支持残疾学生之外,也会在学校和社区的环境中发挥重要作用;教师在学校的环境中发挥着无可替代的支持作用,也会通过直接或间接地影响家庭微观环境为残疾学生提供社会支持;同伴和社区的成员也不只局限在其日常所处的环境,而在与家庭、学校、社区相连的情境中都提供了重要的支持作用。其次,主体在不同的情境下所提供的社会支持具有不同的倾向性。例如,父母在家庭中为残疾学生提供更多的是呵护、照料等情感性的支持和金钱、时间等工具上的支持,当然也提供了大量的陪伴支持,然而在学校的环境中,家长主要呈现残疾学生发展的情况和为参与制订个别化教育计划等提供信息方面的支持。教师在学校中提供大量的信息支持和工具支持,而在与家庭相连接的情境中,则往往以反馈学生在校情况的形式提供评估支持。

该结构模型中各要素环环相扣,紧密连接,支持的内容直接作用于残疾学生,对残疾学生产生两种性质的作用,这些作用的发生源于支持的主体,而主体所提供的支持又依赖于其所处的环境。该模式清晰地反映了融合教育背景下残疾学生的社会支持系统的脉络,也透露出该系统一些较为典型的特征。

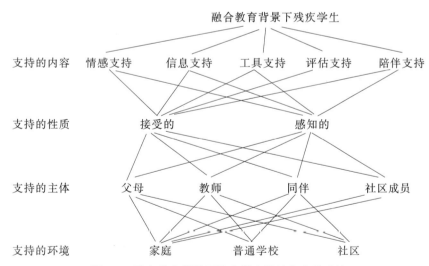

图 7-1 融合教育背景下残疾学生的社会支持系统

注:参考并修改自 Tardy C H. Social Support Measurement[J]. American Journal of Community Psychology,1985,13.

二、融合教育支持体系的主要内容

融合教育支持体系涵盖的范围很广,涉及特殊儿童、普通儿童、学校、家庭、社会等各个主体的方方面面。但从我国融合教育发展实际情况来看,主要包括以下四个方面的支持内容。

(一)法律与政策支持

法律与政策的支持是融合教育行动的重要参照和标尺,是促进融合教育有序发展的关键环节。美国国会在1975年通过了《所有残障儿童教育法案》(PL94-142,简称EHA法案),规定每一个儿童,不论有何残疾,都应该尽可能地在主流环境里接受公平、适当的教育。EHA法案强调学校对待每一个特殊儿童都应该遵守以下的基本要求:零拒绝、非歧视性评估、制订个别化教育计划、提供最少受限制的环境、家长和儿童共同参与计划等。[①] 而我国融合教育的政策性文件则是出现在1988年第一次全国特殊教育工作会议上,会议制定了《关于发展特殊教育的若干意见》,并正式提出了"逐步形成以一定数量的特殊教育学校为骨干,以大量特教班和随班就读为主题的残疾儿童少年教育格局"的思想。1994年,国家教委正式颁布了《关于发展残疾儿童少年随班就读工作的试行办法》,重申了开展残疾儿童少年随班就读工作,是发展和普及我国残疾儿童少年义务教育的一个主要办学形式,也是建立适合我国国情的残疾儿童少年义务教育新格局的需要。而在随后新修订的《残疾人教育条例》和《残疾人保障法》中都明确规定,确保残疾人享有平等接受教育的权利和接受融合教育的权利。[②]

《国家中长期教育改革和发展规划纲要(2010—2020年)》也明确提出鼓励和支持各级各类学校接受残疾人入学,不断扩大随班就读和普通学校特教班规模。最新出台的《特殊教育提升计划(2014—2016年)》也强调要全面推进全纳教育,使每一个残疾孩子都能接受合适的教育;并提出扩大普通学校随班就读规模,尽可能在普通学校安排残疾学生随班就读,加强特殊教育资源教室、无障碍设施等建设,为残疾学生提供必要的学习和生活便利等。

---

① 邓猛.双流向多层次教育安置体系、全纳教育,以及我国特殊教育发展格局的探讨[J].中国特殊教育,2004(4):1-7.

② 邓猛,朱志勇.随班就读与融合教育:中西方特殊教育模式的比较[J].华中师范大学学报,2007(4):125-130.

虽然已有相关文件的支撑,但是融合教育在实行过程中仍然显得底气不足。当前我国缺乏关于特殊教育专门的法律,仍然以部门法规和规章为主,立法层次较低,约束力不够。特殊教育法律和政策规定过于空泛、宣誓性的语言过多,为各级政府、相关部门提供了许多"应该"(should),而非"必须"(must)如何做的条文,因此缺乏可操作性;"应然"(Permissive)的倡议多而"强制"(Mandatory)性规定少,加之问责不严,缺乏应有的强制性。[①] 这些问题都造成了在融合教育的实施过程中存在无法可依的现状,亟须进一步解决。

（二）管理支持

融合教育的管理支持主要来自于主管教育的行政部门和学校内部的行政团队。主管教育的行政部门从上对下的推动与协助,能够作为学校和教师实施融合教育的支柱,是促进融合学校发展变革的主要动力。主管教育行政部门应该给予融合学校理念的引导、经费的补助和支持的协助,并且应当允当监督评鉴的角色,才能保障融合教育的有序开展。

融合教育学校内部的行政管理团队则是以校长为首的包括书记、副校长、教导主任、总务主任、政教主任、班主任等在内的所有管理工作者。在这个团队中,校长的融合管理措施就显得尤为重要。詹妮(Janney)等人给校长提出七点实施融合教育的建议,包括:(1)表现积极正向的态度和行为;(2)一开始就征求教师的意愿;(3)让每位教职员工参与实施融合教育的准备和计划中;(4)提供资讯、方向和训练;(5)提供资源和准备措施;(6)刚开始小范围地实施融合教育,并且建立制度;(7)赋权教师实施融合教育。[②] 由此可见,学校管理人员融合的态度和观念是至关重要的,能够影响教师和家长形成正确的融合意识。另外,在学校管理过程中,组建平等共享的合作团队尤为重要,要考虑到团队成员的不同感受和看法,尽可能地从整体上把握融合教育的方向。最后,融合教育的校内管理应重视教师的训练和提供持续的支持。当他们在实施融合教育的过程中遇到困难,能够马上获得相关的支持,会让他们有信心再次展开行动,所以校内主管部门应主动了解融合教师的困难,积极提供协助。

---

① 庞文,于婷婷.我国特殊教育法律体系的现状与发展[J].教育发展研究,2012(4):80-84.
② 钮文英.拥抱个别差异的新典范——融合教育[M].台北:心理出版社,2008:532.

(三) 教学支持

融合教育对教师的要求发生了变化,它不仅要求有高质量的特殊教育教师,还要求特殊教育教师具备普通教育能力,更需要普通教育教师具备特殊教育的知识与技能。融合教育要求特殊教育与普通教育的技术和方法相互渗透,共同满足学生多样化的教育需求。[1]融合教育不仅仅是物理空间的转换,更多的是要考虑给予特殊学生适合其个别差异的高质量教育,因此教师的教育教学就需要更多更专业的支持与资源。大量的关于融合教育的调查研究表明,教师最需要的就是相关的支持与资源,同时,他们的需要受残疾类型与程度的影响;教师对融合教育支持的程度也受教学时间充足与否、教学技能高低、培训以及其他资源状况的制约。[2]

研究发现,教师实际得到的资源与支持与他们对资源与支持的需要之间的差距越小,融合教育就越可能获得成功。但是,教师经常感到他们能够接受到的"支持"并没有起到支持的作用,校长与管理机构提供的支持类型经常不是他们最需要的。因此,教育者对于技术、物质、组织与管理等方面支持的满意度直接影响到他们对融合教育的态度与课堂教学质量,在资源不充分的情况下他们更容易拒绝接受残疾儿童。[3]

另外,融合教师是否获得了特殊教育教师在课程与教学上的支援与合作,关系到其对融合教育的接受度和本身教学效能的信心。目前在我国师资培养模式下,融合教育教师很难接受到特殊教育的相关专业培训,对于特殊教育课程教学的知识则更是一知半解;而特殊教育教师由于受到单一化培养模式的影响,具备一定的特殊教育能力,却难以适应普通学校的教育教学,造成融合教育教师和特殊教育教师无法有效开展合作的局面,导致陷入教学支持缺乏的困境。

(四) 环境支持

残疾儿童需要支持,支持需要从环境改变开始。环境的支持既包括物

---

[1] 陈小饮,申仁洪.特殊教育教师专业化标准及发展模式的研究述评[J].中国特殊教育,2008(4):65—69.

[2] Croll, P., & Moses, D. Ideologies and utopias: Education professionals' views of inclusion. *European Journal of Special Needs Education*, 2000, 15 (1), 1—12.

[3] Minke, K. M., Bear, G. G., Deemer, S. A., & Delaware, S. M. Teachers' Experiences with Inclusive Classrooms: Implications for Special Education Reform[J]. *The Journal of Special Education*, 1996. 30(2), 152—186.

理环境的支持也包括心理环境的支持。物理环境的支持包括无障碍环境的设置、教室空间的安排、作息时间的管理等;而心理环境的支持则包括建设平等友爱的共融文化、创建爱与归属感的班级文化、提倡互助合作的同伴文化等。一方面要从空间上消除特殊学生的融合障碍,另一方面要从心理上促进普特学生更有效融合,促进融合教育质量的提升。

三、融合教育支持体系的主要实施者

融合教育是在批判和反思回归主流的基础上发展起来的,其目的就是要彻底告别隔离的等级制教育体系,使特殊教育与普通教育真正融合成为统一的教育体系。而融合教育的成功则有赖于各部门之间的通力协作。如萨伦德(Salend)提出了融合教育的一个沟通网络,试图通过网络的架构将学生、家庭、教育者和学校有效地结合在一起,如图7-2所示。

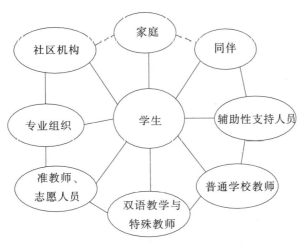

图 7-2 融合教育的网络支持体系[①]

考虑到目前国内融合教育的发展趋势,结合国外融合教育发展的先进经验,融合教育支持体系实施的关键主体包括以下四个方面:政府、社区、学校和家庭。当然除了这四个方面之外,其他的一些组织机构也在融合教育的支持体系中发挥着重要的作用,如志愿服务组织、社工组织等。

（一）政府

《国家中长期教育改革和发展规划纲要(2010—2020年)》明确提出,把

---

① 邓猛.融合教育与随班就读:理想与现实之间[M].武汉:华中师范大学出版社,2009:64.

促进公平作为国家基本教育政策,教育公平的主要责任在政府。那么对于作为实现教育公平手段之一的融合教育,政府负有不可推卸的责任。融合教育的发展水平是衡量社会文明程度的重要标志,也是衡量教育均衡发展的重要指标。政府在融合教育中的作用至少有以下三个方面:一是筹措足够的教育经费;二是保证融合教育的高质量运转;三是促进教育公平的真正实现。

融合教育要以特殊学生的身心发展状况为基础,满足其特殊需求,必要的康复设备、辅助器材、资源教室等都需要大量的经费投入,因此各级政府在考虑开展融合教育的过程中需要开列专项经费,确保融合教育有财力足够应对各种问题和挑战。另外,经费投入还包括支持融合教育相关研究的开展,促进普校、特校以及高校、科研单位、医疗结构等单位开展广泛的合作,充分利用现代化手段促进融合教育方式的多样化。

各级政府在推进融合教育的同时,应该考虑到各地区的不同差异,确保融合教育的高质量效果。如在有条件的地区,开展完全融合教育,建立资源教师跟班服务模式;在其他地区,可以开展半融合教育,建立资源教室服务制度;而在教育相对薄弱地区,则努力建设区域资源中心和资源教师巡回制度,确保各地区不同需求的特殊学生都能接受到高质量的融合教育。

教育公平的实现是融合教育的最终追求,各级政府在推进教育公平的过程中,不仅要给予融合教育资源和支持,如提供包括医疗、物理治疗、言语治疗等团队的服务和支持,更应该定期协助教师团队解决教学问题和困难。另外针对融合教育的实施,各级政府需要定期评估各级学校的推行成效,检验融合教育的效果,评估融合教育的质量,以促进下一阶段融合教育的开展。

(二) 社区

社区是由居住在某一地方的人们结成多种社会关系和社会群体,从事多种社会活动所构成的社会区域生活共同体。它的要素不但包括地域、人口、文化和组织,而且还包括共同的心理归属。[1] 融合教育主张尊重多元价值,其长远的目标不仅仅是期待特殊学生与普通学生的融合,还期待特殊人群与主流人群的融合,因此学校融合不是最终的目的,融合教育期望最终实

---

[1] 黄兆信,万荣根.社区:融合教育实施的重要场域[J].教育发展研究,2008(23):79.

现的是社会的融合,而社区则是社会融合的关键一步。仁萨格利亚(Renzaglia)等人(2003)指出融合是一种哲学,在一开始就必须带进社会生活的任何活动中,赋权身心障碍者,并且让他们能全面参与社区生活。① 为了实现这一目的,社区还需要通过"融合"理念的推广,来重建社会文化,营造一个接纳和支持的社会环境。

(三) 学校

融合教育最重要的支持形式,是融合学校已经具备并且有能力开展高质量的融合教育,例如,形成融合共享的学校文化,形成师生互助的合作模式,形成多成员的融合团队等。首先,学校在接受融合教育的挑战时,就应该审视自己现有的资源,并尽可能去开发更多的资源来服务于融合教育。因此,成立融合教育教学小组是学校支持的重要举措。学校内负责教导特殊学生的教师或相关人员应该在学校行政人员的领导下成立融合教育教学小组。在该团队里可能会需要语言治疗师、物理治疗师等的介入,而教学小组的功能除了拟定特殊学生的个别化教育计划外,还包括教学、治疗以及未来安置的转衔服务工作等。除此之外,学校有责任合理规划融合团队的工作时间,如团队教师可能需要共同的时间讨论、拟定个别化教育计划、与家长沟通等。其次,学校对于融合团队的培训和经验分享也担负着领导和支持者的角色。学校可以通过特殊教育相关知识和能力的培训、优秀融合教育的经验分享、专业教师带领新手教师的模式共同处理和解决有关特殊儿童的教育问题,以促进学校融合教育质量的整体提升。最后,学校必然也承担着定期评估融合教育效果的责任。

除了融合学校的支持外,特殊学校作为资源中心的职能在整个融合教育支持体系中也是非常重要的。在目前的发展情况下,特殊学校至少能够在融合教育中承担以下功能:特殊儿童的教育评估功能、融合教育中的资源教室功能、普通教师在职培训的"培训中心"功能、融合教学的"巡回指导"功能。②

(四) 家庭

教育不仅仅是专业教育者的事情,家庭的参与对于教育的贡献是至关重要的。家庭参与融合教育,并进入学校的管理体制中,能够更好地实现融

---

① 钮文英.拥抱个别差异的新典范——融合教育[M].台北:心理出版社,2008:557.
② 朱楠.融合教育背景下特殊教育学校职能的转变[J].中国特殊教育,2011(12):6.

合教育的发展。融合教育的目标不仅仅是要在普通学校中教育学生,还要在他们的家庭和社区继续维持教育过程。家庭熟悉孩子发育的情况、熟悉孩子的兴趣和特长以及了解孩子的喜好等,这些都可以为融合教育中个别化教育计划的制订提供参考和依据。另外,家长的积极参与能够使家庭成为维护儿童权利的推动者。在实施融合教育的过程中,确保儿童受益和受到平等对待。因此,学校、教师和其他专业人士应该积极与儿童的家庭进行互动,建立合作伙伴关系,共同为儿童的发展出谋划策。

第二节 社区支持

一、融合教育社区支持概述

(一)社区支持的概念

社区是构成社会的基本单位,社区作为社会的基本细胞和缩影,虽不能反映出社会的全部特征,但是社区和社会之间却存在不可分的联系。从范围上来看,社区是社会的基本组成部分,社会是由不同类型的社区构成的,社会的发展离不开社区作为载体,社区是社会与国家的对接口;从内容上来看,社区是社会的缩影,社区是具备完整意义的社会实体。总的来说,社区,作为社会的一部分,对社会整体的良性运行及协调发展起着重要的作用。

社区支持的概念最早来源于社会支持理论。社会支持是在社会环境下运用一定的物质、精神或心理的手段对社会弱者进行帮助的一种选择性社会行为。社区支持是在此基础上衍生出的概念,是在社区范围内运用一定的物质、精神和心理手段对社区成员进行帮助的一种选择性社会行为。

(二)社区支持的相关政策

国内外相关政策文件都明确指出社区在参与残障儿童教育与康复、支持残障儿童融合教育上具有非常重要的作用。如1988年国家教委、卫生部及中国残疾人联合会等部门联合制定的《中国残疾人事业五年工作纲要(1988—1992年)》明确指出:"残疾人事业涉及社会生活的各个方面,是一项社会性很强的事业。要充分发挥各方面的作用,进一步完善以政府为主导、团体为纽带,街道、乡镇、企事业单位为基础,残疾人家庭、邻里为依托的残疾人工作体系,推进社会化管理。"1992年国务院妇女儿童工作委员会发布了《九十年代中国儿童发展规划纲要》,指出:"发展社区教育,建立起学校教育、社会教育、家庭教育相结合的育人机制,创造有利于儿童身心健康、和谐发展的社会和家庭环境。"1993年民政部、教委等十四部委联合发布《关于加快发展社区服务的意见》,强调要"充分发挥国家、集体、个人三者的积极性,依靠社会各方面力量兴办社会服务业务,加速建设社区服务中心,开展残疾儿童教育训练。"2008年新修订的《残疾人保障法》里明确指出:"政府、社会、学校应当采取有效措施,解决残疾儿童、少年就学存在的实际困难,帮助其完成义务教育",并且强调"地方各级人民政府和有关部门,应当组织和指导城乡社区服务组织、医疗预防保健机构、残疾人组织、残疾人家庭和其他社会力量,开展社区康复工作"。

《残疾人权利国际公约》第十九条也提出"独立生活和融入社区",指出"残疾人享有在社区中生活的平等权利以及与其他人同等的选择,并应当采取有效和适当的措施,以便残疾人充分享有这项权利以及充分融入和参与社区,包括确保……残疾人获得各种居家、住所和其他社区支助服务,包括必要的个人援助,以便在社区生活和融入社区,避免同社区隔绝和隔离;残疾人可以在平等基础上享用为公众提供的社区服务和设施,并确保这些服务和设施符合他们的需要"。

(三)社区和学校的互动关系

要理解社区在融合教育支持体系中的支持作用,必须了解社区和学校之间的互动关系。关于社区和学校的互动关系,我国著名社区教育研究者刘淑兰作了界定:学校与社区的互动,是指学校与社区和社区成员、机构、组织之间的双向交流与合作关系。互动必然是双向的,一方面,要使社区(包括成员、机构、组织)理解、支持和帮助学校,以便有效地实施教育目标;另一方面,学校应该支持社区、面向社区、服务社区,形成学校与社区的互动,双向建立良好关系,常需要形成两种有效的传播渠道:即从学校到社区和从社区到学校的传播渠道。[①] 因此,在融合教育支持体系的构建过程中,社区既作为支持者的角色为融合教育提供各种资源,又作为被支持者的角色接受融合文化的熏陶和服务内容上的调整。实际是通过整合学校内部教育资源和社区教育资源,积极推进学校与社区资源共享,在统筹规划和政策引导的

---

① 刘淑兰.学校与社区的互动[M].成都:四川教育出版社,2003:63.

基础上,促进教育内部资源向社区开放以及促进学校积极参与社区教育过程,推动融合型学习社区的建立。学校与社区双向互动共建的根本在于"育人",把社会引入教育,让教育服务于社会。这种学校和社区的整合,更有利于最终实现残障个体从融入学校到融入社会的转变,进而提升其社区参与和生活质量。

二、融合教育社区支持的内容

社区是区域性的社会,所具有的功能具有多重性的特点,主要包括经济功能、政治功能、教育功能、卫生功能、社会管理与整合功能、娱乐功能、福利功能、环保功能等方面。[①] 而在融合教育中社区支持则主要在以下四个方面发挥功能:社区资源、社区文化、社区教育和社区康复。

(一)社区资源

发掘和调动一切可以利用的社区资源,使其在促进融合教育实现的过程中更具实践价值。从这层意义上讲,社区更有利于各项资源的整合。资源是具有一定使用价值的环境要素,其本意是指自然界中可以被用来作为生产资料的物质要素。[②] 随着资源的概念被引入社会学领域,资源的范畴也随之发生了实质性的拓展,包括了有形的物质资源和无形的政治、经济和文化资源等。社区就像一个巨大的容器,包含着丰富的物质资源、经济资源和人力资源,要有效地进行资源整合,让信息变得有序,这对于促进社区内融合教育的开展具有重要意义。

社区是成员生活的现实物质载体,学校在社区,学生在社区,"衣食住行"都离不开社区,所以社区的物质资源可以直接充当融合教育的教育和生活资源。如社区层面上的无障碍建设,社区的图书馆、医院、超市等都可以作为学生融合教育的场所和宣传融合教育文化的阵地。

在融合教育过程中,社区经济资源的支持一方面可以通过社区助残资金发挥作用,一方面可以通过社区力量自主实现。目前全国各地社区助残的资金主要来自于财政拨款,各级政府是社区助残资金供给的主体,因此社区缺乏一定的主动权和积极性,仅仅依靠这个渠道难以真正体现社区的参与价值。而社区所在企业和社会组织潜在的力量巨大,可以通过适当的制

---

① 赵德华.社区与社区功能的探析[J].中南民族大学学报(人文社会科学版),2007(6):40.
② 葛忠明.中国残疾人研究[J].济南:山东大学出版社,2008:274.

度,充分调动政府、企业和社区积极投入融合教育的支持和推广中,促进融合教育的高效开展。

社区具有其他一般社会组织无法比拟的社会包容性,在其成员的规定上没有严格的社会属性约束,不管是公务员、银行职员、货车司机、教师、学生、企业老板还是小商贩,也不管其文化程度和艺术偏好如何,只要人们居住在社区所属的地域范围之内,就自然而然成为社区的成员。而这些来自于不同行业的成员恰恰具有为融合教育服务的潜力,是支持融合教育的潜在资源。如,学生、离退休健康人员以及有较多闲暇的在职人员是最可能支持融合教育的人力资源,若能够对这类群体进行资源整合,协助融合教育的开展,传播融合教育的观念,一定能提高融合教育在社区中的实际效果。

(二)社区文化

社区支持的第二个方面是社区文化,按照先前的理解,社区文化与社区资源有交叉的部分,但是考虑到社区形成共融文化的重要性,在这里单独列出来加以讨论。

社区作为社会学的基本概念,其核心概念即共同性,意即社区成员之间具有共同利益、共同文化、共同意识和共同价值观等。而融合教育的实现则首先需要重建社会文化,营造一个接纳和支持的社会环境。一方面社区应该积极关注和支持社区中的残障者,秉承多元文化的理念,让社区成员学习如何与残障人建立正向的连接,形成相互学习与支持的团体,例如组织社区成员参加融合学校活动、提供志愿服务、进行融合文化宣传和宣讲等。另一方面,融合学校也应该积极参与社区文化的建设过程,通过参与社区文化活动,展示特殊学生风采,提升大众对融合文化的接纳度,如通过学生演出、成果汇报、艺术展等形式倡导社区成员参与融合活动,支持特殊孩子和家庭等。

(三)社区教育

社区教育一词最早起源于20世纪初美国的杜威,他提出"学校是社会的基础"的思想。接着,这一思想由曼雷和莫托在美国的密歇根州进行了实验,实验方案包括成立低成就教学班、成立天才儿童教学班、对残疾儿童实施特殊教育、为青年成年人提供各种各样的教育机会、推行职业合作教育等。[1] 要实现这些目标,需要对社区内各类教育资源进行开发、利用和整合,

---

[1] 厉以贤.社区教育的概念[J].教育研究,1999(3):20.

而这种整合需要学校、社区在取得地方政府和社会各界支持的情况下,对社区内可以利用的人力、物力等资源进行协调和优化整合,以形成社区教育合力,为社区发展服务。

一方面社区可以通过与学校的整合,实现融合教学资源的共享,如通过社区职业训练中心,提升特殊学生的职业技能;通过社区文娱活动中心,丰富社区学生的文化休闲生活等;通过社区团校,加强青少年自我保护意识的宣传等;另一方面社区可以通过与家庭的整合,实现社区、学校、家庭三位一体的支持平台。通过社区家长学校,配合学校强化家长的融合共享意识,提升家长在家庭教育中的认识水平和技能水平,通过家长学校开展家庭教育培训和家长育子经验交流等活动,提升特殊学生家庭的教育水平,优化融合教育效果。

(四)社区康复

1981年世界卫生组织康复专家委员会对"社区康复"进行了定义,认为社区康复是指"在社区的层次上采取的康复措施,这些措施是利用和依靠社区的人力资源而进行的,包括依靠有残损、残疾、残障的人员本身,以及他们的家庭和社会。"1994年世界卫生组织、联合国教科文组织、国际劳工组织联合发表的《关于残疾人社区康复的联合意见书》对社区康复做了新的定义:社区康复是社区发展计划中的一项康复策略,其目的是使所有残疾人享有康复服务,实现机会均等、充分参与的目标。社区康复的实施主要依靠残疾人、残疾人亲友、残疾人所在社区以及卫生、教育、劳动就业、社会保障等相关部门的共同努力。

社区康复是实现残疾人康复的重要途径,包括内容主要有医疗康复、教育康复、职业康复和社会康复四个方面的内容。医疗康复是指通过社区医疗机构等帮助病、伤、残者实现全面康复的目标,它是一切康复的基础和出发点,是实现康复目标的保证,也是实现融合教育的重要环节。教育康复主要指利用社区的资源为各类残疾人提供义务教育和特殊教育、康复知识,提高他们的文化水平,提高生活技能、工作技能和社会适应能力,最后进入社会生活并参加工作。职业康复是使残疾人自立于社会的根本途径,是为了残疾人获得并保持适当的职业使其参与或重新参与社会生活而进行帮助的过程,主要包含利用社区资源为残疾人提供就业训练机会和就业场所等。社会康复是社区康复过程中涉及面最广的一项内容,它与现存的社会制度、经济文化息息相关,着重改善残疾人生活的物质、经济、法律环境,促进其更好地融入社会。在融合教育体系中,只有切实发挥社区康复的功能,兼顾社区康复四个方面的内容,才能更好地提升融合教育效果,促进残疾个体全面地融入社会生活,平等共享所需资源等。

第三节 学校支持

融合教育的主要场所在学校,那么学校在整个融合教育支持体系中自然占有重要的地位。从目前国内融合教育发展的趋势来看,除了融合学校外,特殊学校在融合教育的实施中亦扮演着重要的角色。

一、融合学校的支持

香港在实施全校参与的融合教育过程中强调:一所共融的学校重视全人教育,关注每一名学生的学习成效、待人接物和身心健康。高效能的学校正是共融的学校,这些学校不单是教学成绩卓越,亦有良好的校风和有教无类的精神。[①] 融合学校最终的目的是要实现所有学生的平等发展,让每一个学生都有机会实现自己。区别于传统的普通学校,融合学校试图努力满足每一个学生的需求,激发每一个学生的潜能。而在融合教育支持体系内,要实现这些目标,则需要融合学校内部的变革,或者说需要融合学校的各方面支持来促进每一个学生的发展。

(一)组织管理的支持

萨斯特(Thousand)和维拉(Villa)指出:过去普通教育行政人员仅经营普通教育方案,而将经营特殊教育方案的责任加诸特教行政人员身上;实施融合教育之后,普通教育行政人员的角色转变成"为所有学生经营教育方案",提出融合教育的愿景,提供资源支持全校教职员工来满足所有学生的需求,成为融合教育团队中的一员。[②] 由此可知,在融合教育过程中,学校需要通过组织管理的变革来增强所有教师进行融合教育的决心和信心,通过各项举措来使教师在心理和行为上对于融合教育做好准备,以切实推进全

[①] 融合教育运作指南——全校参与模式. http://www.edb.gov.hk/attachment/tc/edu-system/special/overview/indicators-082008_tc.pdf

[②] 钮文英.拥抱个别差异的新典范——融合教育[M],台北:心理出版社,2008:534.

校融合教育的发展。

1. 成立融合教育支持小组

在提出学校融合教育方案之前,学校行政人员应该积极征询全体教职员工和家长代表的意见,考虑到学校环境和教室布置等各项因素,结合经费、资源等做全面规划。学校行政人员要支持融合教育的实施,首先需要成立融合教育支持小组,采用合作协调的运作模式,以团队的方式共同作出决策。团队成员包括学校行政相关人员、教学管理人员、融合班级教师、家长代表等。在具体事务的协调上,学校行政人员应该清楚自己的角色和责任,并积极为团队活动的开展提供各种支持与服务,如提供相关支持性政策、提供场地或人力物力等。

2. 鼓励教师参与融合小组

融合教育涉及全校融合氛围的创建,因此学校在管理过程中应该鼓励全校师生都参与到融合行动中来。学校应该鼓励教师善用并积极分享他们的技能和知识,因此学校必须有清晰的志愿政策,使校内员工充分了解各项支援服务工作,而不是简单指派任务。另外,在参与融合的过程中,学校应该敏感地意识到教师存在的困难和发展瓶颈,努力寻找解决方法来帮助其适应身份上和心理上的转变,使教师感觉到重视和尊重。

3. 争取资源支持融合开展

学校在推进融合教育的过程中,需要有意识地协调各种资源以支持融合教育的开展,如协调与特殊教育学校的合作,争取与资源中心的合作以及开展与其他相关单位之间的合作等。另外,学校还应该积极开发家长资源,与家长形成共识,接受家长的监督等。最后,学校在利用资源提升教师专业技能和知识上也担负着重要作用,即学校能够积极创造条件提升教师的融合观念和融合教育能力,积极借助各种资源为教师解决困难。

如北京市朝阳区团结湖第二小学在开展融合教育的过程中,利用机制建设促进融合教育的发展,形成了队伍保障、培训保障、教研保障、管理保障、经费保障和待遇保障的六条准则,极大地促进了学校融合教育的发展。具体内容见案例 7-1。[①]

---

① 案例来自北京市朝阳区团结湖第二小学刘冶国校长《机制建设促融合教育发展》。

案例7-1　机制建设促融合教育发展

团结湖第二小学始建于1981年。按照教委的整体布局与规划，自建校起便开设特教班，是朝阳区第一所开设特教班的小学，是区特教学校的"发源地"。2009年又成为资源教室建设校。由于文化积淀，历届校领导对特殊教育工作高度重视，一直秉承"给每位教师最幸福的职业体验，给每个孩子最美好的童年经历"的办学理念，资源教室工作始终坚持"满足需求、优先发展、全力保障"的思路，做好6个保障：即队伍保障、培训保障、教研保障、管理保障、经费保障、待遇保障。

队伍保障。为确保实现资源教室功能、提高随读工作质量，学校建立了工作梯队：第一层面——管理者，由主抓教学的马凤华主任统筹管理，把资源教室工作纳入学校教学管理系统；第二层面——资源教师，聘任普、特教经验都非常丰富的刘嘉老师担任专职资源教师，负责日常事务，为有特殊需求的学生、老师提供具体支持；第三层面——兼职资源教师，配备业务过硬的随读骨干力量，在专职资源教师带领下完成教育、教学和训练任务；第四层面——随读教师，配备责任心强、热爱学生的随读教师队伍，促进特殊学生健康成长。

培训保障。本培训是一个复杂的、系统的、综合的工程。资源教师培训既面向全体教师，又针对随读教师；既有理念层面的培训，又有技术操作层面的指导；既有集体培训，又有分组培训或个别指导。针对需求，组织不同形式的培训活动：开展全体教师参与的理论专业培训，我们请来豆豆妈妈儿童训练中心的王宏博士进行主题为"了解孩子的行为目的"的培训；开展满足全体教师需求的体验式培训，包括：身体协调训练体验式培训、视觉训练体验式培训、听觉训练体验式培训、心理软件"快乐芯"体验式培训；开展满足部分教师需求的主题培训，包括"筛查"主题培训、"提高随班就读课堂教学实效性""对有特殊需求学生开展补偿训练""沙盘"及"撰写特教论文与经验总结"等主题的培训；开展满足个别教师的个案交流式培训，根据教师个人需求，进行个别化的指导交流。

我校除了邀请专家、教研员开办讲座外，还鼓励并支持教师积极参加全国、北京市及朝阳区组织的特教培训活动，回来后做二级培训。同时要求培训活动每月最少1次。

教研保障。教师是教学之本，只有教师的专业能力得到了充分的提高和发展，才能有力地促进学校随班就读教育教学工作的发展。开展教研活动是非常必要的，我校除了每月开展专题研究外，还主动参加、承担各级教研活动。

学校将资源教室课程建设和教材研发工作纳入校本课程体系。以"生本、师本、校本"为指导思想，确定和研发"学生最需要的、教师最擅长的、学校有基础的"项目和内容。组成校长和主任总负责、专兼职资源教师为主体、学科教师为辅助的教材研发团队。遵循全面性、学科性、创新性和参与性的原则，编写了《视觉训练教材》《听觉训练教材》《感统训练教材》《精细训练教材》《沙盘数学思维训练教材》，补充了《走迷宫》《找不同》《捉迷藏》等百余册训练书籍。

我校为新入学的一年级新生敏敏开展了专题研究活动。该生刚刚从日本归来，活泼好动，上课随意走动，甚至离开教室；注意力不集中，学习效果差；孩子不会汉语，没有朋友。我们查阅大量相关资料，对她的情况进行分析，首先我们建议家长带孩子去医院检查，听从医生的建议。孩子检查以后医生没做诊断，建议一年后复查。我们又请来朝阳区特教中心的领导专家，和班主任一起研究孩子的情况。为了让她养成良好的习惯，学校为她编写了《学校一日生活》《我的学校》和《我的老师》训练教材，为她安排小伙伴，让孩子尽快适应环境。现在该生的情况得到了很大改善。

管理保障。学校成立了以校长为组长，教学主任为副组长，相关部门负责人及资源教师、随班就读教师等为成员的资源教室领导小组。制定相关工作制度12项，形成机制。如："问题学生筛查制度"，每个学期按照一定流程，对每个班有特殊需求学生的情况进行筛查统计。又如："特殊安置制度"，学校要求每个班按学校统一要求整理座次表，标出班级学优生、学困生、随读生及助学伙伴。差异座次表要体现班主任对有特殊需求学生座位的安排合理，要便于教师随时关注。学校校长、德育校长、教学主任人手一份座次表，在听课时，特别关注任课老师对这些学生的差异教学情况。学校还要求每学年为随读学生制订并实施个别化教育计划，做到有目的、有实效，并做好档案管理。每两年开展一次"阳光杯随班就读评优课"活动，对获奖教师给予表彰。

经费保障。做到每年的经费专款专用。主要用于教师培训及训练器材的更新等，每年经费投入在4万元以上。

> 待遇保障。在评优、评职、评骨的活动中,给予优先。我校资源教室团队的 8 名教师中,有 4 名区级骨干及 1 名优秀青年教师,2 名学区级骨干。参与资源教室训练课的教师每 30 分钟为一节课,每节课按 10 元算课时费。获奖的论文、评优课给予 20~3000 元不等的奖励。资源教师刘嘉 2013 年被评为高级教师。
>
> 资源教室,让有特殊需求的学生享受到了更多优质的服务。资源教室,给更多教师提供了强有力的支持。我们将继续以资源教室工作为载体,不断探索与创新,让残缺的花朵在万紫千红的百花园争春吐艳,绽放异彩!让所有的老师在教育的沃土幸福播种,收获人生!

(二)教育教学的支持

融合教育模式与传统的教育模式存在很大的区别,如表 7-1 所示,因此在教育教学过程中也需要做出一些转变,来支持校内融合活动的开展。

表 7-1 传统教育模式和融合教育模式的差异[①]

传统教育模式	融合教育模式
1. 部分学生不安置于普通班	1. 所有学生都在普通班中
2. 老师是教育的领导者	2. 合作团队分担领导责任
3. 学生向老师学习,老师解决问题	3. 学生和老师互相学习、共同解决问题
4. 相同能力的学生为同一组	4. 不同能力的学生在同一组
5. 教学适合中等程度的学生	5. 教学适合所有程度的学生
6. 年级安置和课程内容被设定为统一的	6. 年级安置和个别课程内容是独立的
7. 教学通常是被动的、竞争的、教诲的或教师指导的	7. 教学是活泼的、创造的和合作的,存在于教室的成员中
8. 大部分的教育支援来自于教室之外	8. 大部分的教育支援来自于教室之内
9. 被安置的学生排除在普通班或活动之外	9. 活动经由全面参与适合学生设计融合的活动
10. 班级的老师承担普通学生教育,而特殊教育团队承担特殊需求学生的教育	10. 班级教师、特殊教育工作者、相关服务团队和家人共同承担所有学生的教育

---

① 程钰雄.特殊教育导论——应用在融合教育的理论与实务[M].台北:五南图书出版有限公司,2009:52.

续表

传统教育模式	融合教育模式
11. 学生用统一的标准来评价	11. 学生依个别的标准来评价
12. 学生的成功以符合一般水平来判定	12. 当它努力符合每一个学生的需求,这个教育系统被认为是成功的。当学生个别化的目标和团体的目标符合时,学生的成功将可达成

1. 支持所有学生参与

融合的目的不仅仅是共处同一个空间,更重要的目的是能参与共享。因此融合教育教师需要考虑通过教育教学的调整,让所有学生都能够积极参与融合。如清除物理环境的障碍,让环境更适合特殊人群;调整教学内容的呈现方式,让所有学生都能够得到信息;改变活动开展形式,让特殊群体能够部分或者全部参与活动过程;提供额外支持服务,让特殊学生能够达到教学要求。

2. 照顾学生个别差异

学生间的个别差异蕴含着许多学习机会,它提供了免费、丰富和可持续更新的资源,学校需要善于运用差异来改进教育教学,而不是一味地排除差异。因此,在教育教学的调整上,课堂教学需照顾学生不同的学习形式,如视觉优势、听觉优势的不同学习者;课堂教学需切合学生不同的学习进度,如延长视觉障碍学生的考试时间等;课堂教学需照顾学生不同的发展需求等。在这个过程中,教师需要鼓励学生了解和讨论不同的意见,尊重和接纳不同的观点,在准备课程内容和教学的过程中需考虑到不同学生的特点和能力,并及时审视所有学生的学习进度等。

3. 展现学生各项能力

传统的教育模式中,使用单一的评价标准来评价所有学生,而融合教育中需要借助多元化的评价体系来评估每位学生的进步和表现。因此,学校需要考虑采用何种评估方式,让所有学生都能展示他们所掌握的各项技能和成果。一方面通过展现学生各项能力,让所有学生都体验到成功的喜悦,促进学生身心健康发展,提升学生的未来表现;另一方面,通过学生能力的展现,让每一位教师和学生都能够去发现他人的长处或优点,利于创造尊重差异的融合氛围;最后,通过学生能力的展现,体现融合教育的价值和意义,推动融合教育进一步发展。

(三)融合氛围的支持

在融合教育中,创建一个互助互爱的校园氛围甚至超过了学生学业成绩的提升。融合氛围的支持对于融合教育的开展具有更加重要的实践价值。融合氛围的支持重点来说包括下面三个部分:第一是全校融合氛围的营造,在校园文化里渗透融合共享的观念;第二是融合教师融合态度的调适,帮助融合教师厘清正确的学生观;第三是融合班级融合生态的改善,建立温暖与支持的班级生态,帮助所有学生建立良好的社会关系。

1. 全校融合氛围的营造

全校融合氛围的营造首先需要所有教职员工达成共识:首先所有学生都有潜能,不论其背景、表现和能力;融合是指不断促进学生的参与,而不仅仅是接纳学生入学。其次,校园融合文化还体现在欣赏学生的不同能力,而并非要求学生跟随单一的常规模式,因此成绩差的学生不应该被排斥,有情绪困难或行为困难的学生也不应被排斥,他们的能力或成果也有机会展现在校园文化墙上或教室内。最后,融合氛围的营造还体现在伙伴关系的建立上,学校行政人员与教师、教师与家长、教师与学生等之间都建立平等互助的关系,所有人都能够在良好沟通的前提下,共同为学校融合教育的发展献言献策。

2. 融合教师融合态度的调适

随着融合教育的发展,越来越多的特殊孩子进入普通学校,越来越多的普通教师转变成融合教师。而融合教师的态度将会直接影响他们在融合中的行动,影响学生的自我认知和班级生态,因此学校需要通过各项举措来调动融合教师积极的态度和接纳的行动。如,提供特殊教育专业培训,帮助融合教师正确了解特殊儿童;提供团体协商的机会,帮助融合教师与家长之间建立良好合作关系;提供专业咨询和支持,及时帮助融合教师解决面临的问题;提供融合教育的成功案例和经验分享机会,增强融合教师的信心等。

3. 融合班级融合生态的改善

班级是特殊学生生活的重要场所,若班级中存在各种排斥和欺凌现象,那么融合效果将无从谈起。相反,若班级学生之间能够互相尊重,团结互助,那么融合就能真正体现出其价值和意义。学校在改善班级融合生态时应考虑到协助特殊学生建立良好的社会关系。教师需要有意识地选择特殊学生的协助伙伴,让大家一起游戏、沟通与分享兴趣,以建立平等的友谊关系。另外,教师需给予普通学生充分了解和接纳特殊学生的机会,鼓励学生看到彼此的优点和进步,积极表现正向的情感,如热情的微笑、鼓励的话语等。

二、特殊学校的支持

融合教育不应该也不能仅仅是普通学校的责任,特殊学校作为高度专业化的特殊教育场所,理应担负起支持融合教育的责任。特殊学校对于融合教育的支持是多方面的,其中最重要的是协助普通学校进行特殊儿童评估、支持融合学校的教育教学、提供融合学校的师资培训等。

(一)儿童评估的支持

特殊学生不管是接受特殊教育还是融合教育,对其的评估是必不可少的。而普通学校缺乏相关的评估工具,融合教师目前还无法独立承担评估的工作,因此特殊儿童评估需要特殊学校的支持。

特殊学校教师和普通学校教师及相关专业人员可以组成评估团队,针对特殊儿童各项发育指标和能力指标进行考查,其目的是为教育教学提供参照,如了解特殊学生的智力发展水平、评估学生的适应性行为能力、诊断特殊学生的行为问题、分析特殊学生的特殊教学需求等。当完成评估之后,特殊学校教师需要协助普通学校教师进行个别化教育计划的制订,包括如何调整教学内容和教学方式为特殊学生服务,如何调整教室环境为特殊学生扫除障碍,以及如何选择评估工具来考查特殊学生的进步等。

另外,为了更准确地呈现评估结果,特殊学校教师还需要协助普通教师向特殊学生家长了解其在家庭中的生活情况、行为表现以及能力发展等,并了解特殊学生家庭存在的困境和问题,以确认家长是否能够配合融合班级的教学,开展更好的亲师合作等。

(二)教育教学的支持

特殊教育学校教师作为普通教师的支持者和协助者,需要在教育教学过程中提供持续的服务。在开始融合教学前,特殊学校教师有必要向融合教师介绍特殊学生的基本情况、有效的教学策略、行为问题的处理方式等。在进行融合教学的过程中,关心特殊学生的融合进度、教师存在的问题,并提供咨询服务,必要时提供一定的教学技巧或抽离式的教育服务,如针对特殊学生的行为问题进行短期介入和处理。在融合教学后期,与融合教师共同探讨融合效果,帮助融合教师反思其教学实践,并促进其专业成长。

(三)师资培养的支持

除了以上两种常规性和周期性的合作,特殊学校还能够为融合学校提供专业的师资培养支持。融合学校可以邀请特殊学校中有经验的教师,分享他们在特殊教育中的经验、知识和技能技巧,帮助融合教师进一步提升教育特殊学生的能力。

另外,与特殊学生家长的沟通与合作也是经验分享的重点。虽然特殊学生家庭和普通学生家庭存在着很多共性,但也有自己的特殊性,因此教师在与家长合作的过程中更要注重方式方法。而特殊学校的教师在家校合作中具有较多的经验和体会,可以通过专题形式或座谈形式向融合教师传授如何更好地和特殊学生家长进行沟通和合作。

第四节 家庭支持

融合教育的目标是不仅要在普通学校中教育学生,还要在他们的家庭和社区继续维持教育的过程。审视儿童的生态背景,如图7-3所示,我们会发现家庭是儿童发展和成长的重要场所,是儿童向学校和社区扩展的主要桥梁,在融合教育的过程中,积极的家庭参与和支持同样也是至关重要的。家庭有权利和义务参与到融合教育中,并且作出自己的贡献或发挥家庭的作用。

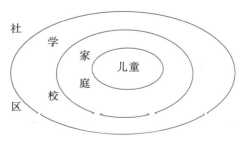

图 7-3 特殊儿童的生态背景[①]

---

① 柯克著,韩福荣等译.特殊教育概论[M].台北:双叶书廊有限公司,2011:11.

一、融合教育支持体系中家庭的角色

融合教育不仅仅是专业教育者的事情,家庭在融合教育体系中扮演的角色也非常重要。特殊儿童家庭作为融合运动的推动者,积极唤醒公众对特殊儿童的关注和对特殊教育的重视,并呼吁为特殊儿童提供与正常儿童同样的受教育机会;特殊儿童家庭作为融合教育的主要参与者,参与为特殊儿童制订个别化教育计划和转衔方案等,实现家庭教育和学校教育的有效融合;特殊儿童家庭是融合教育的直接受益者,在融合方案中所获得的支持与成长将有利于特殊儿童家庭整体生态的良性发展。

(一)融合运动的推动者

家庭参与特殊教育的决策、实施过程,维护自己以及有特殊需要的子女的各种合法权益已经成为世界特殊教育的重要发展趋势。从20世纪四五十年代起,世界各国的特殊儿童家长就开始积极组织起来,成立家长团体,唤醒公众对残疾儿童的关注和对特殊教育的重视,并为特殊儿童群体争取民主平等的教育机会和权利。例如,全球性联盟组织"国际全纳教育",就是由特殊学生的家长倡导建立的,他们不仅支持自己的障碍子女,还支持其他有智力障碍的儿童和成人,并且积极地倡导父母团体可以在以下这些方面推动融合教育的发展[①]:①鉴别哪些学校愿意进步求新;②建立与教育部以及地方主管当局的联系与合作;③组织信息讨论会和培训工作室,介绍新思想和新做法;④支持学校发展校内人员培训,建立监控、支持、评估及推广的机制;⑤参与教育主管当局的工作。推动改进决策,支持全纳教育的发展。

(二)融合教育的参与者

在融合教育体系中,相关的政策法规都清楚说明了特殊儿童家庭在其中的参与角色。美国1975年《所有残疾儿童教育法》中明确提出家长参与特殊教育的权利,英国1978年沃诺克报告中也强调了家长在学校管理和子女教育中的权利,我国在2008年新修订的《中华人民共和国残疾人保障法》中也明确规定"国家、社会、学校和家庭对残疾儿童、少年实施义务教育"。家长参与特殊学生的教育,不仅仅是家长的权利,更是家长的责任和义务。1994年联合国教科文组织通过的《萨拉曼卡宣言》强调了在融合教育过程中

[①] 陈云英.全纳教育共享手册[M].北京:华夏出版社,2004:87.

的家长参与,其中有专门的"家长合作"部分。该部分强调"对有特殊教育需要的儿童进行教育是家长与专业教育人员的共同任务,家长方面的积极态度有利于学校和社会的一体化;家长是其子女的特殊教育工作的优先合作人;应发展学校管理人员、教师与家长之间合作性的和相互支持性的伙伴关系;政府应通过发布有关家长权利的政策、法规等方式,带头促进家长的参与"等。

在融合教育中,家庭需要在支持者和参与者这两个角色间进行灵活的转换,一方面,家庭需要支持学校融合教育的开展,另一方面家庭更需要参与到学校融合教育中去。家长是最了解特殊儿童身心发展情况的人,因此家庭参与可以帮助融合学校全方位了解孩子的需求、甚至家庭发展需求;家长参与儿童个别化教育计划的制订,也能够帮助家长了解孩子的教育方案,及时跟进教育内容和监督教育效果;家长参与到融合教育的实施过程中,和融合教师或团队其他成员建立良好的合作关系,也能够更好地为特殊学生提供专业化的服务。在融合教育实施的过程中,只有学校、家庭、社区结合起来,才有可能实现整体大于部分之和的融合效果。

(三)融合效果的反馈者

融合教育的功能,在于帮助特殊学生在融合班级中增强沟通能力,促进社会交往,并帮助特殊学生在知识和技能上得到提升。那么这种效果由谁来检测或由谁来反馈呢?当然,学校对融合教育的评估和监督是一个重要的方面,通过评估学生的进步和发展来反馈融合教育的效果。但是另一方面,家庭的意见或家长的满意度也是融合教育的重要反馈指标。并且,家长的满意度将直接影响家长对于融合教育的支持程度,若家长对于融合效果的满意度高,那么必然会更积极地支持融合教育;相反,若家长对于融合效果的满意度低,那么家长的参与将更多的是被动或消极的。

融合教育是否考虑到特殊学生的具体需求,是否符合家长的期待都是家长反馈融合教育效果的重点。家长在考虑融合教育效果时,一般会审视以下几个方面:①同伴互动方面,融合班级是否真正有助于特殊学生与同伴的互动,特殊学生是否受到同伴的拒绝或嘲笑等;②教师教学方面,教师是否具有足够的特教相关知识和能力,以满足特殊学生的个别需求等;③课程安排方面,在融合教学中,是否有精心设计的融合教育方案以支持有特殊需求的学生;④学校支援方面,即融合学校中是否有足够的特殊教育资源、更完善的无障碍空间、资讯服务和相关专业的整合服务等。只有切实从以上四个方面改善融合教育的实施过程,才有助于提升家长对于融合教育的满意度,进一步激发他们支持融合教育的积极态度。

二、融合教育中家庭支持的主要内容

家庭在融合教育体系中扮演着多种角色,作为融合教育的重要的支持者之一,家庭可以从以下几个方面做出改进来帮助融合教育取得更好的效果,以促进特殊学生的长远发展。

（一）积极的家庭调适

父母在初次面临孩子存在障碍时,常常会表现出六个方面的失落情绪[①]：

（1）期望的失落：障碍孩子无法实现父母的期望,这是障碍儿童父母最主要的失落。

（2）亲职角色的失落：障碍孩子的状况常让父母觉得自己是个失败者,并常因不断质疑自己的抚养能力而产生强烈的失落感。

（3）自我的失落：孩子是父母自我的一部分,许多父母常常将没有完成的梦想托付于孩子身上,然而障碍孩子代表父母亲的梦想永远不可能实现了。

（4）原有生活价值体系的失落：父母在发现孩子有障碍后,对自己的人生处境产生困惑,或使自己原本乐观的个性逐渐转为悲观。

（5）原有家庭生活方式的失落：由于障碍儿的出生,父母必须延缓或放弃实现个人的抱负或目标,家庭成员的互动模式也可能发生变化,原来的生活方式已经难以维持。

（6）社会隶属感的失落：障碍孩子父母常常觉得自己被忽略、被排斥,与正常孩子的家长没有共同的话题,因而感到失落。

不仅如此,家有障碍儿童还会给家庭带来前所未有的压力,包括(1)人际上的压力：如社会关系不佳、害怕亲友给自己贴标签、减少社交及休闲活动、社交圈缩小；(2)经济上的压力：如父母一方无法外出工作,家庭收入减少；(3)生活上的压力：如影响夫妻婚姻关系、家庭的关系改变、作息改变、身

---

① 邱敏文.母职实践——一位乡镇地区劳工阶级自闭症儿童母亲的辛、心、欣路历程[D].台湾东华大学多元文化教育研究所硕士论文,2009：42.

体过度劳累、家中气氛沉重;(4)教养上的压力:如无法取得教养上的资源、不善于与孩子互动、教养上的困境及挫败等;(5)孩子障碍状况所导致的压力:如学习速度缓慢、沟通困难、固着与怪异行为等。[①]

在面对这些失落或压力时,若家长无法及时调整情绪、缓解家庭气氛、释放压力等,则很容易出现负面情绪,而这些消极情绪往往又会影响特殊儿童的行为发展和心理健康。融合教育的目标是希望通过融合帮助儿童顺利进入社会,那么这个过程必须先从家庭开始。家庭首先需要接纳和正视孩子的特殊需要。儿童只有充分享有轻松愉快的家庭生活,才可能实现从家庭融合到学校融合再到社会融合的过渡。家长在调适的过程中,一方面可以通过自我的调整形成正面的积极态度,如查阅相关知识,阅读相关的书籍了解孩子的需求和发展,掌握有效与孩子沟通和相处的方式方法等,科学合理地制订孩子的教育方案。另一方面,家长也可以寻求一些外部支持,包括亲友、教师、专业人员以及有相同经历的家长的支持,通过与他们的交流,释放压力,商讨儿童教育方案,并获取各种支持与鼓励,共同为孩子的发展寻求生机。

只有调整好了家庭生态,家长才可能正视孩子的发展需求,才可能选择适合孩子的教育方式,那么融合教育才有可能获得家庭的有效支持。

(二) 良好的家庭教育

良好的家庭教育有利于特殊学生尽快适应融合学校,并在融合学校取得较好的发展机会。在特殊儿童发展早期,家庭教育以早期干预为主,帮助特殊学生发展必备的生活自理能力、语言沟通能力以及社会交往能力,为进入融合学校做好准备。而在进入融合学校后,家庭教育可以作为强化融合效果的阵地,一方面将融合学校的知识在家庭场所里面进行泛化和加强,另一方面也可以为下一步的融合活动做铺垫,如扫清学习障碍、提前预习知识、强化规则意识、增进互动能力等。家庭教育可以根据学生在学校和家庭的各项行为表现,结合融合学校的教育方案,不断调整家庭教育的内容和方法。必要的时候,家庭团队可以和其他专业人员一起,为家庭制订个别化的家庭教育计划,以配合融合教育的实施,并通过家庭教育和学校教育的合力促进特殊学生健康发展。同时,通过方案的制订和执行,提升家长的教育观

---

① 梁伟岳.她是我一生的课题:一位自闭症青年母亲的养育经验[J].特殊教育与复健学报,2004(12):259.

念和教育能力,更好地整合家庭力量,从而更好地支持融合教育的开展。

(三)稳定的家校合作

家庭给予融合教育最大的支持莫过于和融合团队的各项积极合作,通过合作帮助团队全面了解特殊学生的发展状况,制订合适的教育方案以及开展有效的融合活动等。反过来,通过家校合作,家庭也能够获得融合团队的支持,与他们共同讨论孩子发展的问题,合作设计家庭康复方案等。同时,家庭在参与孩子教育和发展的过程中,体验到教养的意义和价值,不仅仅增加了孩子学习各方面技巧的机会,也让家长增强了对自己的信心和对自己的能力形成肯定。因此,良好的家校合作对于家庭和学校来说是双赢的事情。融合学校需要尊重家庭参与融合教育的权利,并鼓励家庭积极参与到学校教学和管理中来。例如可以通过学校开放日、亲子活动日、家校联系簿等来促进更多家长参与到学校事务中。同时,家庭也需要主动关心孩子的学习和心理发展,积极参与学校活动,为孩子的教育和发展投入更多的时间和精力,以实际行动支持融合教育的开展。

本章小结

融合教育并不仅仅局限在学校这个狭小的范围,其最终目的是希望通过学校融合去促进广泛的社会融合。在融合教育发展的过程中,不能仅凭融合学校的自身力量,更多的是需要社区、学校和家庭的紧密合作来促进融合教育的开展。本章主要从融合教育的支持体系角度探讨了融合教育支持的重要内容,包括法律与政策支持、管理支持、教学支持和环境支持等,最后重点从社区、学校以及家庭这三个支持主体的角度探讨了融合教育中社区、学校和家庭的责任。社区作为融合学校生存的大环境,是融合教育的重要支撑。而学校作为融合教育实践的场所,其内部的变革和发展是实现融合教育的最佳方式。家庭作为融合教育对象的主要生活环境,不仅推动融合教育的发展,更是融合教育重要的支持来源。

思考题

寻找一个特殊儿童融合教育案例,并分析在这个案例中,社区、学校和家庭是如何推动融合教育实现的。

推荐阅读

1. 陈云英.全纳教育共享手册[M].北京:华夏出版社,2004.
2. 明石洋子.与自闭症儿子同行1:原汁原味的育儿[M].北京:华夏出版社,2012.
3. 明石洋子.与自闭症儿子同行2:通往自立之路[M].北京:华夏出版社,2012.
4. 明石洋子.与自闭症儿子同行3:为了工作,加油[M].北京:华夏出版社,2013.
5. 邓猛.中国残疾青少年社区融合与支持体系[M].北京:北京师范大学出版社,2015.

第八章 融合教育教师的培养及专业化发展

本章导言

2001年,北京市首批资源教室在普通小学建成,我校的资源教室就是其中之一,管理这间资源教室的老师有个特殊的称呼——资源教师。

2007年9月,在我从事小学教育教学工作的第18个年头,学校安排我管理资源教室。这个岗位对于我来说是全新的,从工作的角色到内容都是全新的,还要面对最大的困难——没有学习过系统的特殊教育理论,更没有从事特殊教育的经历。至今还记得,当我与前任资源教师交接工作时,只是不停地在本子上记着,脑子里却一片茫然。但是,争强、不服输的性格让我鼓起勇气,向特殊教育领域迈进。

2007年的暑假,我开始了自学,听障、智障、低视力、孤独症和情绪障碍儿童的认知特点及个别化教育策略,整整写了四万多字的学习笔记。开学后,我边工作边学习,不放过任何一次外出培训的机会。北京市和各区举办的各类特殊儿童教育培训班、北京市听障儿童随班就读教研活动和北京市儿童智障随班就读教研活动、北京联合大学特殊教育学院举办的培训中都有我的身影。培训后,我把专家、教授讲解的特教理论进行梳理,在日常的资源教室管理中一点点尝试,并且将尝试的成功与困惑一一记下,一有机会就向专家和有经验的同行请教。2008年,学校送我参加北师大特殊教育研究生班,为我提供了系统学习特殊教育理论的机会。经过两年半的学习我对特殊教育有了清晰的认识与思考,同时,也逐渐积累下实践的经验。随着对资源教室管理的深入,我接触到不同类型的特殊学生,了解到他们的家长和任课老师的需求,也越来越感到自己特殊教育理论薄弱、技能不足。理论与操作之间只隔着一层窗户纸,虽然薄,但没人帮着捅开,很难逾越。在我上研究生班的同时,学校给我请来一位德高望重的从事特教三十余年的老专家做我的师傅。老专家手把手地指导我,从对听障、智障学生的教育评估,到制订个别教育计划;从资源教室的个别化训练设计,到随班就读课堂教学有效的策略;从资源教室日常管理,到建立完善相关制度保障资源教室运作,他陪着我一路同行,并将全部的特教经验无保留地传授给我,使我迅速地从一位普通的小学语文教师成长为一位合格的资源教室管理者。

与此同时,学校以课题研究推动资源教师团队的培养,成功申报市规划办课题——"普通小学资源教师团队建设的实践研究"。我校总结出培养资源教师的三条途径:一是高等院校开展大学生学历教育和开设在职教师特殊教育专业研究生班;二是北京市特教中心、北京市残联培训部开展在职教师的短期特殊教育培训;三是以学校为基地的在职教师校本培训。"三条途径并举,以校本培训为重。"学校培养一支资源教师团队,要充分利用各种资源,开展多种形式的培训,从而培养出一专多能的资源教师。

目前,我在资源教师岗位工作已经7年了。我深深地感到对普通小学资源教师的基本素质要求是全面的:师德高尚,既有爱心又愿意奉献;敬业善学,既对工作兢兢业业,又能博采众长,广泛沟通;业务精湛,是既懂普教又懂特教的教育教学骨干。资源教师的工作促使我走上一条专业化发展的道路,向研究型教师转变,让我的教育人生更加精彩。[①]

从孙老师的例子中可以看出,从事融合教育的教师应该具备哪些基本专业素养?从普教教师到资源教师,孙老师是如何实现自身的专业化发展的?

百年大计,教育为本。教育大计,教师为本。师资是影响融合教育发展最关键的因素。因此,加强普通中小学教师培训,提升教师融合教育的素养,已经成为世界各国发展融合教育的共识。进入21世纪以来,我国先后出台了《关于"十五"期间进一步推进特殊教育改革和发展的意见》《中国残疾人事业"十一五"发展纲要(2006年—2010年)》《中国残疾人事业"十二五"发展纲要(2011年—2015年)》《关于进一步加快特殊教育事业发展的意见》等重要政策性文件,不断加强特殊教育教师队伍建设,提高教师专业化水平。2012年9月颁布的《关于加强特殊教育教师队伍建设的意见》是中华人民共和国成立以来,国家第一个专门针对特殊教育师资队伍建设的文件,具有划时代的意义。其中对融合教育教师的培养和培训作了专门的统筹规

---

① 案例由北京市东城区西总布小学孙全红老师提供。

划,提出了"加大特殊教育教师培养力度,开设特殊教育课程,培养师范生具有指导残疾学生随班就读的教育教学能力;开展特殊教育教师全员培训,对包括随班就读教师在内的特殊教育教师实行5年一周期不少于360学时的全员培训,促进特殊教育教师专业发展常态化,提高培训的专业性、针对性和实效性;健全特殊教育教师管理制度,将特殊教育相关内容纳入教师资格考试,研究设定随班就读教师的岗位条件。制订符合特殊教育教师工作特点的考核评价标准和办法"[1]等系列举措。2014年2月,教育部等七部委颁布《特殊教育提升计划(2014—2016年)》,要求扩大特殊教育教师培养规模,加大特殊教育教师培训力度,提高特殊教育教师的专业化水平,再次提出:鼓励高校在师范类专业中开设特殊教育课程。加强普通学校随班就读、资源指导、送教上门等特殊教育教师培训。[2] 2014年8月,《教育部关于实施卓越教师培养计划的意见》提出卓越特殊教育教师培养计划,指出要坚持理论与实践结合,促进学科交叉,培养一批富有爱心、素质优良、具有复合型知识技能的卓越特殊教育教师。[3] 这一系列的政策从多角度、全方位地为我国融合教育师资队伍建设提供了强有力的政策支持和实践指南。

近年来,我国融合教育蓬勃发展,然而融合教育师资数量缺乏、融合教育教师专业化程度偏低、不同区域之间融合教育教师差距大等问题日益成为发展融合教育所面临的最严峻的困难之一。当前能够掌握特殊儿童的认知特点,对特殊儿童进行个别辅导、进行缺陷补偿的融合教育教师数量不到半数。[4] 因此,建设一支数量充足、结构合理、素质优良、富有爱心的专业化融合教育教师队伍,为融合教育发展提供坚实保障,是我国当前和未来推进融合教育最重要的基础性工作。本章主要涉及以下几个问题:融合教育教师应具有哪些基本专业素养才能适应特殊学生的发展需求?如何通过职前培养和在职培训提高现有融合教育师资水平?融合教育教师应通过哪些途

---

[1] 教育部.关于加强特殊教育教师队伍建设的意见[EB/OL]. http://www.moe.edu.cn/publicfiles/business/htmlfiles/moe/moe_1778/201209/141772.html,2014-8-18

[2] 教育部等七部委. 特殊教育提升计划(2014—2016年)[EB/OL]. http://www.gov.cn/xxgk/pub/govpublic/mrlm/201401/t20140118_66612.html,2014-8-18

[3] 教育部.教育部关于实施卓越教师培养计划的意见[EB/OL]. http://www.moe.edu.cn/publicfiles/business/htmlfiles/moe/s7011/201408/174307.html,2014-8-18

[4] 王洙,杨希洁,张冲.残疾儿童随班就读质量影响因素的调查[J]. 中国特殊教育,2006(5):3-13.

径实现专业化发展？

第一节 融合教育教师的基本专业素养

本章中的融合教育教师主要是指在普通学校中对特殊儿童实施教育教学，满足他们特殊需要的相关教师。一般可以包括三类教师：一是在普通中小学校里，担任融合教育领导工作的教师，主要指校长、教导主任等；二是在普通中小学校里，担任融合教育教学工作的教师，主要指特殊学生的班主任和任课教师；三是在普通中小学校里，担任特殊学生个别辅导、康复训练的资源教师、巡回辅导教师等。在我国一些地区，是由特殊教育学校教师承担所在地普通学校的资源教师和巡回指导教师工作，本章所指的融合教育教师不包括这部分教师，同时，作为相关专业人员的康复训练教师、心理咨询师、社工也不包括在内。

教师的专业素养是教师综合素质的集中表现，是教师作为一种专门职业内在的规范和要求，是教师在教育教学过程中表现出来的决定教育教学效果的对学生身心发展有直接或潜在影响的品质。[1] 国内外相关研究大多从专业理念（态度）、专业知识、专业能力（技能）等方面对教师的专业素养进行探讨。因此，本章将融合教育教师的基本专业素养界定为：教师胜任融合教育教学工作所需要的基本专业素质和修养，包括专业理念和师德、专业知识、专业能力三个方面。

目前我国尚未出台特殊教育教师专业标准和融合教育教师专业标准，结合教育部2012年颁布的《中学教师专业标准》《小学教师专业标准》《幼儿园教师专业标准》[2]以及我国融合教育教师的工作性质和特点，综合参考美国特殊儿童委员会2012年发布的特殊教育教师专业标准[3]、英国托尼·布

---

[1] 刘创.教育智慧：教师专业素养的核心构成[J].湖南师范大学教育科学学报,2004(3):15—17.
[2] 教育部.关于印发教师专业标准（试行）》《小学教师专业标准（试行）》和《中学教师专业标准（试行）》的通知[EB/OL]. http://www.gov.cn/zwgk/2012—09/14/content_2224534.htm,2012—2—10
[3] CEC. Special Education Professional Practice Standards [EB/OL]. http://www.cec.sped.org/Standards,2014—8—10

思和梅尔·艾因斯考制定的《融合教育指南》[①]及欧洲特殊教育需要发展局颁布的《融合教师教育——融合教师形象》[②],建构以下融合教育教师专业素养框架。

一、融合教育的专业理念和师德

(一)理解融合教育的意义

具有强烈的人文关怀精神,认识和理解融合教育工作的重要性,以及对学校、教师、普通学生和特殊学生的意义,热爱融合教育事业,具有职业理想和敬业精神。认同融合教育教师的专业性和独特性,注重自身专业发展。具有良好的职业道德修养,为人师表。具有团队合作精神,积极开展协作与交流。

(二)尊重学习者的多样性

对特殊学生富有高度的爱心、责任心、耐心、信心和细心。关爱、接纳和主动关怀特殊学生,重视特殊学生身心健康,将保护特殊学生的生命安全放在首位。尊重特殊学生的独立人格,维护特殊学生的合法权益,平等对待每一位学生。不讽刺、挖苦、歧视特殊学生,不体罚或变相体罚特殊学生。信任特殊学生,能够认识、理解、尊重和接纳特殊学生的差异性和多样性,主动了解和满足有益于特殊学生身心发展的不同需求。积极创造条件,让特殊学生拥有快乐的学校生活。重视特殊学生的全面发展和个性发展,兼顾缺陷补偿和潜能开发。尊重教育规律和特殊学生的身心发展规律,为每一个特殊学生提供适合的教育。

(三)树立融合价值观

树立平等、接纳、尊重和合作的融合价值观。承认每个学生具有同等的价值,平等地对待每一个学生,满足他们的不同需求。接纳所有的学生,而不考虑其身体、智力、社会、情感、语言及其他状况。促进学生之间的接纳、家长与学生的接纳及学生的自我接纳等。尊重学生的平等价值,将差异视为丰富的教育资源,尊重校领导、同事、学生、家长、社区人员。与学生、同

---

① Tony Booth & Mel Ainscow. Index for Inclusion: Developing Learning and Participation in Schools [EB/OL]. http://www.eenet.org.uk/resources/docs/Index%20English.pdf, 2014-8-7

② European Agency for Development in Special Needs Education. Teacher Education for Inclusion: Profile of Inclusive Teachers [EB/OL]. http://www.european-agency.org/agency-projects/Teacher-Education-for-Inclusion/profile. 2014-9-18

事、校领导、家长、社区人员及相关专业人员建立一种密切的合作关系。

二、融合教育的专业知识

（一）学生发展和个体学习差异

了解特殊教育相关法律法规及政策规定。了解特殊儿童定义、分类，以及不同年龄及不同类型特殊学生的身心发展特点和规律，掌握保护和促进特殊学生身心健康发展的策略与方法。了解不同年龄和不同类型特殊学生的学习特点和行为特点，掌握使特殊学生养成良好行为习惯的知识。了解幼升小和小升初衔接阶段特殊学生的心理特点，掌握帮助特殊学生顺利过渡的方法。了解对特殊学生进行青春期和性健康教育的知识和方法。了解特殊学生安全防护的知识，掌握针对特殊学生可能出现的各种侵犯与伤害行为的预防与应对方法。了解学生的特殊性与其发展和学习如何相互作用，同时使用这种知识来为特殊学生提供兼具挑战性和意义的学习体验。理解语言、文化和家庭背景如何影响特殊学生的学习。能够理解发展和个体差异的并应对特殊学生的个别需求。

（二）融合教育教学知识

掌握特殊教育教学基本理论、原则、方法和内容。掌握特殊学生品行养成的特点和规律。掌握不同年龄和类型特殊学生的认知规律和教育心理学的基本原理和方法。

（三）学科内容知识

能够同时使用一般课程和专业课程知识为特殊学生提供个别化的教学活动。了解所教学科的核心概念、结构以及研究工具，能够整合跨学科技能，使特殊学生取得有意义的进步。理解并使用一般和专业课程知识讲授跨学科知识来为特殊学生提供个别化学习。能够调整通识课程和专业课程知识，使其适用于特殊学生。[1]

三、融合教育的专业能力

（一）差异评估能力

运用多样化评估的方法和数据资源，对特殊学生差异进行心理和教育

---

[1] 王雁，冯雅静.美国特殊教育教师专业标准的发展与评介[J].教师教育研究，2014(3):1—8.

评估,了解特殊学生的个体间差异和个体内差异,了解差异对特殊学生发展的影响、对特殊学生学习的影响,了解特殊学生智力水平、学习动机、学习兴趣、学习态度、准备水平等。能够选择和实施无歧视的正式和非正式评估。能够使用评估的基本理论和实践经验来解读评估结果,指导制订针对特殊学生的教育决策。正确应用专家的测评结论,客观评估特殊学生发育、缺陷、能力和成绩的能力。[①]

(二)学习环境的创设能力

能够建立安全、包容并且反应文化需要的学习环境,从而使特殊学生成为主动、高效的学习者,具有良好的情绪,形成积极的社会交往以及自我决定能力。能够与普通教师以及其他同事合作来创设安全、包容、反应文化需要的学习环境,使特殊学生参与有意义的学习活动。会使用能够激发动机并且具有指导性的教学策略来适应不同的环境。知道如何安全、恰当地干预正在从事危险行为的学生。[②]

(三)制订教学计划和策略的能力

选择、调整并使用一系列基于实证的教学策略促进特殊学生的学习。在选择、建立和调整特殊学生学习内容时充分考虑个人兴趣、学习环境以及语言和文化因素。使用技术来支持教学评估、计划制订及实施。熟悉扩大替代沟通系统以及运用一系列辅助技术来支持的沟通和学习。使用策略促进特殊学生的语言发展和沟通技能提高。能够与学生本人、家长及专业团队合作来为特殊学生制订并实施针对多种环境及不同学习经历的教育和转衔计划。能够教会学生掌握技能并促进技能的迁移和概念化,能够向特殊学生讲授跨学科知识和技能,例如批判性思维以及问题解决能力。

(四)课程调整的能力

合理利用教学资源,科学撰写教学设计,采用同教材、同进度、异要求的方法,设计特殊学生学习内容;根据特殊学生的学习实际,联系学生的生活和已有经验,对学习内容的深度、广度、顺序以及学习速度、学习内容的呈现方式进行调整,在明确关键知识技能点的基础上,根据特殊学生的学习需要,设计开放的、可选择的学习内容。合理设计主题鲜明、丰富多彩的班级、

---

① 李泽慧,周珉.对随班就读教师差异教学能力构成的分析[J].中国特殊教育,2009(1):25—33.

② 王雁,冯雅静.美国特殊教育教师专业标准的发展与评介[J].教师教育研究,2014(3):1—8.

少先队或共青团活动。

（五）教育组织与实施能力

创设适宜的教学情境,根据特殊学生的反应及时调整教学活动。调动特殊学生学习积极性,结合特殊学生已有的知识和经验激发和保护他们的学习兴趣。发挥特殊学生主体性,灵活运用启发式、探究式、讨论式、参与式等教学方式。发挥好少先队组织生活、集体活动、信息传播等教育功能。将现代教育技术手段整合应用到教学中。较好使用口头语言、肢体语言与书面语言,使用普通话教学,规范书写钢笔字、粉笔字、毛笔字。有效调控教学过程,妥善应对课堂突发事件。鉴别特殊学生行为和思想动向,用科学的方法防止和有效矫正不良行为。

根据特殊学生的学习准备、学习类型和特点,选择且采用与之匹配的教学方法和手段;运用多样化的教学方法和手段,丰富特殊学生的思维,培养特殊学生思维的灵活性;在教学中,能安排一定的学生独立学习时间,给特殊学生根据自己的学习方式学习的空间。合理设计学习活动,运用提示、正强化、塑造等行为矫正技术,对特殊学生进行个别指导和缺陷矫正补偿。根据特殊学生的学习需要,对特殊学生实施分层教学、合作教学、伙伴助学。同时帮助特殊学生及时总结和积累学习策略,学会学习。有效运用多媒体手段,拓宽信息通道,提高教学效率。①

对课堂进行有效管理:根据特殊学生的学习需要,合理安排座位。在课前预设合理的集体教学、小组学习、个别教学、合作学习的教学流程,在课中安排弹性活动时间,满足不同学生的学习速度,与学生事先讨论和约定课堂规章,清晰发布学习指令和学习安排,培养学生的学习自主性,养成良好的学习习惯。与进入课堂的资源教师进行协作教学。维护和指导特殊学生使用特殊用具,如助听器、助视器等。

根据特殊学生的学习特点和学习目标,为其设计数量适度、难易适中的作业,鼓励特殊学生选择自己喜欢的方式展现学习成果和完成作业,鼓励特殊学生用多种方式来完成自己的作业,培养学生的创新精神和创新能力。

（六）个别辅导与训练能力

针对特殊学生的准备水平,进行有效的课前铺垫辅导、课中个别辅导、

---

① 李泽慧,周珉.对随班就读教师差异教学能力构成的分析[J].中国特殊教育,2009(1):25—33.

课后强化辅导。对特殊学生进行特殊技能训练,如社会技能训练、视觉功能训练、言语训练等。

（七）激励与评价能力

对特殊学生日常表现进行观察与判断,发现和赏识每一位特殊学生的点滴进步。灵活使用多元评价方式,给予特殊学生恰当的评价和指导,多视角、全过程评价特殊学生发展。通过评价促进每个学生的发展,既注意评价的客观公正,更强调通过评价指出学生发展的方向。引导特殊学生进行积极的自我评价。利用评价结果及时调整教学计划和教学速度,并进行教学补救。

（八）班级管理能力

建立良好的师生关系,帮助特殊学生建立良好的同伴关系,引导特殊学生和普通学生交往,培养特殊学生社会的适应能力。制定明确的班规,教导学生遵守,制定明确的奖惩措施。采取多种形式的教育活动,增进普通学生对特殊学生特点的了解,指导学生学会相处,形成关怀接纳、理解尊重、民主平等、团结互助、积极进取的班级氛围,使特殊学生体验成功、树立自信,建立归属感、自我认同感。注重结合学科教学进行育人活动。根据学生世界观、人生观、价值观形成的特点,有针对性地组织开展德育活动。针对学生生理和心理发展特点,有针对性地组织开展有益身心健康发展的教育活动。指导学生心理、学业等多方面发展。有效管理和开展班级、共青团、少先队活动。妥善应对突发事件。

（九）沟通与合作能力

使用符合特殊学生语言特点的方式(口头语言、肢体语言、书面语言、手语或盲文、图片沟通)进行教育教学工作。了解特殊学生,善于倾听,和蔼可亲,平等地与特殊学生进行沟通交流。具有团队合作精神,积极开展协作与交流。能够与同事合作交流,分享经验和资源,共同发展;以符合文化传统的方式与各类专业人员、行政部门、社工、义工、家长、特殊学生及社区人员合作,满足特殊学生的不同学习需要。能够协助学校与社区建立合作互助的良好关系,在不同背景中与不同人员进行合作,提升特殊学生的生活品质。

（十）专业发展能力

使用该领域基本知识及其专业道德原则和实践标准指导特殊教育活

动,开展终身学习,提高专业水平。能够运用专业伦理准则和实践标准指导教育活动。知道专业道德基础知识和当前热点话题对专业实践的影响。理解多样性是家庭、文化、学校的一部分,并且复杂的人类问题能够与特殊教育服务的提供产生相互作用。理解终身学习的重要性,参与专业发展活动和学习共同体。通过参加倡议和指导活动来促进专业发展。能够为教辅人员、助教以及志愿者提供指导。[①] 制订专业发展规划,积极参加专业培训,不断提高自身专业素质。

(十一)自我反思能力

主动收集并分析相关信息,不断进行自我反思,改进融合教育教学工作。针对融合教育教学工作中的现实需要与问题,进行探索和研究。

融合教育教师的基本专业素养应作为融合教育教师职前培养、在职培训、绩效考核等工作的重要依据,也是促进融合教育教师专业化发展、提高融合教育教学质量的重要指南。

第二节　融合教育教师的职前培养

融合教育教师的职前培养在美国、英国、澳大利亚、中国台湾等国家和地区起步较早,开展比较普遍,在世界融合教育发展中处于前列,已经形成与本国或本地区融合教育发展相适应的从本科生到博士研究生的相对完整的培养体系。英美等国主要以综合性大学和各教育学院承担包括融合教育教师在内的特殊教育教师培养工作。中国台湾地区以师范院校的特殊教育系为主培养融合教育教师。我国大陆地区融合教育教师职前培养滞后,与融合教育发展的现实需求相去甚远,也成为制约我国融合教育发展的瓶颈。因此应在广泛借鉴国外和中国港台地区融合教育教师职前培养的经验基础上,大胆改革融合教育教师职前培养模式。

一、融合教育教师的职前培养目标

(一)我国融合教育教师的职前培养目标

为保障我国融合教育的顺利开展,应培养师范生具备从事融合教育教

[①] 王雁,冯雅静.美国特殊教育教师专业标准的发展与评介[J].教师教育研究,2014(3):1-8.

学的能力,使获能满足融合教育环境中特殊需要儿童的教育需求。^① 融合教育教师的职前培养目标是培养具有牢固的教师专业思想和良好的教师职业道德素养,符合特殊教育事业发展需要,具有强烈的人文关怀意识、博爱精神和融合教育理念,具有扎实的融合教育专业知识与教学技能,能够在义务教育阶段的学校从事融合教育教学与研究的具有优秀教师和专业引领者品质的融合教育师资。

具体培养要求分为:(1)具有正确的世界观、人生观、价值观,具有高尚的人格、良好的教师职业道德和求实创新精神。(2)具有融合教育理念,了解融合教育发展前沿和动态;掌握本专业的基本理论、基础知识和基本技能;具有较宽广的知识面,较高的文化素养;掌握现代教育技术和信息技术。(3)熟悉国家和地方教育法律法规,特别是特殊教育和融合教育的法律法规。(4)具备编制和实施融合教育方案和促进学生发展的能力。(5)能够胜任普通学校融合教育教学及行政管理工作,初步具有运作与管理资源教室、资源中心的专业能力,能够胜任资源教师、巡回指导教师的工作。(6)掌握康复与训练的基本知识和技能,具备针对特殊需要儿童开展康复训练的能力。(7)了解融合教育和特殊教育理论的发展动态,掌握教育科学研究的基本方法。(8)初步具备融合教育教学研究能力、职业的自我发展能力;具有一定的艺术修养、健康的审美情趣、良好的心理素质和健康的体魄。[②]

(二)美国融合教育教师的职前培养目标

美国融合教育教师的职前培养主要由美国大学的教育学院来承担,包括综合性大学的教育学院和教育研究生院、文理学院等。学院的教师教育项目为美国各州、各地区培养各种层次的教师,从学前教师到小学、中学教师,以及学校管理者或公务员等。其培养目标是培养各级各类教师以满足所有受教育者的需求,并注重多样性、差异性和多元文化的渗透。如范德堡大学皮博迪教育学院教学部开设有早期儿童教育、小学教育、中学教育、特殊教育、课程与教学等专业以培养未来教师,这些教师教育项目力求让学生毕业后能胜任各类学生的教育教学工作,包括不同年龄段、各种能力水平以及来自不同国家和宗教地区、拥有不同社会经济条件和文化背景的学生。

---

① 朱楠,雷江华.融合教育背景下免费师范生特殊教育能力培养研究[J].中国特殊教育,2014(2):29—35.
② 南京特殊教育职业技术学院.2012年专科人才培养方案[Z].2012.

许多教师教育专业都能关注到不同能力、不同教育需求儿童的教育即那些有特殊教育需要儿童的教育。如明尼苏达大学双城校区早期儿童教育基础专业明确提出,要准备好应对有特殊教育需要的儿童;威斯康星大学麦迪逊分校教育学院小学教育专业要培养能让所有儿童获得高学业成就的教师,特别是那些拥有不同种族、文化、语言、能力和社会经济背景的儿童。有研究者归纳出了融合教育教师要具备五个方面的能力,包括:(1)特殊儿童相关知识;(2)特殊儿童学科内与学科间的有效教学策略;(3)正确的班级管理与行为干预技能;(4)正式与非正式的评估方法;(5)与家庭成员以及其他专业人员有效沟通与合作的策略。美国教师教育注重学生全纳实践技能和方法的养成,在培养目标中提出了明确要求。如圣弗朗西斯科州立大学基于有效教师教育研究项目,创造性地开设了合并的小学特殊教育项目和自闭症谱系研究生项目,其培养目标是让普通教师和特殊教师能在高度多样性的全纳公立学校环境中工作,并提出需要具备相关的全纳知识和技能,如提高学生阅读、语言艺术的技能,提高学生学业成就和升学率、进行转衔安置、给予学生积极的行为支持、让父母参与并与其合作开展儿童的教育等。[①]

（三）英国融合教育教师的职前培养目标

英国普通教育教师职前特殊教育能力培养一般由高等教育机构或一些培训机构承担,学校培训与发展署则承担监管和协调的作用。

英国教师资格标准对教师的特殊教育能力提出了明确的要求,包括:(1)需要明确《特殊教育实施规范》中自己应承担的责任,并知晓在面对特殊儿童特殊的教育需要时,怎样向特殊教育专家寻求帮助;(2)需要鉴别并支持那些有行为、情绪、社交障碍的学生;(3)教学要有针对性地满足学生的教育需要,包括天才儿童以及特殊儿童的特殊教育需要,必要时向有经验的教师寻求指导。此外,英国学校培训与发展署提出了6项基本要求,以确保特殊儿童能够得到高质量的教育,具体包括:(1)教育者能够立即发现并满足特殊儿童的特殊教育需要;(2)教育者能够帮助特殊儿童在社区和学校生活中进行学习,获得成功,并且能够完全融入环境;(3)教育者应当接受充分的培养以获取相应的知识、技巧和信心来移除特殊儿童学习中的障碍,并且帮助他们最大限度地进行学习活动;(4)教育者应当从健康、安全、成就感、对

---

① 范秀辉,申仁洪.美国教师职前全纳教育能力的培养与启示[J].外国教育研究,2011(6):61-65.

社会的贡献、经济能力等五个方面使特殊需要儿童获得提高;(5)教育者需要与学生、家长以及其他专业人员进行良好的沟通和协作,以满足学生及其家庭的需求;(6)教育者能够通过职业标准和绩效管理了解其在特殊教育方面的职业发展水平,并同时发展自己的教学技巧。每个培训机构开设特殊教育课程都需要参照以上的要求。同时,相关的监管部门和教育部门将根据这些要求对英国普通教育教师职前特殊教育培养提供辅助的措施和服务,并对之进行监督和管理。①

其他国家为应对融合教育发展的形势,均对教师培养目标进行了调整,如澳大利亚教师标准中也要求教师能够满足所有学生的需求,关注多样性和差异性;瑞典针对已经获得某种教学学位的教师进行补充培训,以"使他们能够满足教室内多元化的学习需要"等。

二、融合教育教师的职前培养模式

(一)我国融合教育教师职前培养模式

进入21世纪以来,我国越来越多的特殊儿童在接受融合教育,但是普通学校能够从事融合教育的合格师资急缺。我国融合教育教师职前培养模式主要有两种:一是在高等院校开设高等特殊教育专业培养专业化人才;二是在普通师范院校或者师范专业开设特殊教育课程培养普及性人才。

1. 融合教育专业化人才培养模式

目前我国内地地区已有60多所高等院校开设有特殊教育专业。但是各高校在融合教育教师培养方面方式各有不同。作为全国唯一一所单独设立、以培养特殊教育师资为主的高校,2005年南京特殊教育职业技术学院在特殊教育专业下开设了初等教育(随班就读方向),2012年开始将随班就读方向改为资源教师方向。该专业毕业生在普通学校既能胜任主要课程的教学,又能开展随班就读的教学和指导工作。重庆师范大学已开展近十年的特殊教育通识性师资培养工作。所谓特殊教育通识性师资是指在教育观引领下一种贯通型的,能思考处理多种教学环境、多种教育对象,满足学生多样化教育需求的理论和实践相结合的新型特教教师。特殊教育通识性师资既能做特教又能进入普教促进普教发展,促进普特融合,同时又能支持协助

---

① 刘嘉秋,昝飞.英国普通教育教师职前特殊教育能力的培养与启示[J],外国教育研究,2010(1):81-84.

普教,服务特殊教育需求儿童。① 而多数高校特殊教育专业则通过开设融合教育(随班就读)理论与实践的相关课程,培养特殊教育教师兼具一定的融合教育教学的知识和能力。

中国台湾地区培养融合教育教师专业化人才的模式则与大陆地区的几种方式有所不同。以台湾师范大学为例,为了适应融合教育思潮及师资培育趋势,从1994年就开始纳入各类身心障碍学生教育的必备与通用课程,以"轻度障碍组"为特殊教育系本科学生共同必选组别,建立特殊教育通才训练的核心课程。2004年进一步扩充此组的学分并更名为"身心障碍综合组",使其更臻完善。目前该系学生可由身心障碍综合组、身心障碍综合+资优组、资赋优异组三组中至少选一组为必修组别,另有重度障碍、视觉障碍、听觉障碍三组之课程设计,学生可依个人兴趣选修。台湾地区目前有13所师范院校培养特殊教育师资,大多以此模式进行融合教育教师的培养。②

2. 融合教育普及性人才培养模式

基于对普通学校教师特殊教育能力重要性的认识以及对融合教育现实发展需求的分析,为了培养普通学校教师职前对特殊教育的认识、基本知识和技能,从1989年颁布《关于发展特殊教育的若干意见》以来,我国多项相关特殊教育政策法规反复强调:支持、鼓励在普通师范院校或师范专业开设特殊教育课程或选修课程,如《残疾人保障法》《残疾人教育条例》《关于残疾儿童少年随班就读工作的试行办法》《关于加强特殊教育教师队伍建设的意见》《特殊教育提升计划》。在普通师范教育中融入特殊教育内容本该是现有条件下我国融合教育师资职前培养的主要模式,但事实上这种模式也远远没有达到标准。该规定实际实施的效果堪忧。到2006年年底,国内137所师范院校中仅有13.9%的师范院校开设或曾经开设特殊教育课程。③ 且这19所师范院校中,有些院校坚持每学年开设,有些只是偶尔开设,甚至只是曾经开设。开设了相关课程的院校(如北京师范大学、华东师范大学等)也只是将其作为公共选修课程而不是具有强制性的必修课程,而且即使是坚持每学年开设该课程的院校,受重视程度、师资、课时等限制,规模也很

---

① 张文京.高等特殊教育通识师资养成性培养[Z].2013:37—42.
② 台湾师范大学特殊教育系. http://140.122.64.131/curriculum5/super_pages.php? ID=curriculum3[EB/OL]. 2014—8—1
③ 汪海萍.普通师范院校特殊教育课程开设情况的调查[J].中国特殊教育,2006(12)13—17.

小。由于相关规定缺乏强制性、领导不重视、没有专项经费保障以及专业师资缺乏，仍有很多师范院校并没有执行，我国融合教育教师职前特殊教育培养仍很欠缺。

我国两种培养模式都有各自的局限性，前一种专业化人才培养模式修业年限为三四年，培养出来的人专业理念、专业知识和专业能力都比较扎实，但每年能够培养的人数非常有限，毕业后真正能够到普通学校从事融合教育工作并且能胜任此项工作的人更是微乎其微；后一种普及性人才培养模式虽然可大规模进行，但合格的融合教育教师提倡养成性教育，必须经历一个漫长而艰辛的陶冶和锤炼的过程，普通师范生仅仅通过一两门特殊教育课程的学习很难适应未来融合教育实际工作的复杂性和艰巨性。

（二）美国和英国融合教育教师的培养模式

美国在融合教师的职前培养上，主要有三种模式：一是普通教育专业学生选修特殊教育课程；二是非特殊教育专业学生选修特殊教育作为第二专业；三是通过专业整合，创办专门的融合教育专业，参与后两种培养方式的学生毕业时可获得两种资格证书，形成"教师资格证书＋特殊教育教师资格证书"双证制的融合教育教师培养模式。而英国教育部要求普通师范院校学生必须先学习一定的特殊教育课程，才能获得教育证书。这种培养模式是在普通教育教师资格认定过程中进行普通教育与特殊教育培训。[①]

在普特课程融合的教师教育实践与经验总结的基础上，美国一些大学开始创办专门的融合教育专业，如雪城大学的融合小学特殊教育和融合早期儿童特殊教育，以及圣弗朗西斯科州立大学的合并的小学特殊教育项目和自闭症谱系研究生项目。实践证明，专门的融合教师教育项目、基于应用性知识的新型培养模式，让学生受益匪浅，使他们更能够胜任融合环境中的教育教学。

美国很多特殊教育专业的学生毕业后并不局限于在隔离式的特殊教育学校做教师，他们强调特教专业学生要回到普通学校任教，所以有相当大比例的特教专业学生需要作为融合学校的教师承担工作；即便是作为特殊机构或学校的教师，也需要对所在学区的融合学校进行支援，带动融合学校发展，为融合学校输送特教专业知识和技能。因而，在设置特殊教育专业的课

---

① 范秀辉,申仁洪.美国教师职前全纳教育能力的培养与启示[J].外国教育研究,2011(6):61-65.

程时,许多教育学院注重培养未来教师对融合环境中特殊儿童的认识,学习一些有效的融合教学法,以及修习有关普通儿童教育和评估的课程,对融合环境中的普通儿童和特殊儿童都有深入的了解和认识。如堪萨斯大学教育学院特殊教育专业开设有小学普通班级障碍儿童高级实践、中学普通班级障碍青少年高级实践、融合策略与婴幼儿早期干预、小学融合环境中的教学方法、中学融合环境中的教学方法,这些课程让职前教师对融合班级环境中的特殊儿童有新的认识和理解。[①]

三、融合教育教师职前培养的课程设置

(一) 我国融合教育教师职前培养的课程设置

1. 融合教育专门化人才培养的课程设置

目前,南京特殊教育职业技术学院资源教师方向开设的主要专业课程分为专业基础课程(占17%学分)、专业核心课程(18.7%)、专业限选课程(16.2%)、专业任选课程(5.7%)和实践课程等几大模块。前两部分课程为必修课程,专业基础课程包括特殊教育教师职业道德教育、特殊教育医学基础、基础心理学、基础教育学、特殊教育概论、发展心理学、小学德育论、教育心理学、特殊儿童教育诊断与评估、行为改变技术、教育研究方法。专业核心课程包括特殊儿童心理与教育、随班就读概论、个别化教学理论与实践、资源教室管理、学困生补救教学、特殊儿童言语与沟通训练、小学语文课程与教学、小学数学课程与教学、感觉统合训练。[②]

重庆师范大学采取特殊教育通识性师资培养模式,充分体现了重庆师范大学的专业优势和特点。专业主干课程分为基础必修和核心必修,专业方向课程中有特殊儿童心理与教育和康复服务两个系列,可以单选一个系列课程,也可以从不同系列的课程中进行组合选修。基础必修(15%)包括发展心理学、特殊教育教师职业道德修养、特殊教育学、特殊儿童沟通(手语、盲文、语训)、早期干预与生涯教育、行为管理原理与技术、特殊儿童养护学。核心必修(15%)包括特殊儿童诊断与评估、特殊教育课程理论与实践、

[①] 范秀辉,申仁洪.美国教师职前全纳教育能力的培养与启示[J],外国教育研究,2011(6):61—65.
[②] 南京特殊教育职业技术学院特殊教育系.南京特殊教育职业技术学院初等教育专业2012年专业人才培养方案[Z].2012.

个别化教育与教学活动设计与实施、特殊教育管理。专业方向课程(10%)的特殊儿童心理与教育系列课程包括听力障碍儿童心理与教育、智力落后儿童心理与教育、视力障碍儿童心理与教育、情绪行为障碍儿童心理与教育、自闭症儿童心理与教育、学习障碍儿童心理与教育、特殊儿童相关服务、特殊儿童心理咨询与辅导；康复服务系列的课程包括动作训练基础、动作训练实作、语言康复基础、语言康复实作、辅助基础、辅助技术开发与服务。①

2003年10月，台湾地区颁布关于《特殊教育教师师资职前教育课程教育专业课程科目及学分》的规定，各师范院校特殊教育系的课程设置均照此规定执行。以台湾师范大学特殊教育系2014年入学的本科学生的培养方案为例，其课程分为必修课程和选修课程两个部分，必修课程既包括28个学分的通识性校共同必修课程，也包括31个学分的系分组选修课程，这些课程都是综合性特殊教育课程，不涉及具体类别特殊学生的相关课程。选修课程包括系分组选修课程、系共同选修课程、外系自由选修课程三个部分。其中系分组选修课程又分为身心障碍综合组、资赋优异组、身心障碍综合＋资赋优异组、听觉障碍组、视觉障碍组、重度障碍组等六个组，身心障碍综合组、资赋优异组或身心障碍综合＋资赋优异组中至少选一组为必修组别，其余三组课可依兴趣及专长培育选组，不必整组修毕。一般教育专业课程至少修10学分，分为教育基础和教育方法学两类课程，10门课程选5门。②

2. 融合教育普及性人才培养课程设置

我国融合教育的发展形势要求普通学校的教师具备特殊教育的基本知识和技能，掌握融合教育的教学规律，从而能在教育教学中满足特殊学生的需求。目前，各师范院校开设特殊教育课程通常是以全校公共课的形式，通常是一门2个课时的课程。为了在普通师范院校开设特殊教育的课程，"九五"期间，教育部委托专家对普通师范院校特殊教育师资培养问题进行研究，制定了普通师范特殊教育课程的教学大纲和相应的教材。2000年华夏出版社出版的华国栋主编的《随班就读教学》属于国家教育部规划教材，是第一本适合普通师范学校开设特殊教育课程使用的教材。2004年高等教育出版社出版了华国栋主编的《特殊儿童心理与教育》，该教材适合于普通小

---

① 张文京.高等特殊教育通识师资养成性培养[Z].2013:37—42.
② 台湾师范大学特殊教育系. http://140.122.64.131/curriculum5/super_pages.php? ID=curriculum3[EB/OL]. 2014—8—1

学教师职前教育使用。2008年华东师范大学出版社出版了刘春玲、江琴娣主编的《特殊教育概论》，被列为普通高等教育"十一五"国家级规划教材和教师教育精品教材，适合非特殊教育专业学生使用。以上三本是比较典型和使用比较广泛的师范专业学生学习特殊教育课程的教材。通过比较三本教材的内容可以了解特殊教育课程的大致内容，主要包括特殊学生发展知识、教育教学知识、特殊学生的差异评估、教育教学设计和课程调整、个别辅导与特殊训练、沟通与合作等几个模块。

（二）美国、英国融合教育教师职前培养课程设置

美国大学教师教育项目的课程设置表现为，普通教师教育专业开设特殊教育或全纳教育相关课程，特殊教育专业课程也注重对全纳环境中特殊儿童教育策略的学习，并修习普通儿童的相关教学方法，呈现出普特教师教育融合的趋势。即学院没有设置专门的特殊教育专业，但提供了相关的课程和训练，供那些有志服务于全纳教育的学生选择，学生修完一定的课程就有资格申请相关的从业资格证书。多数大学的早期儿童教育、小学教育、中学教育、课程与教学等教师教育专业开设有特教相关的课程。如霍普金斯大学教育学院的早期儿童教育、小学教育专业里开设有"差异教学与全纳"这门课，中学教育开设有"多样化普通教育课程：轻中度障碍中学生教学法"；堪萨斯大学教育学院的课程与教学专业开设有"理解天才""天才儿童发展性教学""普通教育环境中的天才儿童教学""资优教育实习"等课程；明尼苏达大学双城校区小学教育专业开设有全纳环境中有特殊需要学生的教学，早期儿童教育基础专业开设有儿童情绪与行为问题、障碍与发展等课程。对于融合教育课程的设置，课程内容的制定很大程度上依照CEC正式出版的文件《每个特殊教育者必须知道：特殊教育教师准备和资格的国际标准》。

融合教师的培养单凭大学开设几门有关特殊教育和融合教育方面的课程是不够的，这不足以应对和处理融合实践中的各种问题和挑战。融合教育对美国教师教育提出了更高的要求，需要普特教师教育实施一种更为恰当的培养方案。未来教师除了要了解融合教育相关理论知识，还需要尽可能地在真实的融合环境中去思考、发现和解决问题，将理论与实践有机结合，真正参与到融合实践中，为所有学生提供恰当而有效的教育。因而，美国教师教育注重学生的融合教育实践，加大实践课程比例，给学生提供更多

的实践机会。在美国,教育实习在学生的学习中占有相当大的比重。将所学运用到实践,解决现实教育情境中的各种问题是未来教师应该必备的能力,因而教师教育课程注重学生的"田野实习"。其主要特征为:课程学习与实习同时进行,从学生入学开始就提供实践的机会。如雪城大学融合小学特殊教育专业最突出的特点是学生从入学的第一学年开始就有机会在纽约州的小学进行"田野实习",实习环境多样,既有富足的郊区学校,也有少数族裔集中的贫穷市区学校;既需接触重度残障儿童,也可能了解到天才儿童。学生实习的时间逐学年增加,第一学年每学期实习20小时,第二学年每学期增加到40小时,第三学期每学期需要实习120小时,最后要进行为期一个学年的教学实习。[①]

英国普通教育教师职前特殊教育能力培养的课程一般由高等教育机构或一些培训机构开设,学校培训与发展署则承担监管和协调的作用。这些培养课程普遍重视对教师实际教学能力的培养,并致力于通过课程使教师具备更为全面的特殊教育能力。

为了明确普通教育教师特殊教育能力培养的目的,英国教育部门设定了相应的要求,作为课程设置的导向。其主要通过两种形式对课程设置进行影响,一是调整教师资格标准的内容,二是由学校培训与发展署直接提出要求。英国通过两种途径设置了适合英国国情的课程,即以普及模式为主进行授课和以实践作为课程的主要内容。普及模式是针对所有普通教育新教师,并将特殊教育知识分散在所有职前培养课程中教授的授课模式。在普及模式中,不再安排特定的教员和独立的课时开设特殊教育培养课程,而是将教授特殊教育能力的责任分配至每位教员身上,要求他们将特殊教育的知识融入平时的教学中。在普通教育教师特殊教育能力职前培养方面,英国非常重视教师的实际教学能力,因此,培养内容中有较多以实践为主的课程。[②]

根据我国现有融合教育教师职前培养的不足,结合英美等国的经验,今后融合教育教师职前培养需要在以下方面改进:一是将特殊教育课程列为师范生的必修课程,扩大学习特殊教育课程的师范生规模。有特殊教育专

---

① 范秀辉,申仁洪.美国教师职前全纳教育能力的培养与启示[J].外国教育研究,2011(6):61—65.

② 胡胜.我国随班就读教师职前教育培养研究[J].文教资料,2012(2):97—98.

业的院校由特殊教育专业开设针对普通师范专业学生的特殊教育课程,各学科专业的免费师范生选修特殊教育课程,以获得特殊教育专业能力。没有特殊教育专业的院校的师范专业学生可以通过网络精品课程学习特殊教育课程。二是将一门特殊教育课程增加为一组特殊教育课程,各类特殊学生的心理与教育、差异教学、行为管理、特殊儿童沟通等课程,尊重师范生的兴趣与需要,丰富师范生特殊教育专业知识和提高专业能力。三是增加特殊教育课程中实践课程的比例,使师范生多参与各类特殊学生及其学校、社区和家长的相关活动,有更多与特殊学生及相关人员直接接触的机会,使他们对特殊学生有更深刻的理解和更积极的态度,加强其特殊教育专业知识和技能的应用能力。同时,也可以增强师范生与特殊学生、专业人员、教师、家长、行政人员等沟通和合作的能力。

第三节 融合教育教师的在职培训

我国从开展融合教育的试验起,就开始了对融合教育师资问题的研究和实践。20世纪90年代,我国引入联合国教科文组织编写的《课堂上的特殊儿童——教师培训教材》,对融合教育师资进行培训。针对三类残疾儿童的融合教育试验的需要,分别组织专家编写了《视障儿童随班就读教学指导》《轻度智力残疾儿童随班就读工作手册》《听力残疾儿童随班就读工作手册》,以满足三类残疾儿童融合教育教师培训的需求。

我国融合教育政策正式推行已有二十余年,有越来越多的普通学校接受特殊学生就读,这无疑给学校和教师带来了挑战。我国融合教育师资职前培养工作薄弱,融合教育教师主要由普通学校的教师担任。如对特殊学生身心特点和发展规律不了解,教师则无法对特殊学生采取有针对性的教育教学方法,从而很难达到促进特殊学生发展的效果。承担特殊学生教育教学工作的教师亟须得到特殊教育方面的相关知识与技能的培训,提高为特殊学生服务的质量。目前我国融合教育师资的数量和质量仍然不能满足全面推行融合教育、提高融合教育质量的需要。我国众多学者在各省市的调查结果足以说明这一点。2003年,华国栋老师等人对西部六省区部分地区的调查发现,承担特殊教育的教师中有81.4%未经过培训。[1] 2004年,钱丽霞、江小英的调查发现,接受过有效的专业培训的融合教育教师数量不到教师总数1/3。[2] 杨希洁、徐美贞对北京市4所融合教育学校的调查发现,需要加强资源教师的专业教学知识和技能培训。[3] 2010年,马红英等对上海市融合教育教师现状的调查发现,上海市仍有2/3的融合教育教师没有接受过特殊教育专业培训,1/3的融合教育教师认为自己的专业知识和技能在工作中不够用。[4] 北京市、上海市是我国融合教育开展比较好的地区,其融合教育教师培训状况尚不乐观,其他地区的情况就更加堪忧。2009年,塞轶对新疆特殊教育现状进行调查时发现,全区融合教育教师都没有接受过特殊教育专业培训。[5] 因此,我国无论是西部地区还是东部地区,从事融合教育工作的教师亟须接受特殊教育专业在职培训,提升专业理念和师德、专业知识及专业能力。

一、中国香港融合教育教师在职培训的经验

中国香港很重视融合教育教师的在职训练。以往教导有特殊教育需要的儿童的教师获安排特殊教育训练,并获特殊教育津贴。自1993年起,教师可修读由香港教育学院开办,为期两年(包括一年全日制上课及随后一年在职教学实习)的特殊教育教师训练课程。不过,课程于2004学年起停办,取而代之的是教师专业发展课程,包括合共120小时的特殊教育训练课程,以及在2005/2006学年开办的有关自闭症及特殊学习障碍的课程。教育局在2007年订立《推行融合教育的五年教师专业发展架构》,为教师提供系统的培训课程,即基础、高级及专题课程("三层课程"),以提高现职教师照顾有特殊教育需要学生的专业能力,并制定了培训目标,让学校有计划地安排教师修读课程。目标是在2007学年开始的5年内,每所普通学校最少有10%

---

[1] 华国栋.残疾儿童随班就读现状及发展趋势[J].教育研究,2003(2):65—69.
[2] 钱丽霞,江小英.对我国随班就读发展现状评价的问卷调查报告[J].中国特殊教育,2004(5):1—5.
[3] 杨希洁,徐美贞.北京市随班就读小学资源教室初期运作基本情况调查[J].中国特殊教育,2004(6):7—11.
[4] 马红英,谭和平.上海市随班就读教师现状调查[J].中国特殊教育,2010(1):60—63.
[5] 塞轶.新疆维吾尔自治区义务教育阶段特殊教育现状与发展对策研究[D].新疆师范大学,2009.

教师完成30小时的"照顾不同学习需要"基础课程,了解如何提供优质课堂教学;最少3名教师完成90小时的高级课程,了解如何提供额外支持;最少1名教师完成60小时的特别为某类有特殊教育需要而设的专题课程(根据学校需要照顾的学生类别);以及中英文科教师各1名完成"特殊学习障碍"专题课程。教育局为校长及教学助理分别安排工作坊及举办培训课程,以及安排有关的讲座、研讨会、经验分享会等。[①] 由2012学年开始,教育局推出新一轮的"三层课程",并对培训课程的内容和模式作出调整,务求更切合教师的培训需要。直至2011—2012学年结束,已有超过25%普通学校教师修读过30小时或以上的相关课程,并且还会继续其他相关议题,举办工作坊、研讨会、经验分享等增进教师的特殊教育专业能力。

二、美国融合教育教师在职培训的经验

美国的融合教师培训项目中培训主体多元化,大多不局限于由高校教师和专家对融合教育教师进行培训,更重视邀请对融合教育有切身体会的相关人员参与讲座和交流。例如,美国阿尔伯特(Alberta)州名为"内容渗透策略"(Content-infusion approach)的项目中,就在每周五下午邀请包括残疾儿童家长、项目主要负责人、优秀一线教师、多元文化代表等融合教育相关人员对学员进行培训,同时与学员沟通和交流。再如,某州立大学的培训项目通过建立"教师专业学习学校"实现,而这一学校的建立则要求包括特殊儿童家长、特殊儿童、一线教师、学校领导、研究者在内的所有人员共同参与、共同努力对融合教育教师进行培训。显然,在项目策划者的眼中,融合教育不仅仅是一种建立在特定知识、技能基础上的教学的过程,更是促进特殊儿童充分参与学习、融入课堂和社区生活的综合过程。因此,融合教师培训的目的不仅仅是传授融合教育知识和技能,而且要让学员从不同角度充分感受融合教育的信念和过程,引发大家对重要问题的讨论和反思,从而减少对融合教育的顾虑,提高胜任融合教育的能力和决心,这就需要所有融合教育相关人员共同参与培训项目,组成多元化的师资培训队伍,形成崇尚并渗透融合教育的合力,在增加培训项目感染力的同时,有效提高项目的培训效果。

融合教育是一个系统工程,其参与者不再仅仅局限于教师,而是由教

---

① 香港特别行政区府教育局.推行融合教育的五年教师专业发展架构[Z],2007.

师、助教、家长、特殊教育专家、学校管理者、康复治疗师等所有相关人员共同参与,因此,高效的沟通和合作能力便成为融合教育教师提高教学效率,胜任融合教育工作的首要素质。

国外的融合教育师资培养项目主要通过培训来体现对教师合作能力的要求和培养。由于家长参与在特殊儿童融合教育中的突出作用,很多项目还强调教师与特殊学生家长的互动合作能力。例如,在美国某州立大学为培养融合教育师资而建立的"专业学习学校"中,要求学员建立包括教师、家长、学校领导、项目管理者在内的"专业学习小组",在接受培训和实习的过程中提高交流合作能力。新泽西州20世纪90年代的教师培养项目专门以培养"高效的合作型教师"为目标,对课程设置、实践形式进行调整,让学生接受长达五年的合作能力的密集培训。

无论是长期还是短期,针对职前教师还是在职教师的培训项目,对项目实施效果的评估都是整个项目运行中的必要工作。例如,美国阿尔伯特(Alberta)州就对其"内容嵌入式"教师培训策略进行了效果评估,涉及教师在态度、知识、技能、胜任力以及对残疾儿童感情、融合教育信念的成就等方面的进步情况;还有项目在每个学期末都进行阶段性评估,通过收集教师的自评记录和培训档案进行。

三、英国融合教育教师在职培训的经验

英国融合教育教师在职培训高度关注教师融合教育信念的培养。融合教育理念强调所有儿童具有平等的受教育权利,教育应当满足所有不同能力、背景学生的学习需要。鉴于教师信念对其态度和实践的直接指导性作用,以及融合教育理念对教师原有信念带来的巨大挑战,几乎所有的教师培训项目都将融合教师的信念转变作为最核心内容和任务,期望教师首先具备充分的融合教育信念,在思想上认可和接纳融合教育并对其持有积极态度,以此为教师获得融合教育知识和技能奠定坚实基础。

英国还重视为教师提供充分、广泛参与融合教育实践的机会。实践既是教师培养和培训的终极目标,又是实现该目标的重要途径。由于融合教育实践的特殊性,国外的融合师资培养项目都为教师提供并延长了参与融合教育实践的时间,让教师在实践和冲突中不断反思、调整、巩固自己的信念、知识和技能,最终胜任融合教育的工作。

四、我国融合教育教师在职培训策略

（一）了解教师培训需求

一些地区融合教育教师培训班的举办主要是为了应对特殊教育政策的规定，开班前并没有对本地融合教育的发展状况和教师的培训需求进行全面的了解，导致培训目标不明确，培训形式单一，教师兴趣不高，培训内容缺乏针对性，并不能真正解决教师实际教学中遇到的问题。因此，开班之前，培训者应进行全面的调查，在充分了解教师的培训需求的基础上，紧紧抓住实践中的问题和困难，有针对性地进行培训。

（二）培训目标纳入态度和信念

教师的态度对于成功开展融合教育有着至关重要的作用。而我国，中小学教师对于融合教育的接纳和认同程度并不理想，有些教师甚至没有形成基本的对融合教育高度认可和对特殊儿童充分接纳的态度。这更说明转变教师对融合教育和残疾儿童的态度在我国教师在职培训中的重要性和紧迫性。因此，应当将态度和信念培养融入融合教师培养目标中，通过丰富多彩的教学活动使教师充分认可和接纳融合教育，并作为专业知识、专业能力培养的基础。

（三）丰富培训形式

虽然在我国北京、上海等地已经广泛开展融合教育师资的培训工作，但普遍培训时间较短，从培训形式上来看仍显单一，以专家讲座为主，其他培训形式运用比较少，对一线教师的实践指导和经验交流、分享的机会较少，导致培训效果和教师参与的积极性大打折扣。国外的融合教师培训提供实践参与、个别指导、经验分享、自主研究等多种机会，并在培训主体中也加入特殊学生家长、有经验的融合教师以及多元文化代表等相关人员，拓展了培训的内容和视野，增加了培训的吸引力和感染力。教师培训应变短期集中培训为持续性研修，加强网络自主研修，提供专家跟踪指导，开展行动研究，切实解决实践中的问题，从而不断改进融合教育教学。

（四）培训内容分级

目前我国内地不同培训层次的融合教育教师培训内容大同小异，使得有的教师多次甚至反复参加类似的培训，而真正实践中遇到的问题却得不到解决，造成资源的极大浪费，而有的教师又没有参加培训的机会。在内地可以借鉴中国香港融合教育教师培训的经验,对培训内容进行统整,形成初级课程、中级课程和高级课程三个层次的课程模块,根据不同融合教育教师的工作性质,选择不同课程模块学习。校长、教导主任、一般的科任教师可以只接受初级课程的培训,班主任教师接受初级和中级课程培训,而资源教师和巡回指导教师则需接受全部课程的培训。如此一来,培训的针对性、实效性更强。

（五）完善培训效果评估

融合教育教师培训项目实施后的效果评估显得尤为重要。可以从课程中与融合教育相关的核心信念、课程内容、教学方法和学习活动、培训项目的报名和完成情况、教师队伍多样化程度、对实践产生的最终影响等方面评估融合师资培养项目的运行效果,采用问卷和访谈、观察、反思性日志、成果集、专栏、考试等方式获得评估资料。评估可以在培训项目结束后半年内进行,由此才能评估出培训项目产生的可持续性影响。

第四节　融合教育教师专业化发展

当前中小学教师的专业化发展越来越受到重视,因而教育部制定了《小学教师专业标准》《中学教师专业标准》,作为教师专业发展的目标和重要依据。

一、融合教育教师专业化发展的涵义

国内外学者对教师专业发展的概念有多种理解。朱旭东认为:教师专业发展可以理解为:教师不断成长、不断接受新知识、提高专业能力的过程。它包含教师在生涯过程中提升其工作的所有活动。在这一过程中,教师通过不断的学习、反思和探究来拓宽其专业内涵、提高专业水平,从而达至专业成熟的境界。教师专业发展强调教师的终身学习和终身成长,是职前培养、新任教师培养和在职培训,直至结束教职为止的整个过程。教师专业发展不仅包括教师个体生涯中知识、技能的获得与情感的发展,还涉及学校、社会等更广阔情境的道德与政治因素。[①] 可以从个体和群体的角度来解释

---

① 朱旭东,周钧.教师专业发展研究述评[J].中国教育学刊,2007(1):68-72.

教师专业发展。从个体的角度看,教师专业发展是指教师个体的、内在的专业性的提高。从群体的角度看,教师专业发展主要强调教师群体的、外在的专业性提升,即职业专业化过程。

融合教育教师专业化发展是指:融合教育教师在整个职业生涯中,通过专门的特殊教育训练和终身学习,逐步习得特殊教育专业的知识与技能并在融合教育专业实践中不断提高自身的从教素质,从而成为一名合格的融合教育的专业教育工作者的过程。融合教育教师的专业发展是一个持续不断发展的过程,追求教师专业结构的完善和专业素养的提升。

二、融合教育教师专业化发展的背景

(一) 基础教育改革的必然要求

2001年教育部颁布《基础教育课程改革纲要(试行)》提出:"关注个体差异,满足不同学生的学习需要""使每个学生都能得到充分的发展"。该理念在各学科的课程标准中得到进一步的体现,以2011年版《全日制义务教育数学课程标准》为例,多处强调"关注学生的个体差异",并且要求"有效地实施有差异的教学""用不同层次的问题或教学手段,引导每一个学生都能积极参与学习活动""努力使全体学生达到课程目标的基本要求,促进每个学生在原有基础上的发展"。2010年《国家中长期教育改革和发展规划纲要(2010—2020)》中明确要求教师应"注重因材施教,关注学生不同特点和个性差异,发展每一个学生的优势潜能"。融合教育倡导接纳所有学生,反对歧视排斥,促进积极参与,注重集体合作,满足不同需求,"关注所有学生的学习和参与"是融合教育的核心理念。可见,我国基础教育课程改革和发展的宗旨在根本上与融合教育的理念是一致的。

为适应我国教育改革发展的需要,2012年我国出台了《小学教师专业标准》和《中学教师专业标准》,其中要求教师具备多元评价能力、团队合作能力等。《小学教师专业标准》中提出"了解有特殊需要小学生的身心发展特点和规律""尊重个体差异,主动了解和满足有益于小学生身心发展的不同需求";《中学教师专业标准》中提出"尊重个体差异,主动了解和满足中学生的不同需要""尊重教育规律和中学生身心发展规律,为每一位中学生提供适合的教育"。尊重学生的差异,满足学生的不同需要,这些规定均体现了融合教育的理念和要求。可见,使每一位普通教师具备一定的融合教育理念、知识和能力是我国基础教育改革与发展中对教师的必然要求。

（二）融合教育发展的必然趋势

我国融合教育经过二十余年的发展，已成为我国残疾儿童接受教育的最主要形式，每年有超过半数以上的残疾学生在普通学校就读。2010年出台的《国家中长期教育改革和发展规划纲要（2010—2020年）》明确提出，要"不断扩大随班就读和普通学校特教班规模"，2014年教育部颁布的《特殊教育提升计划》更进一步提出全面推进融合教育，融合教育已经真正成为我国教育改革发展的必然趋势。融合教育规模的扩大，首先直接导致对融合教育教师数量需求的显著增加，每一位普通教师都有可能成为融合教育教师，二者之间并没有严格的界限。目前，融合教育教师已经成为我国1000万教师队伍中不可或缺的构成要素，是一支远远超过特殊教育学校教师数量的庞大力量。越来越多的特殊学生进入普通学校课堂，普通学校教师面对的学生更加多元化，对学校环境、课程、教学、评价、班级管理等都提出了极大的挑战，这就要求普通学校教师不断完善自身的专业结构和提升自己的专业素养。融合教育教师的专业发展已经是我国整个教师群体专业发展的重要组成部分。

三、融合教育教师专业化发展的需求

绝大多数普通教育教师在师范院校从未接触过特殊教育相关理论、知识与技能等相关知识，不了解特殊儿童的身心特点和特殊教育的规律与方法。面对特殊学生他们常常不知所措，普遍担心自己从事融合教育工作的能力，这已经成为制约融合教育持续发展的瓶颈。[①] 了解融合教育教师专业发展的需求，为教师提供持续的专业培训和专业指导是突破瓶颈的关键。

（一）专业发展需求的程度

世界上已有部分国家和地区制定了融合教育教师的培训制度或者专业发展课程。尽管我国对融合教育教师各个层次的培训逐年增多，但至今依然有大量教师并未接受过任何形式的培训，也没有出台关于融合教育教师培训的规定，对融合教育教师群体培训的方式、内容、时间、考核机制缺乏总体规划，对于教师个体应接受培训的课时和内容也没有给出具体规定与要

---

① 朱楠,雷江华.融合教育背景下免费师范生特殊教育能力培养研究[J].中国特殊教育,2014(2):29—35.

求。2006年王洙等对全国674名教育管理人员、教研员、校长和教师的调查显示,调查对象对融合教育师资水平评价不高,认为融合教育教师特殊教育知识技能水平较高的人占24.08%,而经济和教育发展水平一般和薄弱地区水平较高的教师分别仅占5%和14%。接受有效的专业培训的随班就读教师不到1/3。① 可见,我国融合教育教师专业发展的整体水平较低,地区差异非常大。而现实中,融合教育学校的领导和教师对专业发展的需求程度如何?2011年王红霞等对北京市海淀区62名校领导的需求进行过调查,除了对融合教育政策支持的需求最高之外,排在第二位的就是对师资培训的需求,85.5%的校领导希望在普通小学对全体教师普及特殊教育知识,特别提到要对学校中层以上领导干部进行融合教育理念的培训。② 2012年谭和平、马红英对上海市410名融合教育教师的专业化发展需求进行调查,结果发现:37.6%的教师报告自己所掌握的特殊教育专业知识与技能在工作中不够用,63%的教师称自己没有接受过特殊教育的专业培训,并表示非常希望接受相关的专业培训。③ 可见,即便是北京、上海等融合教育发展较好、教师专业发展水平较高的地区,无论是校长还是普通教师对特殊教育的专业培训都有着较高的内在需求。

(二) 对专业发展内容的需求

根据融合教育教师基本专业素养的构建内容,融合教育教师专业发展的内容也应当包括专业理念和师德、专业知识和专业能力三个方面。有研究表明,85.5%的校领导希望普通小学全体教师普及关于特殊教育的理论学习、案例研究、沟通技能、注意力训练、与人交往技能、自闭症儿童情绪和青春期指导等方面的专业知识和技能。谭和平、马红英的调查表明,融合教育教师对培训课程的需求度排序为:针对随班就读生的教学策略、个别化教育计划实施策略、特殊儿童心理辅导技术、特殊教育基本理论、融合教育基本理论、特殊儿童评估技术、特殊儿童行为矫正技术等。④ 可见,融合教育教

---

① 王洙,杨希洁,张冲.残疾儿童随班就读质量影响因素的调查[J].中国特殊教育,2006(5):3—13.
② 王红霞等.北京市海淀区小学融合教育现状调查研究报告[J].中国特殊教育,20011(4):37—42.
③ 谭和平,马红英.上海市随班就读教师的专业化发展需求的调查研究[J].基础教育,2012(2):63—70.
④ 同上。

师专业发展内容的需求涉及专业理念和专业知识,但对专业能力更为关注。因此,在为融合教育教师设计专业发展课程时应充分考虑到教师的实际需求,以提升教师的差异评估、沟通和合作、差异教学、个别辅导和康复训练专业能力为主,将融合教育理念和知识转化为具有操作价值的教育教学策略,提高对特殊学生的教育服务质量。

(三) 对专业发展途径的需求

有调查表明,教师希望获得比较系统的专业培训,大多数教师希望通过短训班的途径来接受培训,有38%的人希望能够接受远程网络培训,72.4%的教师希望采取"教学观摩"的培训形式,46%左右的教师赞成用特殊教育实践或听理论课的形式来进行培训。[①] 融合教育教师的专业发展是一个持续不断的过程,仅仅依靠10天甚至3天的短期培训班,很难达到真正促进教师专业发展的效果,还需要教师长期坚持自主研修。教师所希望获得的不只是理论知识的培训,专业能力的培训,更需要参与性、实践性、情境性、体验性、操作性更强的培训形式,以解决工作中的困难和困惑。了解教师在培训途径上的需求,有助于未来选择更为恰当的培训途径和培训形式,促进教师专业发展。

(四) 对专业支持的需求

融合教育质量的提高有赖于各方面力量的支持,融合教育教师是融合教育的具体实践者,需要来自学校领导、同事和家长的支持,更需要专业人员的支持。有调查表明,融合教育教师对专业支持的内容需求程度由大到小为:学生家长支持、专家定期指导、提高教师待遇、校长支持、改善教学环境、加强与特校联系、同事理解。对专业技术支持的需求程度由大到小为:特殊学生学科教学方法、心理疏导技术、个别化教育计划实施技术、评估特殊学生学业、儿童行为矫正技术等。[②] 教师最希望获得专业支持的形式是专家或巡回教师的定期指导、系统培训、专题培训、与特殊学校定期研讨、主题教研、校际定期交流等。对于如何满足融合教育教师对专业支持技术和形式的需要还需进行深入、细致的研究。依据教育部的规定,建立特殊教育学校定期委派教师到普通学校巡回指导随班就读工作的制度,确保随班就读

---

① 王雁,肖非.中国特殊教育教师培养研究[M].北京:北京师范大学出版社,2012:57.
② 谭和平,马红英.上海市随班就读教师的专业化发展需求的调查研究[J].基础教育,2012(2):63—70.

的质量。①

四、融合教育教师专业化发展的策略

（一）建立资格认证制度

《特殊教育提升计划》提出：2014—2016年要"研究建立特殊教育教师专业证书制度，逐步实行特殊教育教师持证上岗。推动地方确定随班就读教师、送教上门指导教师和康复训练人员等的岗位条件。将特殊教育相关内容纳入教师资格考试。鼓励高校在师范类专业中开设特殊教育课程，培养师范生的全纳教育理念和指导残疾学生随班就读的教学能力。加强普通学校随班就读、资源指导、送教上门等特殊教育教师培训。"这说明，从政府层面，已经将制定特殊教育教师资格制度列入日程，并且有一系列的配套措施。融合教育教师资格认证可以纳入特殊教育教师资格认证制度中。也就是说，融合教育教师必须在获取普通教师资格证书的基础上，再申请到特殊教育教师资格证书，才能具备融合教育教师资格，也就是实施"双证"制度。实施融合教育教师资格认证制度，严格融合教育教师的职业准入才能改善融合教育教师的地位、促进融合教育教师的专业发展。其他国家的成功经验和国内个别地区的试点说明，我国进行融合教育教师资格认证是可行的。②

（二）培养教师专业发展意识

教师自我专业发展意识是指教师自觉的职业规划意识，是教师对自我专业发展的态度、认识和理解，是指教师为了获得自身专业发展而自觉调整、完善自身教育理念与行为的意识，是教师对自身实践活动及教育理念的一种省察和反思，即对自身发展的反省认知。③ 教师专业发展既包括教师整体向专业化迈进，也包括教师个体的专业发展。融合教育教师的专业发展既需要专业资格认证、专业培养与培训、专业发展平台等外部因素的促进，更需要内在的发展动力，需要更多的能动性与自觉性。换句话说，融合教育中的诸多理论困惑与实践问题需要融合教育教师在专业发展的意识下主动去探索和解决，通过他们能动的实践，获取实践智慧，提升专业水平。④ 对于

---

① 教育部等.关于进一步加快特殊教育事业发展意见的通知[Z].北京：2009.
② 雷江华，姚洪亮.全纳教育教师资格认定制度探微[J].中国特殊教育，2005(7)：42—46.
③ 寇尚乾.教师自我专业发展意识的培养[J].教育与职业，2012(15)：61—62.
④ 李拉.专业化视野下的随班就读教师：困境与出路[J].2012(23)：34—36.

融合教育教师来说,首先,对自身专业发展需要、优劣势进行分析定位,制定专业化发展规划。其次,树立正确的专业发展观念,进行个性化的学习与研修,更新特殊教育理论知识,补充学科专业知识,吸纳通识性的知识。再次,将特殊教育理念、知识转化为实践与行动,实践与行动是教师不断发展的动力场,也是教师专业发展的归宿。最后,融合教育教师还需要树立一种研究的自觉,将自己作为研究者审视自我的教育实践,并通过实践进行专业反思,从而不断促进自身专业水平的提高,成为一名学者型、专家型的融合教育教师,从而从根本上提升融合教育教学质量。

(三) 改革专业培养和培训模式

目前,我国开设特殊教育专业的院校已有66所,多数仍然是为特殊教育学校或者康复机构培养师资,培养模式本身还存在着一些局限性:一是不仅培养时间长,而且每年毕业的能够胜任融合教育工作的毕业生数量极少,这对于迫切需要大量专业融合教育教师的普通学校来说无异于杯水车薪;二是由于特殊教育专业自身的特点,很难培养出既具有扎实的特殊教育知识和能力,又能够满足普通学校学科教学需要的教师。因此,融合教育教师的培养既需要培养融合教育专业化人才,也需要培养融合教育普及型人才,专门化人才的培养需改革特殊教育专业培养的目标和课程,培养学生既懂得特殊教育知识和技能,又懂得某种文理学科知识,更重要的是懂得如何将以上两类知识用于随班就读环境中的特殊学生和普通学生。[①] 普及型人才培养需从为普通师范生增设特殊教育课程入手,才能充分利用普通师范生数量众多和学科素养好的优势,探索出有效的融合教育教师培养体系。但在课程设置上应增设一组特殊教育课程,同时增加特殊教育课程中实践课程的比例,加强其特殊教育专业知识和实践能力。

例如,苏格兰亚伯丁大学的培训项目就有针对性地对其职前教师培养方案进行了调整,并着重强调教师信念的转变,将"所有学生都值得教""所有学生都能够学习、特殊学生同样能够有所作为""这些工作是教师的责任而不仅仅是特殊教育专家的工作""教师对所有学生的最大发展富有重要责任"等信念纳入课堂教学中。凯特·思科奇培训项目专门以培养教师对残疾儿童及其家庭的理解和认同为目标,共持续九周。苏格兰政府资助的融

---

① 邓猛,赵梅菊.融合教育背景下我国高等师范院校特殊教育师资培养模式改革的思考[J].教育学报,2013(12):75-81.

合师资职前培养项目始于2007—2008学年,学生首先在学校接受18周的融合教育培训,之后学校为学生安排了长达18周的一线学校实习任务,为他们将理论化的知识、策略转变为操作化的实践和技能提供场所和机会。凯特·思科奇项目设计了持续九周的职前教师与特殊儿童家长互动时间,在此过程中职前教师扮演特殊儿童家长,并与其共同制订个别化教育计划。[①]

做好融合教育教师在职培训工作是促进融合教育教师专业发展必不可少的重要环节。教育部门要充分重视对融合教育教师的在职培训,统筹安排培训方案,了解培训需求,明确培训目标,丰富培训形式,分级培训内容,完善培训效果评估,落实培训经费,保障培训质量,构建起可持续的融合教育教师培训体系。例如,美国教育界建立了一个旨在交流融合教育经验、组织融合教师培训的融合学校网。融合学校网的使命是"通过建立彼此之间的联系,交流视野和最优的实践活动,激励、鼓舞、教会人们设计和推动高效的融合学校"。为此,融合学校网常年为全世界教育者和家长提供基于网络的融合教育知识及相关培训。以2009年的培训项目为例,整个项目致力于帮助融合教师开发团队制订发展计划并策划具体行动方案。参与者将参加一些学习性的讲座和行动研究计划。其内容围绕中学阶段的融合教育和领导力发展的知识和技能展开。在随后的在线活动中,将邀请包括合作教学团队、普通学校和特殊学校教师、学校管理人员、融合教育促进人员、相关服务人员以及其他对融合教育感兴趣的人员共同参与,以便形成一个有助于探索和组织融合教育协作团队的真实环境。[②]

(四)提供专业发展平台

香港教育局从2007年开始,推行为期五年的融合教育教师专业发展构架,为融合教育教师提供系统的培训课程,即基础、高级及专题课程三层课程系统,以照顾有特殊教育需要而能在普通学校获益的学生。由2012—2013学年开始,又推出新一轮"三层课程"(见图8-1),并对培训课程的内容和模式作出调整,以更切合教师的培训需要。鼓励学校有计划地安排教师修读,以便校内有一定数目的教师接受有关培训,并由他们带领同事以"全校参与"模式推动融合教育,为有特殊教育需要的学生提供适合的支持。

香港教育局通过三级课程框架为融合教育教师提供了专业发展的平

[①] 冯雅静.国外融合教育师资培训的部分经验和启示[J].中国特殊教育,2012(12):3—7.
[②] 王媛媛.美国教师的全纳教育素养研究[D].上海:上海师范大学,2010:54—57.

台,而美国教育部特殊教育部门则资助 IRIS 培训强化中心项目,为学习困难学生和残疾学生的教育者提供了免费的网络在线资源,这些资源是前沿的教育研究者合作开发的,在许多国家被用来提高教师专业发展水平。网络资源有着便利、普遍接入、教学人员支持、交互性和多媒体体验、成本较低等优势,使用这些资源的大学生和实习教师均反映受益匪浅,IRIS 的资源的实用性、针对性和质量都被评为优秀。IRIS 模块是基于案例和互动技术的有关不同主体的教学单元,如认知障碍、同辈辅导、通用学习设计和辅助技术。该中心还提供可用于大学课程和专业发展的活动,提供与残障有关的主题和重要议题的博客。其资源分为 17 个主体领域或线索:调整、评估、辅助技术、行为和课堂管理、合作、教学内容、差异教学、残障、多样性、学习策略、数学、阅读、语言艺术、读写能力、相关服务、反应干预、学校改进与转型。这些资源都可以在 http://iriscenter.com/ 网站找到。①

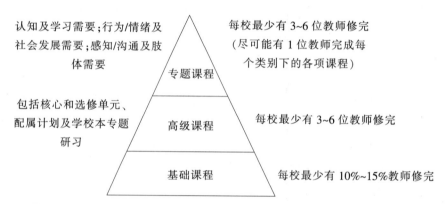

图 8-1 2012/2013—2014/2015 学年融合教育教师专业发展三级课程构架②

我国可以利用已建成的几个大型开放式网络课程网站,如目前资源比较丰富且影响比较大的中国慕课网③、果壳网慕课学习社区④、中国微课网⑤,由教育部资助在网站上开辟特殊教育课程专栏。目前,这些网站已经

---

① Deborah Deutsch Smith & Naomi Chowdhuri Tyler. 有效的全纳教育:培养教师必备的知识和技能[J]. 教育展望,2011(3):19—37.
② 照顾有特殊教育需要学生的教师专业发[EB/OL]. http://www.edb.gov.hk/tc/edu-system/special/sen-training/index.html
③ http://www.mooc.cn/
④ http://mooc.guokr.com/
⑤ http://www.cnweike.cn/

提供了部分特殊教育相关的课程,包括特殊儿童研究、自闭症讲座、儿童积极行为支持、儿童发展心理学、儿童早期教育、儿童和青少年的临床心理学。但是所提供的特殊教育课程应充分考虑我国融合教育的现况及融合教育教师的实际需求,将课程内容进一步系统化、本土化,为当前和未来的融合教育教师提供必备知识和技能,以便他们能在全国各地融合教育的课堂上更有效地教育每一个学生。

本章小结

  师资是影响融合教育发展最关键的因素。提升教师融合教育的素养,已经成为世界各国发展融合教育的共识。近年来,我国先后出台了多个重要的政策性文件,为我国融合教育师资队伍建设提供了强有力的政策支持和实践指南。近年来,融合教育师资缺乏、融合教育教师专业化程度偏低成为我国发展融合教育所面临的最严峻的困难之一。建设一支数量充足、结构合理、素质优良、富有爱心的专业化融合教育教师队伍,是我国当前和未来推进融合教育最重要的工作。

  融合教育教师须具备基本专业素养才能适应特殊学生的发展需求。融合教育教师的专业素养可分为专业理念和师德、专业知识和专业能力三个维度,每个维度下设若干领域,专业理念和师德包括理解融合教育的意义、尊重学习者的多样性、具有融合教育观;专业知识包括学生发展和个体学习差异、融合教育教学知识、学科内容知识;专业能力包括差异评估能力、学习环境的创设能力、制订教学计划和策略的能力、课程调整的能力、教育组织和实施能力、个别辅导与训练能力、激励与评价能力、班级管理能力、沟通与合作能力、专业发展能力、自我反思能力。

  我国应充分借鉴英美等发达国家培养融合教育教师的经验,改革融合教育教师的职前培养模式,兼顾专业化人才和普及性人才的培养,合理设置培养目标和培养课程;改革在职教师的培训,培训主体多元化,丰富形式,注重教师融合教育信念培养,通过提供充分的实践机会培养教师的专业能力。融合教育教师专业化发展是必要趋势,同时融合教育教师普遍具有迫切的专业化发展的需求。融合教育教师专业发展可以通过建立教师资格认证制度、培养教师专业发展意识、改革专业培养和培训模式、提供专业发展平台等途径得以实现。

思考题

1. 你已经具备融合教育教师的哪些基本素养？哪些基本素养还需要提升？
2. 融合教育教师职前培养的主要模式和课程设置是什么？
3. 英美等国融合教育教师在职培训的经验对我国有何启示？
4. 作为一名融合教育教师，请你制订一份个人未来专业发展计划，包括个人发展基础、发展目标、发展策略、需要学校提供的支持等。

推荐阅读

1. 杨希洁.一位成功的随班就读数学教师的个案研究[J].中国特殊教育,2005(1).
2. 冯雅静.随班就读教师核心专业素养研究[J].中国特殊教育,2014(1).
3. 李泽惠,周珉.对随班就读教师差异教学能力构成的分析[J].中国特殊教育,2009(1).
4. 马红英,谭和平.略论融合教育教师的特殊教育专业培训[J].现代特殊教育,2009(10).
5. 方俊明.融合教育与教师教育[J].华东师范大学学报(教育科学版),2006(9).
6. 邓猛,赵梅菊.融合教育背景下我国高等师范院校特殊教育师资培养模式改革的思考[J].教育学报,2013(12).
7. 邓猛,彭兴蓬.国外特殊教育基本文献讲读[M].北京:北京大学出版社,2015.

北京大学出版社
教育出版中心 精品图书

21世纪高校广播电视专业系列教材

书名	作者
电视节目策划教程（第二版）	项仲平
电视导播教程（第二版）	程晋
电视文艺创作教程	王建辉
广播剧创作教程	王国臣
电视导论	李欣
电视纪录片教程	卢炜
电视导演教程	袁立本
电视摄像教程	刘荃
电视节目制作教程	张晓锋
视听语言	宋杰
影视剪辑实务教程	李琳
影视摄制导论	朱怡
新媒体短视频创作教程	姜荣文
电影视听语言——视听元素与场面调度案例分析	李骏
影视照明技术	张兴
影视音乐	陈斌
影视剪辑创作与技巧	张拓
纪录片创作教程	潘志琪
影视拍摄实务	翟臣

21世纪信息传播实验系列教材（徐福荫 黄慕雄 主编）

书名	作者
网络新闻实务	罗昕
多媒体软件设计与开发	张新华
播音与主持艺术（第三版）	黄碧云 眭凌
摄影基础（第二版）	张红 钟日辉 王首农

21世纪数字媒体专业系列教材

书名	作者
视听语言	赵慧英
数字影视剪辑艺术	曾祥民
数字摄像与表现	王以宁
数字摄影基础	王朋娇
数字媒体设计与创意	陈卫东
数字视频创意设计与实现（第二版）	王靖
大学摄影实用教程（第二版）	朱小阳
大学摄影实用教程	朱小阳

21世纪教育技术学精品教材（张景中 主编）

书名	作者
教育技术学导论（第二版）	李芒 金林
远程教育原理与技术	王继新 张屹
教学系统设计理论与实践	杨九民 梁林梅
信息技术教学论	雷体南 叶良明
信息技术与课程整合（第二版）	赵呈领 杨琳 刘清堂
教育技术学研究方法（第三版）	张屹 黄磊

21世纪高校网络与新媒体专业系列教材

书名	作者
文化产业概论	尹章池
网络文化教程	李文明
网络与新媒体评论	杨娟
新媒体概论	尹章池
新媒体视听节目制作（第二版）	周建青
融合新闻学导论（第二版）	石长顺
新媒体网页设计与制作（第二版）	惠悲荷
网络新媒体实务	张合斌
突发新闻教程	李军
视听新媒体节目制作	邓秀军
视听评论	何志武
出镜记者案例分析	刘静 邓秀军
视听新媒体导论	郭小平
网络与新媒体广告（第二版）	尚恒志 张合斌
网络与新媒体文学	唐东堰 雷奕
全媒体新闻采访写作教程	李军
网络直播基础	周建青
大数据新闻传媒概论	尹章池

21世纪特殊教育创新教材·理论与基础系列

书名	作者
特殊教育的哲学基础	方俊明
特殊教育的医学基础	张婷
融合教育导论（第二版）	雷江华
特殊教育学（第二版）	雷江华 方俊明
特殊儿童心理学（第二版）	方俊明 雷江华
特殊教育史	朱宗顺
特殊教育研究方法（第二版）	杜晓新 宋永宁 等
特殊教育发展模式	任颂羔

21世纪特殊教育创新教材·发展与教育系列

书名	作者
视觉障碍儿童的发展与教育	邓猛
听觉障碍儿童的发展与教育（第二版）	贺荟中
智力障碍儿童的发展与教育（第二版）	刘春玲 马红英
学习困难儿童的发展与教育（第二版）	赵微
自闭症谱系障碍儿童的发展与教育	周念丽
情绪与行为障碍儿童的发展与教育	李闻戈
超常儿童的发展与教育（第二版）	苏雪云 张旭

21世纪特殊教育创新教材·康复与训练系列

书名	作者
特殊儿童应用行为分析（第二版）	李芳 李丹
特殊儿童的游戏治疗	周念丽
特殊儿童的美术治疗	孙霞
特殊儿童的音乐治疗	胡世红
特殊儿童的心理治疗（第三版）	杨广学
特殊教育的辅具与康复	蒋建荣
特殊儿童的感觉统合训练（第二版）	王和平
孤独症儿童课程与教学设计	王梅

21世纪特殊教育创新教材·融合教育系列

书名	作者
融合教育本土化实践与发展	邓猛等
融合教育理论反思与本土化探索	邓猛
融合教育实践指南	邓猛
融合教育理论指南	邓猛
融合教育导论（第二版）	雷江华
学前融合教育（第二版）	雷江华 刘慧丽

21世纪特殊教育创新教材（第二辑）

书名	作者
特殊儿童心理与教育（第二版）	杨广学 张巧明 王芳
教育康复学导论	杜晓新 黄昭明
特殊儿童病理学	王和平 杨长江
特殊学校教师教育技能	昝飞 马红英

自闭谱系障碍儿童早期干预丛书

书名	作者
如何发展自闭谱系障碍儿童的沟通能力	朱晓晨 苏雪云
如何理解自闭谱系障碍和早期干预	苏雪云
如何发展自闭谱系障碍儿童的社会交往能力	吕梦 杨广学
如何发展自闭谱系障碍儿童的自我照料能力	倪萍萍 周波
如何在游戏中干预自闭谱系障碍儿童	朱瑞 周念丽
如何发展自闭谱系障碍儿童的感知和运动能力	韩文娟 徐芳 王和平
如何发展自闭谱系障碍儿童的认知能力	潘前前 杨福义
自闭症谱系障碍儿童的发展与教育	周念丽
如何通过音乐干预自闭谱系障碍儿童	张正琴
如何通过画画干预自闭谱系障碍儿童	张正琴
如何运用ACC促进自闭谱系障碍儿童的发展	苏雪云
孤独症儿童的关键性技能训练法	李丹
自闭症儿童家长辅导手册	雷江华
孤独症儿童课程与教学设计	王梅
融合教育理论反思与本土化探索	邓猛
自闭症谱系障碍儿童家庭支持系统	孙玉梅
自闭症谱系障碍儿童团体社交游戏干预	李芳
孤独症儿童的教育与发展	王梅 梁松梅

特殊学校教育·康复·职业训练丛书（黄建行 雷江华 主编）

书名	作者
信息技术在特殊教育中的应用	
智障学生职业教育模式	
特殊教育学校学生康复与训练	
特殊教育学校校本课程开发	
特殊教育学校特奥运动项目建设	

21世纪学前教育专业规划教材

书名	作者
学前教育概论	李生兰
学前教育管理学（第二版）	王雯
幼儿园课程新论	李生兰
幼儿园歌曲钢琴伴奏教程	果旭伟
幼儿园舞蹈教学活动设计与指导（第二版）	董丽
实用乐理与视唱（第二版）	代苗
学前儿童美术教育	冯婉贞
学前儿童科学教育	洪秀敏
学前儿童游戏	范明丽
学前教育研究方法	郑福明
学前教育史	郭法奇
学前教育政策与法规	魏真
学前心理学	涂艳国 蔡艳
学前教育理论与实践教程	王维 王维娅 孙岩
学前儿童数学教育与活动设计	赵振国
学前融合教育（第二版）	雷江华 刘慧丽
幼儿园教育质量评价导论	吴钢
幼儿学习与教育心理学	张莉
学前教育管理	虞永平

大学之道丛书精装版

书名	作者
美国高等教育通史	[美] 亚瑟·科恩
知识社会中的大学	[英] 杰勒德·德兰迪
大学之用（第五版）	[美] 克拉克·克尔
营利性大学的崛起	[美] 理查德·鲁克
学术部落与学术领地：知识探索与学科文化	[英] 托尼·比彻 保罗·特罗勒尔
美国现代大学的崛起	[美] 劳伦斯·维赛
教育的终结——大学何以放弃了对人生意义的追求	[美] 安东尼·T.克龙曼
世界一流大学的管理之道——大学管理研究导论	程星
后现代大学来临？	[英] 安东尼·史密斯 弗兰克·韦伯斯特

大学之道丛书

书名	作者
市场化的底限	[美] 大卫·科伯
大学的理念	[英] 亨利·纽曼
哈佛：谁说了算	[美] 理查德·布瑞德利

麻省理工学院如何追求卓越	[美]查尔斯·维斯特
大学与市场的悖论	[美]罗杰·盖格
高等教育公司：营利性大学的崛起	[美]理查德·鲁克
公司文化中的大学：大学如何应对市场化压力	
	[美]埃里克·古尔德
美国高等教育质量认证与评估	
	[美]美国中部州高等教育委员会
现代大学及其图新	[美]谢尔顿·罗斯布莱特
美国文理学院的兴衰——凯尼恩学院纪实	[美]P.F.克鲁格
教育的终结：大学何以放弃了对人生意义的追求	
	[美]安东尼·T.克龙曼
大学的逻辑（第三版）	张维迎
我的科大十年（续集）	孔宪铎
高等教育理念	[英]罗纳德·巴尼特
美国现代大学的崛起	[美]劳伦斯·维赛
美国大学时代的学术自由	[美]沃特·梅兹格
美国高等教育通史	[美]亚瑟·科恩
美国高等教育史	[美]约翰·塞林
哈佛通识教育红皮书	哈佛委员会
高等教育何以为"高"——牛津导师制教学反思	
	[英]大卫·帕尔菲曼
印度理工学院的精英们	[印度]桑迪潘·德布
知识社会中的大学	[英]杰勒德·德兰迪
高等教育的未来：浮言、现实与市场风险	
	[美]弗兰克·纽曼等
后现代大学来临？	[英]安东尼·史密斯等
美国大学之魂	[美]乔治·M.马斯登
大学理念重审：与纽曼对话	[美]雅罗斯拉夫·帕利坎
学术部落及其领地——当代学术界生态揭秘（第二版）	
	[英]托尼·比彻 保罗·特罗勒尔
德国古典大学观及其对中国大学的影响（第二版）	陈洪捷
转变中的大学：传统、议题与前景	郭为藩
学术资本主义：政治、政策和创业型大学	
	[美]希拉·斯劳特 拉里·莱斯利
21世纪的大学	[美]詹姆斯·杜德斯达
美国公立大学的未来	
	[美]詹姆斯·杜德斯达 弗瑞斯·沃马克
东西象牙塔	孔宪铎
理性捍卫大学	眭依凡

学术规范与研究方法系列

如何为学术刊物撰稿（第三版）	[英]罗薇娜·莫瑞
如何查找文献（第二版）	[英]萨莉·拉姆齐
给研究生的学术建议（第二版）	[英]玛丽安·彼得 等
社会科学研究的基本规则（第四版）	[英]朱迪斯·贝尔
做好社会研究的10个关键	[英]马丁·丹斯考姆
如何写好科研项目申请书	[美]安德鲁·弗里德兰德等
教育研究方法（第六版）	[美]梅瑞迪斯·高尔等
高等教育研究：进展与方法	[英]马尔科姆·泰特
如何成为学术论文写作高手	[美]华乐丝
参加国际学术会议必须要做的那些事	[美]华乐丝
如何成为优秀的研究生	[美]布卢姆
结构方程模型及其应用	易丹辉 李静萍
学位论文写作与学术规范（第二版）	李 武 毛远逸 肖东发
生命科学论文写作指南	[加]白青云
法律实证研究方法（第二版）	白建军
传播学定性研究方法（第二版）	李琨

21世纪高校教师职业发展读本

如何成为卓越的大学教师	[美]肯·贝恩
给大学新教员的建议	[美]罗伯特·博伊斯
如何提高学生学习质量	[英]迈克尔·普洛瑟等
学术界的生存智慧	[美]约翰·达利等
给研究生导师的建议（第2版）	[英]萨拉·德拉蒙特等

21世纪教师教育系列教材·物理教育系列

中学物理教学设计	王霞
中学物理微格教学教程（第三版）	张军朋 詹伟琴 王恬
中学物理科学探究学习评价与案例	张军朋 许桂清
物理教学论	邢红军
中学物理教学法	邢红军
中学物理教学评价与案例分析	王建中 孟红娟
中学物理课程与教学论	张军朋 许桂清
物理学习心理学	张军朋
中学物理课程与教学设计	王霞

21世纪教育科学系列教材·学科学习心理学系列

数学学习心理学（第三版）	孔凡哲
语文学习心理学	董蓓菲

21世纪教师教育系列教材

教育心理学（第二版）	李晓东
教育学基础	庞守兴
教育学	余文森 王晞
教育研究方法	刘淑杰
教育心理学	王晓明
心理学导论	杨凤云
教育心理学概论	连榕 罗丽芳
课程与教学论	李允
教师专业发展导论	于胜刚
学校教育概论	李清雁
现代教育评价教程（第二版）	吴钢
教师礼仪实务	刘霄

家庭教育新论	闫旭蕾 杨 萍
中学班级管理	张宝书
教育职业道德	刘亭亭
教师心理健康	张怀春
现代教育技术	冯玲玉
青少年发展与教育心理学	张 清
课程与教学论	李 允
课堂与教学艺术（第二版）	孙菊如 陈春荣
教育学原理	靳淑梅 许红花
教育心理学	徐 凯

21世纪教师教育系列教材·初等教育系列

小学教育学	田友谊
小学教育学基础	张永明 曾 碧
小学班级管理	张永明 宋彩琴
初等教育课程与教学论	罗祖兵
小学教育研究方法	王红艳
新理念小学数学教学论	刘京莉
新理念小学音乐教学论（第二版）	吴跃跃

教师资格认定及师范类毕业生上岗考试辅导教材

教育学	余文森 王 晞
教育心理学概论	连 榕 罗丽芳

21世纪教师教育系列教材·学科教育心理学系列

语文教育心理学	董蓓菲
生物教育心理学	胡继飞

21世纪教师教育系列教材·学科教学论系列

新理念化学教学论（第二版）	王后雄
新理念科学教学论（第二版）	崔 鸿 张海珠
新理念生物教学论（第二版）	崔 鸿 郑晓慧
新理念地理教学论（第三版）	李家清
新理念历史教学论（第二版）	杜 芳
新理念思想政治（品德）教学论（第三版）	胡田庚
新理念信息技术教学论（第二版）	吴军其
新理念数学教学论	冯 虹
新理念小学音乐教学论（第二版）	吴跃跃

21世纪教师教育系列教材·语文教育系列

语文文本解读实用教程	荣维东
语文课程教师专业技能训练	张学凯 刘丽丽
语文课程与教学发展简史	武玉鹏 王从华 黄修志
语文课程学与教的心理学基础	韩雪屏 王朝霞
语文课程名师名课案例分析	武玉鹏 郭治锋等
语用性质的语文课程与教学论	王元华
语文课堂教学技能训练教程（第二版）	周小蓬
中外母语教学策略	周小蓬
中学各类作文评价指引	周小蓬
中学语文名篇新讲	杨 朴 杨 旸
语文教师职业技能训练教程	韩世姣

21世纪教师教育系列教材·学科教学技能训练系列

新理念生物教学技能训练（第二版）	崔 鸿
新理念思想政治（品德）教学技能训练（第三版）	胡田庚 赵海山
新理念地理教学技能训练（第二版）	李家清
新理念化学教学技能训练（第二版）	王后雄
新理念数学教学技能训练	王光明

王后雄教师教育系列教材

教育考试的理论与方法	王后雄
化学教育测量与评价	王后雄
中学化学实验教学研究	王后雄
新理念化学教学诊断学	王后雄

西方心理学名著译丛

儿童的人格形成及其培养	［奥地利］阿德勒
活出生命的意义	［奥地利］阿德勒
生活的科学	［奥地利］阿德勒
理解人生	［奥地利］阿德勒
荣格心理学七讲	［美］卡尔·霍尔
系统心理学：绪论	［美］爱德华·铁钦纳
社会心理学导论	［美］威廉·麦独孤
思维与语言	［俄］列夫·维果茨基
人类的学习	［美］爱德华·桑代克
基础与应用心理学	［德］雨果·闵斯特伯格
记忆	［德］赫尔曼·艾宾浩斯
实验心理学（上下册）	［美］伍德沃斯 施洛斯贝格
格式塔心理学原理	［美］库尔特·考夫卡

21世纪教师教育系列教材·专业养成系列（赵国栋 主编）

微课与慕课设计初级教程	
微课与慕课设计高级教程	
微课、翻转课堂和慕课设计实操教程	
网络调查研究方法概论（第二版）	
PPT云课堂教学法	
快课教学法	

其他

三笔字楷书书法教程（第二版）	刘慧龙
植物科学绘画——从入门到精通	孙英宝
艺术批评原理与写作（第二版）	王洪义
学习科学导论	尚俊杰